실리콘밸리는
무엇을 기획하고
어떻게 개발하는가

硅谷思维: 互联网新人必修课

ISBN 9787121369780

실리콘밸리
개발자가 밝히는

구글·애플·
아마존·넷플릭스의
R&D 전략

실리콘밸리는
무엇을 기획하고
어떻게 개발하는가

첸한 지음 | 권용중 옮김

시목 始木

실리콘밸리의 지혜를 오롯이 담다

뤼전위(羅振宇)

1000만 회원을 확보한 지식 공유 앱 '더다오'의 창업자
《당신의 지적 초조함을 이해합니다》의 저자

모바일 인터넷 초기에 실리콘밸리의 일거수일투족은 중국 기업들의 초미의 관심사였다. 그 후 몇 년 간의 지속적인 발전을 통해 중국의 IT 제품도 자신만의 성공가도를 달릴 수 있게 되었다.

만약 자신의 분야에서 최선의 노력을 다하면서 동시에 실리콘밸리 IT기업 종사자들의 마인드와 그 바탕에 깔린 논리를 배울 수 있다면, 이는 창업이라는 어두운 숲길을 헤매고 있는 사람들에게는 밝은 등불이 되어 그들이 나아가야 할 길을 비춰주는 것과도 같다.

이 책을 읽기 전에 나는 책 내용이 기술 관련 내용을 집중적으로 다뤘을 거라고 지레짐작했다. 그리고 몇 가지 의문이 들었다. 이제 막 IT 업계에 진출한 신인들이 내용을 이해할 수나 있을까? 코딩이 뭔지 전혀 모르는 사람이라면 이 책에 흥미를 갖기 쉽지는 않을 것 같은데? IT 산업을 모르는 일반 독자들이 이 책을 끝까지 읽을 수 있을까?

하지만 그건 기우에 불과했다. 앞의 몇 페이지만 읽어봐도 남달랐다. 유머러스하고 위트가 넘치는 언어, 누구든지 쉽게 이해할 수 있는 내용

이 마음에 와닿았다. 이 책에 소개된 수많은 사례들은 무척 재미있었고 끌림이 있었다. 특히 유명한 제품이 디테일을 처리하는 방식을 설명하는 부분에서 저자는 근거리에서 관찰 및 분석한 경험을 바탕으로 매우 참신한 관점을 선보인다. 또 이 책에서 언급한 수많은 대기업의 경우, 그전까지는 기업가치나 주식 등 겉으로 드러난 수치로만 기업을 이해해왔는데 이 책을 통해 그들이 디테일을 어떻게 처리하여 고객에게 어필했는지를 알고 나니 큰 공부가 되었다.

이 책을 읽고 난 후 가장 크게 받은 느낌은 '아는 사람은 쉽고 재미있게 표현하고, 모르는 사람은 오히려 어렵게 표현한다. 그리고 이 사람은 아는 사람이다!'였다. 차갑고 멀게만 느껴졌던 데이터가 이 책에서는 재미있는 존재로 탈바꿈했고 무미건조한 공식도 사람들을 몰입하게 만들었다. 생동감 넘치는 사례를 통해 데이터의 매력을 펼쳐 보이는 것, 이는 풍부한 실전 경험과 이를 통해 그 속에 담긴 법칙을 통찰해내는 저자의 평소 습관이 만들어낸 놀랍고도 멋진 성과라고 생각한다.

이 책은 크게 다섯 파트로 구성되어 있는데 이 책에 등장하는 수많은 개념은 사실 경제학이나 심리학 등 여러 학문에서 온 것이다. 저자는 이 개념들을 IT라는 맥락으로 새롭게 재해석함으로써 우리에게 새로운 관점을 제공해준다. 무엇보다 전문 기술인인 저자가 일반 대중의 시각에 초점을 맞춰 쉽고 친근한 문체로 각 제품을 분석하고 설명한 점을 높이 평가하고 싶다.

이 책에서는 인문학자의 향기가 물씬 풍긴다. 한 줄 한 줄 수많은 코드로 이루어진 IT 관련 제품들은 결국 모든 평범한 사람들에게 행복을 주기 위해 만들어졌다. 고객의 눈으로 복잡한 제품의 로직을 관찰하고, 수준 높은 개념으로 이를 분석하며, 다시 그것을 쉽게 설명하는 것은 사실 모든 IT업계 종사자들이 꼭 갖춰야 할 지혜이자 정신, 그리고 자세라고 생각한다.

나는 이 책이 IT산업에 관심이 있는 모든 사람에게 적합하다고 생각한다. 무엇보다 이제 막 직장생활을 시작한 신입들, 아직 업계에서 일한 지 얼마 되지 않은 사람들에게 강력 추천하고 싶다. 나는 내 동료들과 친구들에게 이 책을 한 권씩 선물할 생각이다. 그리고 그들이 이 책을 재미있게 읽고 많은 것을 얻으면 그 이상 큰 바람이 없을 것 같다.

중요한 건 기술보다 사고방식이다

내가 실리콘밸리와 인연을 맺은 건 유학 생활 중 마지막 여름방학 때였다. 실리콘밸리의 일류 대기업에서 인턴 생활을 할 기회를 잡은 것. 나는 훗날 정직원이 되는 행운을 얻었고, 실리콘밸리에서의 치열한 직장 생활이 시작되었다.

업무를 시작하자마자 나는 프로그래머가 단지 기술만 알아서는 결코 생존할 수 없음을 뼈저리게 느꼈다. 사람들은 수시로 함께 모여 문제를 토론했는데 나는 그걸 거의 이해할 수 없었기 때문이었다. 나중에 깨달았지만 IT산업에 매우 중요한 지식을 학교에서는 전혀 가르치지 않았다.

실리콘밸리에는 정말로 대단한 사람들이 모여 있다. 어떤 사람은 중학교 때 이미 소스코드를 공개한 이력이 있고, 또 어떤 이는 정보경진대회의 현직 출제위원이다. 각종 세계 정상급 회의에 참석한 사람도 있고 스타트업으로 성공한 사람도 있다. 그들은 나의 모범이고 내가 발전하기 위해 벤치마킹할 대상들이다.

이 책에서 나는 스토리텔링 방식으로 독자들에게 실리콘밸리 현장을 맛보게 하고 싶다. IT업계는 다채롭고 치열한 경쟁이 난무하는 곳이다. 급속도로 발전하는 순풍이 불 때도 있고 도태되는 역풍이 불 때도 있다.

무미건조하고 거창한 무슨 '말씀'이나 지나치게 어려운 과학기술은 집어치우자. 나는 이 책에서 사람들에게 반드시 필요한 것들만 다룰 생각이다.

나는 고객을 대하는 마음가짐으로 모든 독자를 대하고 싶다. 인터넷 업계의 기본 마인드셋과 그 바탕에 숨은 내용을 쉽게 풀어서 독자들에게 알려주고 싶다. 이 책은 크게 5교시로 구성되어 있으며, 각각의 내용은 다음과 같다.

첫 번째 수업에서는 심리학을 활용하여 올바른 방향의 제품을 만드는 과정과 방법을 다룬다. 구글은 심리학의 기본 원리를 이용해 항공권과 지도를 대박 상품으로 바꿨다. 우버는 프런트-엔드front-end 쪽에서 디테일에 좀 더 세심하게 신경을 쓴 결과 승객과 운전기사 모두에게 멋진 경험을 선물했다.

두 번째 수업에서는 통계학을 이용해 데이터 자원을 정확하게 다루고, 나아가 이 데이터를 이용해 제품을 최적화하는 법을 다룬다. 누가 보면 아주 신비로운 수학 공식 같겠지만, 이를 이해해야 현명한 결정을 할 수 있다.

세 번째 수업에서는 실리콘밸리의 업무 분위기를 어떻게 이해해야 하는지 다룬다. 실패를 두려워하지 않고 '창업 정신'으로 일한다는 게 어떤 느낌인지 파악할 수 있을 것이다. 대표적인 예로 아마존을 들 것이다. 아마존은 하드웨어 분야에서는 실패했지만 대신 초베스트셀러 제품을 만들어냈다.

네 번째 수업에서는 한계를 뛰어넘어 뇌를 해방시키고, 더 넓은 가슴으로 미래를 맞이하는 법을 다룬다. 유튜브와 그루폰, 인스타그램은 '초심'을 바꾸고 시장의 수요와 고객의 욕구에 호응함으로써 리포지셔닝에 성공할 수 있었다.

다섯 번째 수업에서는 스스로를 발전시키고, 원활하게 소통하고, 효율성을 높이고, 합리적으로 휴식을 취하며, 발전을 위해 힘을 비축하는 방법을 얘기한다.

스페셜 챕터에서는 실리콘밸리의 면접시험 대비 노하우를 공개했다. 면접을 앞두고 어떤 마음가짐을 갖고 어떤 식으로 준비해야 하는지, 나의 작은 경험을 공유하고 싶다.

IT업계는 시장의 다양한 도전에 직면하고 기회가 갑자기 찾아왔다가 순식간에 사라지며, 그 어떤 업계보다도 치열한 경쟁을 겪어야 하는 업계다. 따라서 극도의 효율성을 추구하고 세대교체가 빠르며, 조직 형태가 유연하고 실무적으로 구성된다. 이 책을 읽는 당신은 아직 IT업계에 아직 진입하지 않았을 수도 있고, 아직 IT업계에 관심이 없을 수도 있으며, IT업계에 대해 어느 정도 생각이 있을 수도 있다. 그 누구든 이 책에서 소개하는 각종 학문들과 마인드셋 방법은 IT업계 종사자들, 나아가 모든 분야의 사람들에게 스스로를 키우는 훌륭한 자양분을 제공할 것이라 믿는다.

이 책의 내용은 내가 평소 업무 중에 얻었거나 생각하고 분석하여 종합한 것이고, 이는 나에게 아주 유용했다. 내가 인턴에서 출발해 베테

랑 프로그래머로, 기술팀 팀장으로 성장할 수 있게 해줬으니까 말이다. 독자들에게도 분명히 유용하리라 믿는다.

또 내 생각이 어느 정도 한계가 있고 여전히 많이 부족하다는 점 또한 인정한다. 그러니 이 책을 읽은 독자 여러분들이 나에게 많은 가르침을 줄 것을 부탁드린다.

차례

두 번째 수업

진짜를 읽는 힘, 데이터에서 나온다

세 번째 수업

창업 정신을 가지고 일해야 살아남는다

일러두기

· 이 책의 내용은 중국어판 출간일인 2019년 9월을 기준으로 한다.

· 단행본·잡지·신문은 겹화살괄호(《》)를, 논문·칼럼·드라마는 홑화살괄호(〈〉)를 사용했다. 국내에 번역된 출간물은 한국어판 제목을 표기하고, 출간되지 않은 경우 새로 번역했다.

· 외래어 고유명사의 우리말 표기는 국립국어원의 외래어 표기법을 따랐다. 그러나 관행적으로 굳어진 표기는 그대로 사용했다.

마음을 담아야 사람을 움직인다

흔히들 '디테일이 성패를 좌우한다'라고 말한다.
그럼 디테일이란 무엇일까? 모든 면을 빈틈없이 다 챙기는 것?
아니면 고객의 욕구 해결에 집중하는 것? 그 실체가 아리송하지 않은가?
디테일에 주목하고 싶다면 고객의 욕구에 부합하겠다는 단순한 차원을
넘어서 그 이면에 자리 잡은 고객의 심리를 분석할 필요가 있다.
욕구에 대한 직접적인 솔루션을 제시하는 것만으로 디테일에 주목했다고 말
하기 어렵다. 고객이 기뻐할 수 있는 솔루션을 제공해야만 비로소 디테일을
포착했다고 평가할 수 있다. 다시 말해 고객들이 자발적으로, 능동적으로,
기꺼이 제품을 수용하도록 만드는 일, 이것이 바로 디테일이다.

구글의 첫 번째 무기는
'심리학'이다

○

키워드 : 선택의 역설, 대비효과, 결정 스트레스

구글플라이트의 심리학

IT업계의 경쟁이 나날이 치열해지고 빠르게 발전하고 있는 오늘, 무척 평범해 보이는 수많은 제품 뒤에 온갖 사연이 담겨 있다는 사실을 알고 있는가? 그중에는 인간의 심리학 지식이 적용된 사례가 많다. 가장 흔한 케이스로 설명해보겠다.

중국 음력설인 춘절(春節) 때는 명실상부한 세계 최대의 민족대이동이 이루어진다. 연인원 30억 명이 이 기간에 움직이고 수많은 사람이 인터넷에서 항공권을 예매한다. 온라인 항공권은 다양한 플랫폼에서 예매 가능한데, 항공사 공식 사이트에서 살 수도 있고 여러 항공사의 항공권을 모아놓은 OTA Online Travel Agency 사이트를 이용할 수도 있다. 각 항공사는 고객의 충성도를 높이기 위해 최근 앞다퉈 자체 앱을 출시했다. 또 OTA들은 '인터넷 최저가'를 내세우며 고객을 유혹하는 전술도 펼친다. 만약 다른 OTA에 더 저렴한 항공권이 있다면 차액을 보전해준다는 식이다. 이는 티켓 예매 플랫폼들의 수익률을 잠식할 우려가 있다. "항공권 가격을 이렇게 투명하게 공개하면 우린 어떻게 먹고 살라는 거야?"라는 불만이 쏟아질 만도 하다.

그 외에도 항공보험 끼워 팔기, 유료회원 추천 등등 플랫폼마다 구사하는 전략은 천차만별이다. 그런데 한 걸음 더 깊이 들어가 분석해보면 구글이 이 분야의 선두주자라는 것을 알게 된다. 무슨 현란한 노하우가 숨어 있는 건 아니다. 구글은 인간의 심리학을 이용했을 뿐이다.

너무나 많은 사람이 구글에 들어와 항공권을 검색하는 바람에 구글은 아예 독자적인 예매 사이트를 만들었다. 그렇게 해서 탄생한 사이트가 '구글플라이트'다. 다른 플랫폼들과 구별되는 가장 큰 특징은 구글 자신이 예매나 결제 과정에 전혀 관여하지 않는다는 점이다. 구글은 단지 다른 플랫폼, 즉 각 항공사의 공식 사이트 또는 심지어 타 OTA로 넘겨주기만 한다. 따라서 결제 금액은 구글의 손을 거치지 않는다. 그럼 구글은 어떻게 돈을 벌까? 구글의 수익 모델은 바로 광고 수수료다. 구글이 직접 넘겨주었든 아니면 간접적인 영향을 끼쳐 항공권 예매 거래가 이루어졌든, 구글은 사전 약정에 따라 수수료를 받으면 그만이다.

구글플라이트에 처음 접속했을 때 받은 느낌은, '뭐가 이렇게 깨끗해? 꼭 투명 화장 같잖아?'였다. 실제로 이 사이트의 디자인은 단순미의 극치다. 폰트는 깔끔하고 크기도 적당하며 심지어 여백의 미까지.

하지만 바로 이런 깔끔하고 심플한 웹페이지 이면에 구글은 엄청난 비장의 무기를 감추고 있다. 구글플라이트는 각 단계마다 용의주도하게 심리학의 원리를 적용하고 있다. 이제부터 예매가 완료되기까지 모든 절차를 따라가면서 하나하나 분석해보자.

최적의 항공권 분포 표시하기

항공권을 예매하려면 먼저 검색부터 해야 한다. 예를 들어 출발지에 '런던'을, 도착지에 '바르셀로나'를 입력하면 결과는 금방 나온다. 이때 구글은 방대한 양의 항공권 검색 결과를 크게 '최적의 항공권'과 '기타 항공권' 두 가지 영역으로 명확하게 구분해 보여준다.

이를 중국 최대의 OTA 회사인 씨트립^{CTrip}의 방식과 비교해보자. 씨트립은 이 둘을 구분하지 않고 한꺼번에 보여준다.

물론 구글도 과거에는 씨트립과 같은 방식을 고수했었다. 하지만 실험 결과, 검색 결과를 두 영역으로 구분해서 노출하자 실제 예약결제가 현저하게 증가했다!

그 이유는 무엇일까?

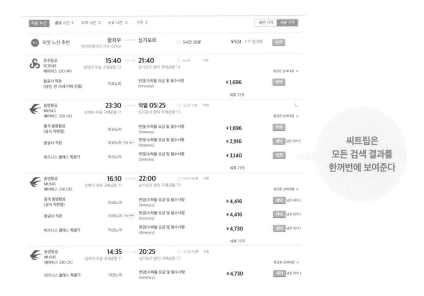

씨트립은
모든 검색 결과를
한꺼번에 보여준다

사실 이는 '선택의 역설Paradox of choice'을 적용한 것이다. 선택의 역설이란, 선택의 기회가 많이 주어질수록 사람들은 오히려 선택을 제대로 하지 못하고 결국 선택 자체를 포기한다는 이론이다. 반대로 선택 기회가 적을수록 결정을 내리는 비율이 높아진다. 이른바 'Less is more'인 셈이다.

유명한 '잼 실험'을 예로 들어보자. 미국 컬럼비아대학교 경영대학원의 쉬나 아이엔가Sheena Iyengar 교수의 테드 강연을 통해 세상에 널리 알려진 내용이다.

실험팀은 캘리포니아주의 한 마트에서 잼 시식 판촉행사를 통해 한가지 실험을 실시했다. 한 번은 6종의 과일잼을 선보였고, 또 한 번은 24종의 과일잼을 고객에게 제공하여 선택하도록 했다.

그 결과 재미있는 사실이 밝혀졌다. 발길을 멈추고 시식한 사람이 더 많은 쪽은 24종의 과일잼을 진열한 코너였다. 하지만 실제로 과일잼을 구매한 사람이 더 많은 쪽은 오히려 6종의 과일잼만을 진열한 코너였다. 지나가는 사람이 100명이라고 하면, 6종의 과일잼 코너에서는 40명이 발걸음을 멈췄고 그중 12명이 실제로 잼을 구매했다. 24종의 과일잼 코너에서는 60명이 발걸음을 멈추고 그중 고작 1.8명만이 실제 구매로 이어진 셈이다. 진열된 과일잼 수를 24종에서 6종으로 줄이기만 했는데 실제 구매량은 6.6배나 증가했다!

6종의 과일잼 코너

24종의 과일잼 코너

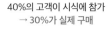

40%의 고객이 시식에 참가
→ 30%가 실제 구매

60%의 고객이 시식에 참가
→ 3%가 실제 구매

그녀가 제시한 또 다른 예를 살펴보자. 미국의 퇴직연금제도는 자기 봉급의 일부를 다양한 펀드에 투자하도록 한다. (우리나라의 확정기여형 퇴직연금과 비슷하다. - 옮긴이) 그렇다면 퇴직연금제도에 가입할 자격이 있는 사람들이 자신의 퇴직연금을 가지고 실제로 펀드를 구매하여 운용하는 비율은 얼마나 될까? 미국의 유명한 금융거래 사이트인 뱅가드 Vanguard에 따르면 다음과 같은 통계가 있다. 제시된 펀드가 2~5종류뿐일 때는 약 73%의 사람이 최종적으로 펀드를 구매한다. 반면 제시된 펀드의 종류가 41~59종일 경우에는 펀드 구매율이 63%이다. 다시 말해서 고객에게 제시된 펀드의 종류가 많아질수록 실제 구매하는 고객 수는 줄어들었다.

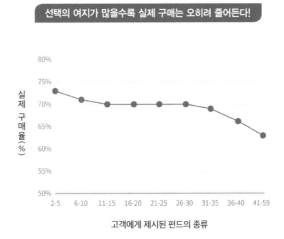

예쁜 꽃이 너무 많으면 오히려 눈이 혼란스러워진다고나 할까?

구글의 사례로 돌아가자. 구글플라이트는 구글이 추천하는 최적의 선택지를 가장 앞부분에 보여준다. 그것도 별도의 박스 안에 넣어 눈에 더 띄도록 노출한다. 그러면 선택지가 확 줄어든다. 고객에게 더 빠르게 구매를 결정하도록 압박 또는 유도하는 것이다.

효과는 분명해 보인다. 고객인 나는 가장 앞부분에 배치된 세 개의 선택지에 가장 먼저 눈길을 주고 말았으니까 말이다. 그런데 여기서 이

상한 점이 하나 있다.

말도 안 되는 선택지에 담긴 놀라운 아이디어

'최적의 항공권' 구역에 노출된 3개의 선택지 가운데 마지막 세 번째 선택지가 의아하게 느껴지지 않는가?

다른 선택지는 비슷한 소요시간에 가격이 약 50달러인데 반해 이건 82달러나 된다. 심지어 '기타 항공권' 구역의 항공권보다도 비싼 가격이다! 시간대도 참으로 좋지 않은, 여러 모로 '별로'인 항공권이다. 구글은 무슨 꿍꿍이가 있기에 이런 선택지를 떡하니 최상단의 '최적의 항공권' 구역에 노출한 걸까? 설마 고객의 숫자 식별 능력을 테스트하려는 걸까? 누가 보더라도 소요시간이 비슷하면서 훨씬 저렴한 표를 '최적의 항공권' 구역에 포함시키지 않았다니 그들의 속셈은 참 알다가도 모를 일이라는 생각이 들 수 있다.

물론 구글이 추천한 세 번째 선택지는 소비자들의 상식과 동떨어져 있으므로 실제로 아무도 선택하지 않는다. 하지만 아무도 선택하지 않았다는 점, 바로 그것이 이 선택지가 존재하는 이유다. 구글이 이런 말도 안 되는 선택지를 끼워놓은 진짜 의도는 단지 이를 '표적'으로 삼기 위해서다.

구글의 진짜 의도를 파악하고 싶다면 '대비효과contrast effect'라는 심리학 개념을 이해할 필요가 있다. 비교 대상이 다르면 그에 따라 평가도 다르다는 이론이다. 예를 들어 50달러짜리 물건이 비쌀까, 아니면 쌀까? 10달러짜리와 비교하면 비싸게 느껴지지만 100달러짜리와 비교하면 싸게 느껴진다.

이제부터 우리에게 널리 알려진《이코노미스트》의 사례를 소개해보겠다. 미국의 베스트셀러 경제 잡지인《이코노미스트》는 온라인판과 종이잡지 서비스를 동시에 제공한다. 그들은 인터넷에서 다음과 같은 구독 관련 실험을 했다.

그들은 독자에게 다음의 세 가지 선택권을 제시했다.

	조건	1년 구독료
1	온라인판만 구독	59달러
2	종이잡지만 구독	125달러
3	종이잡지+온라인판 결합형	125달러

이 실험은 실제 상황이다.

두 번째 선택지는 도대체 왜 집어넣은 걸까? 독자를 교란시키기 위해서일까? 바보가 아닌 이상 두 번째 선택지를 고를 사람은 아무도 없기 때문이다. 똑같은 125달러인데 온라인판을 덤으로 볼 수 있는 선택을 누가 마다하겠는가?

사실 두 번째 선택지를 끼워 넣은 진짜 의도는 세 번째 선택지가 얼마나 이득인지 돋보이게 만드는 것이다. 실험 결과, 무려 84%의 독자가 가격이 125달러로 다소 비싼 세 번째 선택지를 골랐다(물론 두 번째 선택지는 아무도 고르지 않았다). 반면 59달러로 다소 저렴한 첫 번째 선택지를 고른 사람은 불과 16%였다. 84%라는 압도적인 비율이 비싼 형태의 잡지를 선택한 것이다.

그렇다면 말도 안 되게 불합리한 두 번째 선택지를 제거하고 두 가지의 선택지만 제시하면 어떤 결과가 나올까? 125달러짜리를 선택한 고객의 비율은 32%로 급감했다. 왜냐하면 이 경우에는 59달러짜리가 새로운 비교 대상이 되기 때문이다. 그럼 125달러는 비싸게 느껴지고, 혜택도 그다지 많지 않다고 여겨지는 것이다!

《이코노미스트》의 의도는 비용을 늘리지 않는다는 전제하에 잡지의 가격도 인상하고 판매량도 늘리는 것이었다. 종이 잡지와 인터넷판 잡지의 내용은 거의 같다. 그들은 고객이 거들떠보지도 않을 선택지를 끼워 넣어 원래의 목적을 완벽하게 달성했다.

다시 구글로 돌아가자. 80달러가 넘는 저 황당한 항공권을 노출한 이유는 저렴한 항공권을 더 돋보이게 만들기 위한 대비 전략이다. 고객이 바보가 아닌 이상 세 번째 선택지는 절대로 고르지 않는다. 하지만 덕분에 위에 있는 두 개의 항공권 가격이 매우 싸게 느껴진다. 그 결과 고객은 더 빠르게 결정하게 된다. 원래 항공권 가격이란 수시로 변하기 마련이라, 고객은 지금 자신이 항공권을 싸게 사고 있는지 끊임없이 의심하고 선택을 망설인다. 하지만 세 가지 선택지의 가격을 비교하며 비싼 항공권을 확인하고 나면 자신이 싼 항공권을 보고 있다고 확신한다.

'구글은 정말 대단해. 어떻게 이렇게 싼 항공권을 추천해줬지? 다음에도 여기에서 예매해야겠어.'

이런 식으로 구글은 고객들의 높은 만족도를 얻어간다.

이제 고객은 세 번째 '최적의 항공권'을 완전히 투명인간 취급한 채 다음 단계로 넘어간다. 그런데 이때 나타난 것은 구글이 펼쳐놓은 더 촘촘한 그물이다.

선택과 결정의 순서도 매우 중요하다

출발 시간을 결정할 때 우리의 뇌는 다음과 같이 생각한다.

'아! 여기에서 내가 선택할 수 있는 시간대는 세 개구나. 좋았어. 그럼 이중에서 적합한 시간대를 골라야지.'

이렇게 해서 선택이 끝났다. 아주 간단하지 않은가?

그럼 여기에도 심리학 원리가 숨어 있을까? 물론이다. 바로 '결정의 순서'다. 이를 설명하기 위해 쉬나 아이엔가 교수팀이 실행한 자동차 구매 실험을 소개하겠다.

자동차를 구매할 때는 자신이 원하는 사양에 따라 마력, 인테리어, 내부·외부 색깔 등 다양한 선택을 거쳐야 한다. 전체 사양 선택 과정은 총 8단계에 걸쳐 이루어진다. 각 선택의 난이도는 제각각인데, 가령 마력은 선택지가 네 가지뿐이어서 결정이 비교적 단순하고 쉬운 편이다. 반면 외부 색깔의 경우 선택지가 무려 쉰여섯 가지에 달한다. 색깔을 고르느라 선택장애에 걸릴지도 모를 일이다.

쉬나 아이엔가 교수팀은 자동차 구매자를 두 집단으로 비교하여 실험했다. 첫 번째 집단은 단순한 선택에서 출발해 뒤로 갈수록 점점 복잡한 선택으로 바뀌도록 순서를 조절했다.

반면 두 번째 집단은 복잡한 선택에서 출발해 뒤로 갈수록 점점 단순한 선택으로 바뀌도록 순서를 조절했다.

유형 1	마력 4가지 선택지	인테리어 13가지 선택지	외관 색상 56가지 선택지
	결정 순서: 단순함 → 복잡함		
유형 2	외관 색상 56가지 선택지	인테리어 13가지 선택지	마력 4가지 선택지
	결정 순서: 복잡함 → 단순함		

실험 결과는 매우 흥미로웠다. 고객이 각 단계에서 결정을 내릴 때, 선택을 포기하는 비율을 '포기율'이라고 하자. 이때 유형 2, 즉 처음에는 복잡했다가 뒤로 갈수록 점점 단순해지는 유형의 경우 고객들은 처음에는 열심히 선택했지만 뒤로 갈수록 점점 의욕을 잃었고, 뒤에서는 포기율이 50% 이상에 달했다.

반대로 유형 1, 즉 처음에는 단순했다가 점점 복잡해지는 유형의 경우 마지막의 포기율이 17%를 밑돌았다.

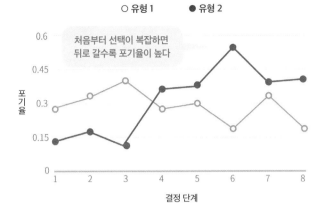

○ 유형 1   ● 유형 2

처음부터 선택이 복잡하면
뒤로 갈수록 포기율이 높다

포기율

결정 단계

이 실험 결과가 의미하는 바가 뭘까? 고객에게 선택을 요구하는 시스템을 만들 경우, 처음에는 단순한 선택을 배치하고 뒤로 갈수록 점점 복잡한 선택을 배치하는 방식으로 세부단계를 구성해야 한다는 뜻이다. 바꿔 말하면 고객에게 심리적으로 '결정 스트레스'가 작은 쪽에서 점차 커지는 방향으로 각 단계를 구성해야만 중도 포기를 막을 수 있다.

구글플라이트로 되돌아와 항공권 선택의 전 과정이 어떻게 이루어지는지 기억을 떠올려보자. 우리 눈에는 먼저 '가격'이 들어왔고 나중에 '시간'이 보였다. 왜냐하면 가격 선택이 시간 선택보다 훨씬 더 쉽기 때문이다. 가격은 기껏해야 숫자 몇 가지만 비교하면 그만이기 때문이다. 하지만 시간의 경우 고려해야 할 변수가 한두 가지가 아니다. 가령 공항까지 가면서 차가 막힐 위험성이나 도착 후 방문할 식당의 유형 등을 생각하며 결정을 내려야 한다. 당연히 시간대 선택이 훨씬 더 복잡하다.

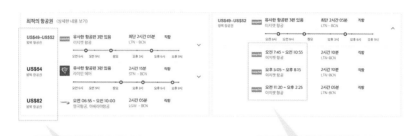

미국의 2014년도 통계에 따르면, 항공권 선택 과정에서 고객들이 가장 많이 고려한 요소는 바로 '항공권 가격'이었다고 한다. 반면 '편리한 시간대'는 '직항 여부'에 이어 세 번째 고려 요소에 지나지 않았다.

그래서 구글은 고객에게 먼저 '가격'을 선택하고 나중에 '시간'을 선택하도록 구성한 것이다.

특히 웹페이지에서는 지도상에서 출발지와 도착지를 선택할 수 있게 해놓았는데, 여기서는 다른 정보는 노출이 아예 되지 않고 가격만 노출이 된다. 우선 가격부터 확인한 후, 고객은 항공편을 클릭해 다른 정보를 볼 수 있다. 이는 고객들이 해당 단계에서 결정을 할 때 다른 요소의 간섭을 최소화하기 위한 조치다. 또한 그렇게 들어간 항공편 세부 정보에서도 가격은 가장 굵게, 색깔까지 달리하여 노출함으로써 고객의 이목을 확 끌도록 디자인했다. 이런 식으로 구글플라이트의 항공권 예매는 각 단계마다 고객에게 최적화된 서비스를 제공함으로써 고객은 힘 안 들이고 결정을 내릴 수 있다.

이제 구글은 가만히 앉아서 해당 항공사가 광고비를 입금하기를 기다리기만 하면 된다. 똑같은 플랫폼을 사용하고 똑같이 판에 박힌 뻔한 절차를 거치는데, 어떤 사이트는 끼워 넣기를 하고 또 어떤 사이트는 심리학을 선보인다. 구글의 전략은 마치 예술과도 같고, 물 흐르듯 막힘이 없다. 무엇보다 이성적으로나 감성적으로 인간의 사고패턴에 딱 들어맞는다.

구글의 수익 모델과 제품구상의 핵심은 '어떻게 하면 고객을 좀 더 편리하게 만들어줄까'이다. 따라서 구글의 제품개발팀은 심리학을 이용해 다음과 같은 선순환 시스템을 창조해냈다.

인터페이스를 단순하고 편리하게 만들수록 → 고객은 결정을 내리기가 더 편해지고 해당 제품이 더 우수하다고 평가하며 → 더 빨리 더 많이 예매하고 → 항공사는 더 많은 수수료를 구글에 제공하고 → 구글은 더 많은 이윤을 창출한다.

이는 구글의 경영철학인 '구글이 발견한 열 가지 진실' 중 첫 번째인 "사용자에게 초점을 맞추면 나머지는 자연스럽게 따라온다."를 연상시킨다.

구글플라이트에서 보듯이 구글은 고객의 시선과 관점에서 제품을 만들었고 심리학을 통해 전체 절차를 최적화했다. 그 결과 고객의 만족도는 더욱 높아졌다. 그리고 구글의 수익은 자연스럽게 증가할 수 있었다.

제품 개발은 이처럼 고객 중심으로 이루어져야 한다. 이것이 바로 '고객 입장에서 생각하는 것'의 핵심 내용이자 '제품 차원에서 생각하는 것'의 본질이다. 고객이 필요한 제품을 만드는 건 그다지 특별하지 않다. 핵심은, 제대로 설계함으로써 고객을 감탄하게 만드는 일이다. 그래야만 제품의 품질을 보증하고 고객의 만족도를 높일 수 있다. 이것이 바로 실리콘밸리가 우리에게 알려주는 첫 번째 가르침이다.

고객을 불편하게 하면
만족도가 올라간다

○

키워드 : 인지가치, 노동착각, 디스플루언시, 피크-엔드 법칙

빠르다고 만족하진 않는다

우리가 무언가를 개발할 때, 웹 기반 앱이든 모바일앱이든 모든 체험은 빠르고 원활할수록 좋다는 암묵적인 합의가 있다. 따라서 프로그래머들은 밤낮을 가리지 않고 소프트웨어의 속도와 각종 지표를 향상시키는 데 주력한다. 디자이너와 제품 매니저Product Manager, PM들도 제품의 프로세스를 최적화해 불필요한 쌍방향 체험을 생략하려고 노력한다.

하지만 때에 따라서는 지나치게 빠르거나 원활한 체험이 고객의 만족도를 높이기는커녕 오히려 불만족스러운 느낌을 초래하기도 한다. 이를 설명하기 위해, 2011년 하버드대학교 경영대학원의 라이언 뷰엘Ryan Buell과 마이클 노턴Michael Norton이 《경영과학Management Science》 정기호

에 발표한 논문 〈노동착각 The Labor Illusion〉 얘기부터 시작하고자 한다.

2010년 전후, 모바일 인터넷이 보급되기 시작했고 3G 기술도 이제 겨우 등장했을 때였다. 그 당시 사람들은 주로 컴퓨터를 통해 웹 제품을 사용했고, 알고리즘과 프레임워크들도 지금처럼 갖추어지지 않았을 때였다. 그래서 제품의 연산 속도 역시 전반적으로 많이 느렸다. 하버드대학교 경영대학원 실험진은 고객이 제품의 속도를 어떤 식으로 받아들이는지 파악하기 위한 실험을 실시했다.

그들은 먼저 OTA사이트인 '트래블파인더 TravelFinder'를 만들었다. 그리고 실험 참가자를 모집해 두 조로 나눴다. 참가자가 '검색' 버튼을 누르면 자신이 속한 조에 따라 서로 다른 응답 시간이 주어진다. 첫 번째 조는 검색 버튼을 누르자마자 거의 동시에 검색 결과가 뜨게 했다. 반면 두 번째 조는 일부러 일정 시간 지연시킨 후 결과를 노출시켰다. 지연된 시간은 10초에서 60초까지 다양했다. 다른 체험 내용과 인터페이스 등은 모두 똑같았다. 이 실험에서 유일한 차별 요소는 검색 결과가 나올 때까지 소요된 시간뿐이었다.

실험이 끝난 후, 실험팀은 참가자들에게 방금 전 체험한 모든 과정에 각자의 점수를 매겨달라고 요구했다. 만점은 7점이었다. 만족도가 높다면 높은 점수를, 그 반대라면 낮은 점수를 매기면 되는 식이었다. 실험 결과는 어떻게 나왔을까?

검색 버튼을 누른 후 반응 시간이 너무 길면 (예를 들어 60초) 점수는 매우 낮게 나왔다. 이는 실험자들의 예상과 일치했다. 오래 기다리면 짜증이 나기 마련이고 만족도가 낮아지는 건 당연하니까 말이다.

하지만 이해하기 어려운 결과도 나왔다. 만약 시간이 '적절한 수준으로' 지연된다면 참가자들의 점수가 오히려 높아졌다는 점이다! 만약 고의로 10초를 지연시키면 참가자의 점수가 2% 상승하는 것으로 나타났다. 이 2%를 결코 과소평가해서는 안 된다. 점수가 낮아지지 않은 것만으로도 충분히 놀랍고 사람들의 상식을 뒤엎는 결과니까 말이다.

실험진은 실험 참가자들을 인터뷰하고 나서 그들의 심리를 파악할 수 있었다. 검색 결과가 즉시 모니터에 나타나면 마치 이 사이트가 자신을 속이고 있다는 생각이 든다는 것이었다. 사이트 전체를 검색하는 복잡한 절차를 거치려면 어느 정도 시간이 걸릴 수밖에 없다는 것이 그들의 생각이었다.

이 점을 파악한 실험진은 이어서 또 다른 실험을 실시했다. 이번에는 일부러 시간을 지연시키는 동시에, UI(고객 인터페이스)를 통해 지금 이 사이트가 어떤 작업을 수행하고 있는지 고객들에게 알려주는 '척'했다. 실험진은 참가자들을 대조군과 실험군으로 나누어, 대조군의 경우 검색 결과를 기다리는 동안 모니터에 아주 '평범한' 아이콘이 뜨게 했다. 즉 '검색 중Searching'이라는 짧은 메시지의 아이콘이 화면에서 빙글빙글 회전하고 있을 뿐이다.

반면 실험군의 경우 '수다스러운' 아이콘을 모니터에서 만나게 된다. 검색이 진행 중일 때 이 아이콘은 쉬지 않고 떠든다. 아이콘 윗부분에 지금 이 사이트에서 어떤 작업을 수행하고 있는지, 얼마나 열심히 일하고 있는 중인지 알려준다. 가령 '지금 유나이티드 항공을 검색중입니다', '지금 스위스 항공을 검색하고 있습니다'와 같은 식이다.

실험이 끝난 후, 앞의 실험과 마찬가지로 참가자들에게 점수를 매겨 달라고 요구했다. 이번에는 어떤 결과가 나왔을까?

'수다스러운' 아이콘이 있는 실험군의 평가 점수가 더 높았는데, '평범한' 아이콘이 있는 실험군보다 10%나 높았다! 이는 사이트가 지금 어떤 작업을 수행하고 있는지 눈으로 확인할 수 있다면 고객은 기꺼이 기다리려고 한다는 사실을 보여준다. 하지만 이 아이콘이 '가짜'라는 점을 잊으면 안 된다. 검색 결과는 이미 나왔으며, 단지 잠시 동안 고객에게 노출시키지 않고 '연기'를 펼쳤을 뿐이다.

앞의 두 실험에서 참가자의 점수와 '인위적인 시간 지연'의 관계를 나타낸 그래프는 다음과 같다.

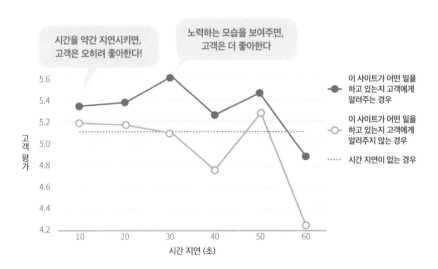

지연되는 시간이 50초 이내라면, '시간 지연+수다쟁이' 조합이 다른 어떤 조합보다 점수가 높았다. 따라서 고객 앞에서 열심히 애쓰는 모습

을 노출할수록 고객에게 더 호감을 줄 수 있다는 결론을 내릴 수 있다.

하지만 이 결과는 다소 이해하기 어려운 점이 있다. 이렇게 속이 뻔히 들여다보이는 연기를 왜 어느 누구도 알아채지 못할까?

이것은 '인지가치 Perceived Value'라는 심리학 개념으로 설명이 가능하다.

인지가치란 본인이 마음속에 느끼는 제품에 대한 가치를 가리킨다. 이와 대비되는 개념이 '실제가치 Real Value'다. 이 인지가치는 실제가치보다 높을 수도 있고 낮을 수도 있다.

가령 당신 얼굴의 객관적 가치를 실제가치라고 하자. 이른바 보정을 한 뒤 친구들의 SNS에 보내면 당신에 대한 그들의 인지가치는 한순간에 상승할 수 있다. 반대로 당신이 친구와 함께 사진을 찍었는데 그 친구가 일부러 당신의 얼굴을 못생기게 고친 후 사람들의 SNS에 보냈다고 해보자. 그러면 사람들이 느끼는 당신의 인지가치는 한순간에 폭락할 것이다.

또 중국의 오픈마켓인 타오바오가 펼치는 기업 차원의 제품 홍보가 해당 제품의 인지가치라면, 이 제품을 구매한 고객이 이를 인터넷에서 자랑하는 것은 제품의 실제가치가 된다.

앞의 실험에서 고객이 높은 점수를 준 이유는 제품에 대한 인지가치가 높아졌기 때문이다. 검색속도를 일부러 지연시키고 고객에게 이 사이트가 지금 어떤 일을 하고 있는지 알려줌으로써 고객이 '아, 이 사이트는 나를 위해 이렇게 열심히 일하고 있구나!'라고 생각하게 만드는 것이다. 그럼으로써 고객은 사이트에 대한 인지가치가 높아져 해당 체험에 대해 후한 점수를 준다.

결론적으로 노력하는 척, 즉 '노동착각Labor Illusion'만으로도 충분히 고객의 인지가치를 높이는 데 도움이 된다는 것이 이 논문의 결론이다.

사실 이 원리는 우리 일상생활에서도 널리 응용되고 있다. 가령 자동차 구입을 예로 들어보자. 판매 대리점에서는 이미 최저가를 20만 위안으로 설정해뒀다. 그런데도 딜러는 마치 흥정이 가능하기라도 한 듯 고객을 남겨둔 채 사장실에 들어가 한참 동안 사장과 상의하는 '척'한다. 이는 가격을 조금이라도 깎기 위해 애쓰는 모습을 고객에게 연출해 자동차에 대한 고객의 인지가격을 높이려는 꼼수다.

그런가 하면 카센터는 다음과 같은 장난을 치기도 한다. 사실 5분이면 수리가 완료될 수 있는 차를 두고, 담당자는 문제가 심각해 수리가 까다롭다며 우는 소리를 한다. 그리고는 차주와 한참 동안 흥정을 한다. 왜 그럴까? 만약 5분 만에 수리가 끝난다면 차주는 분명히 별 문제 아니라고 판단해 차 수리비에 대한 인지가격이 낮아질 것이다. 당연히 수천 위안에 달하는 수리비 지출을 달가워하지 않는다.

그러므로 컴퓨터 A/S 기사들에게 한 마디 충고하고 싶다. 아무리 사소한 문제로 A/S 요청이 들어와도 절대로 5분 만에 문제를 후딱 해치우지 말기 바란다. 왜 이런 시시한 문제로 사람을 한밤중에 불렀냐며 화를 내지도 말아야 한다. 그 대신 시간을 조금만 더 끌면서 여기저기 손봐주기 바란다. 그러면 고객은 당신의 노력에 대한 인지가치가 높아질 것이다. 따라서 당신이 얼마나 힘들게 노력하는지 감사하는 마음도 커지리라.

맞아. 우리는 일부러 사용하기 어렵게 만들었어

고의적인 시간 지연이 오히려 고객을 즐겁게 만들듯이, 고의로 제품의 절차를 복잡하게 만드는 것 또한 고객에게 유용할 때가 있다.

우버와 관련해 아주 유명한 일화가 있다. 앱 출시 초창기에는 사용하기가 너무 쉬워서 오히려 많은 불만과 지적이 쏟아졌던 것이다.

우버는 출범 첫 해에 '할증가(우리나라에서는 심야 시간에만 할증이 발생하지만, 우버의 할증가는 호출 수요가 많아지면 요금이 올라가는 방식이다. 금요일 저녁, 주말, 공휴일, 악천후 때 주로 할증이 붙는다. – 옮긴이)'라는 개념을 도입했다. 경제학의 기본 개념인 '수요와 공급 곡선'에 따른 결정이다. 하지만 우버가 처음 출범했을 때 이런 서비스 모델을 모르는 사람이 많았다.

초창기에 고객들 사이에 널리 홍보되었던 제품의 핵심 서비스는 '원 탭 투 라이드^{One tap to ride}'였다. 우버앱을 켜서 한 번만 누르면 바로 택시 서비스를 부를 수 있도록 앱을 구성했다. 다시 말해 차를 부르고 이용하는 체험은 원활할수록, 빠를수록 좋다는 개념이었다. 그래서 우버는 제품 디자인에서 간결함과 원활함을 추구했고, 불필요한 절차는 과감하게 생략했다.

그런데 차량이 몰리는 러시아워 때도 이 '원 탭 투 라이드'는 똑같이 적용되었다. 가격이 껑충 뛸 수 있는데도 우버는 별다른 안내를 하지 않았다. 기껏해야 첫 화면에 '요금이 오를 수 있다'라는 메시지를 올린 것이 전부였다.

우버 이용 절차가 너무 단순하다 보니 할증가를 신경 쓰는 사람은 많지 않았다. 그러다 차에서 내릴 때가 되어 요금을 확인하고서야 경악했던 것이다. 물론 고객이 차를 기다리는 동안 화면에는 요금이 많이 나올 수 있다는 경고 문구가 떴지만 이걸 눈여겨보는 사람은 별로 없었다. 그 결과 우버는 초창기에 홍보에 엄청난 어려움을 겪었다.

유명한 사례가 있다. 2013년 뉴욕에 폭설이 내렸을 때 우버 요금은 8.3배까지 올라갔다. 서둘러 귀가하는 데만 정신이 팔렸던 고객들은 요금에 미처 신경 쓰지 못했다. 집에 도착해서야 20분 거리에 요금이 무려 500달러가 나왔다는 사실을 알고 펄쩍 뛰었던 것이다. 주요 기념일, 명절, 이벤트가 있는 날만 되면 우버는 요금폭탄 문제로 홍역을 치르곤 했다. 우버는 고객의 원성을 샀고 사기로 돈 버는 악덕기업으로 낙인찍혔다. 갓 출범한 스타트업이 이런 식의 평가를 받는다면 매우 위험하다.

우버는 문제의 심각성을 인식하고 해결에 나섰다. 그들이 내놓은 해결책은 다음과 같았다.

'할증가'가 나타날 조짐이 보이면 앱은 '원 탭'을 '투 탭' 방식으로 전환했다. 즉 첫 화면에서 호출 버튼을 누르면, 요금이 오를 수 있다는 분명한 메시지를 보여주는 팝업창이 자동으로 떴다. 이 팝업창은 고객이 확인 버튼을 클릭해야 다음으로 넘어갔다.

그런데 이런 서비스를 도입했는데도 고객의 원성은 잦아들지 않았다. 요금 상승 가능성을 사전에 고지했지만 여기에 신경 쓰지 않는 사람이 그만큼 많았던 탓이다. 글자 크기가 너무 작아서 제대로 안 보였기 때문이기도 하지만, 고객 입장에서 한번 생각해보자. 늦은 밤 맥주집에서 한잔 하고 취해서 나온 고객 눈에 그런 경고문구가 제대로 들어

올까? 그냥 흔해빠진 고객 약관이겠거니 하는 생각에 아무 의심 없이 'OK'를 누르는 사람이 절대다수였다.

궁지에 몰린 우버는 이용 절차를 다시 변경했다. 정보확인용 창을 추가 도입했고, 추가로 발생할 요금을 표시한 글씨의 색깔과 크기를 눈에 확 띄도록 바꿨다. 이게 끝이 아니었다. 마지막에 고객이 손으로 이 숫자를 전부 직접 입력하도록 요구했다. 마치 마지막 발악처럼 느껴진다.

결국 이런 식으로 홍보 문제는 해결되었다. 우버는 제품 사용을 일부러 어렵게 만듦으로써 고객을 교육하는 데 성공했고 위기에서도 벗어났다. 이것이 바로 '디스플루언시(Disfluency, 비원활성)'란 개념이다. '플루언시(Fluency, 원활성)'의 반대 개념으로, 제품의 각 절차가 더디게 진행될수록 디스플루언시가 높아진다.

행동경제학자인 슐로모 베나치 Shlomo Benartzi는 2017년 《온라인 소비자, 무엇을 사고 무엇을 사지 않는가 The Smarter Screen》를 출간했는데, 이 책에 따르면 제품에 대한 고객의 '만족도'와 '디스플루언시'가 U자를 엎어놓은 형태의 관계를 보인다고 한다.

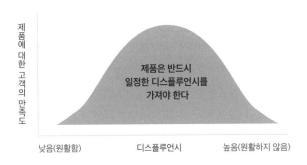

제품은 반드시
일정한 디스플루언시를
가져야 한다

제품에 대한 고객의 만족도

낮음(원활함)　　　　　디스플루언시　　　　　높음(원활하지 않음)

다시 말해 제품 사용이 너무 원활하거나 너무 복잡하면 고객에게 외면당한다.

또 그의 연구에 따르면, 제품 사용이 원활할수록 제품에 대한 고객의 이해도는 높아지지만 동시에 고객으로부터 더 빨리 잊힌다고 한다. 이는 인간의 기억·망각 메커니즘과 일치한다.

실제로 온라인 강좌를 수강할 때 이를 체험할 수 있다. 수업을 들을 때는 내용이 다 이해되는 듯 느껴지지만 수업이 끝나면 언제 뭘 배웠냐는 듯 까맣게 잊어버린다. 왜 그럴까? '듣기'가 '읽기'보다 훨씬 쉬운 체험이기 때문이다. 그 결과 잊히는 것도 훨씬 더 쉽다. 이는 아마도 쉽게 얻은 것을 소중하게 여기지 않는 인간의 습성과 연관되어 있는지도 모른다.

그렇다면 우버의 사례에는 디스플루언시가 어떤 식으로 적용되었을까? 바로 고객에게 주의를 촉구하는 과정 속에 도입되어 있다.

예를 들어 당신이 은행의 대출 관련 앱 제작을 맡고 있다고 해보자. 대출 고객의 경각심을 높이고 원리금을 제때 상환하도록 유도하려면 대출 과정을 좀 더 복잡하게 설계하면 된다. 또 별도의 페이지를 도입해 대출 고객에게 공지해야 한다. 가령 '상환기한을 넘기면 당신과 당신 가족에게 큰 고통이 따를 수 있습니다!' 같은 식이다. 물론 이 과정에서 몇몇 고객이 떨어져나갈 수도 있다. 하지만 제때 상환하지 않는 '고위험군' 고객을 사전에 걸러낼 수 있다면 결과적으로 이익이라고 할 수 있다.

여기서 한 가지 분명히 밝힐 점이 있다. 인간은 항상 변하는 존재라는 사실 말이다. 2011년에 고객에게 10초 동안 기다리게 하는 것과 2019년에 10초 동안 기다리게 하는 것의 효과는 전혀 다르다. 여기에서 든 예는 어디까지나 참고용에 불과하며 실제로 기획과 개발에 적용할 때는 현재의 다양한 상황을 종합적으로 고려해야 한다.

기억의 하이라이트를 포착하기

제품에 대한 고객의 '인지가치'를 높이는 데 또 다른 중요한 실전 노하우가 있다. 바로 '피크-엔드 법칙'이다.

앞에 나온 우버의 사례로 얘기해보자. 우버가 처음 등장했을 때 사람들이 탑승 경험 후 만족도가 가장 높았을 때는 언제였을까?

미국 언론의 조사에 따르면 하차할 때 가장 만족도가 높았다고 한다. 고객들은 기존의 택시와는 전혀 다른 경험을 했다고 평가했다. 기존 택시의 이용 과정을 상상해보자. 목적지에 도착하면 기사는 차를 세운다. 승객은 현금을 기사에게 주고 기사는 거스름돈을 돌려준다. 만약 현금이 없다면? 아마 ATM기로 달려가 현금을 뽑아야 하는 난처한 상황이 벌어질지도 모른다.

하지만 우버의 전체 이용 과정을 살펴보면 고객의 만족도가 비단 내릴 때만 높은 것은 아니다. 택시를 잡느라 길에서 시간을 허비할 필요도 없고, 핸드폰으로 차를 미리 불러놓을 수 있으며, 서로 택시를 잡으려고 경쟁하는 불편함도 감수할 필요가 없다. 그런데도 왜 사람들은 마지막에 차에서 내리는 순간만을 기억할까?

여기에도 심리학적 근거가 숨어 있다. 2002년 노벨 경제학상 수상자인 대니얼 카너먼^{Daniel Kahneman}에 따르면, 어떤 경험에 대한 인간의 평가는 두 가지 순간이 가장 중요하다고 한다. 하나는 전체 경험에서 가장 극적인 순간이다. 또 하나는 전체 체험의 마지막 순간이다. 이런 현상을 '피크-엔드 법칙 peak-end rule'이라고 부른다.

피크값 peak은 직관적으로 이해할 수 있다. 어떤 경험에서 가장 훌륭한 순간은 영원히 기억되며 잘 잊히지 않는다. 가령 여행을 떠났다면 가장 아름다운 풍경을 봤던 그 순간을 마음속 깊이 간직하게 된다.

한편 엔드값 end은 우버를 이용한 고객의 종합평가라고 할 수 있다. 마지막에 차에서 내리는 순간, 편리하고 시간도 절약되었다고 느끼면 전체적으로 기분이 좋아지고, 당연히 전체 고객 경험이 긍정적으로 각인된다.

많은 기업들이 엔드값을 높이기 위해 노력하고 있는데, 유명한 두 가지 사례를 들어보자. 유명한 글로벌 가구 업체인 이케아와 창고형 할인 매장인 코스트코의 가장 큰 공통점은 출입구에서 푸드코트를 운영한다는 것이다. 여기에서 파는 음식들은 하나같이 엄청 싸고 맛있다. 이렇게 싸게 파는 건 손해다. 하지만 이는 고객의 전체 경험에 대한 '인지 가치'를 높여주는 데 매우 큰 역할을 한다. 오랜 시간 쇼핑을 하고 길게 줄을 서서 계산을 하지만, 그곳을 떠나기 직전에 값싸고 맛있는 음식을 먹으면 전체 경험에 대한 평가가 크게 높아진다.

비슷한 사례는 얼마든지 있다. 레스토랑에서 식사를 마치면 홀 서빙 직원이 과일을 내온다. 영국항공은 비즈니스 클래스 이용 고객에게 런던 도착 후 귀빈 홀을 이용할 수 있도록 한다. 미국의 온라인 강의 사이트인 코세라는 한 강좌가 끝나면 수료식을 개최하고 인증서도 발급해 준다.

결론적으로, 제품을 만들 때는 한정된 자원을 피크값과 엔드값을 높이는 데 투자해야 한다. 특히 마지막 순간은 아주 적은 비용으로 고객의 '인지가치'를 크게 높일 수 있는 최적의 타이밍임을 잊지 말길 바란다.

우버 기사는
퇴근할 수 없다

키워드 : 이정표효과, 게임화 보너스 전략

우버와 운전기사, 그 미묘한 관계

우버 플랫폼과 운전기사의 관계는 매우 특이하다. 관계 유지도 어렵지만 그렇다고 저 멀리 떨어질 수도 없다.

우버 운영 모델에 따르면 승차요금과 승차 전 대기 시간은 승객의 체험에 가장 큰 영향을 미치는 지표다. 우리는 해외여행을 갈 때 비용을 아끼기 위해 출발 시간이 매우 이상한 저가항공을 이용하곤 한다. 그 결과 새벽에 택시를 탈 때도 있는데 그 시간대에 택시가 잘 잡힐 리가 없다. 승객 입장에서는 택시를 잡느라 피가 마를 지경이 된다. 러시아워나 주말, 그리고 방금 언급한 새벽은 택시가 잘 잡히지 않고, 고객 입장에서는 우버에 대한 만족감이 떨어진다. 나도 저녁 러시아워 때 우버를 이용한 적이 있는데, 추위 속에서 20분이나 오들오들 떨며 기다리느라 화가 머리끝까지 났던 기억이 지금도 선하다.

고객 경험의 질을 높이고 싶다면 방법은 아주 간단하다. 공급을 늘리면 된다. 즉 운전기사 수를 늘려야 한다. 도로 위를 달리는 우버 택시가 늘어날수록 승객의 대기시간은 줄어든다. 하지만 이는 또 다른 문제를 불러온다. 회당 승차요금은 낮아지고 공차율도 높아지는 것.

발견했는가? 고객의 만족도를 높이고 싶다면, 다시 말해 대기 시간을 줄이고 요금을 낮추면 운전기사의 만족도는 반대로 낮아질 수밖에 없다. 돈을 적게 벌 수밖에 없기 때문이다. 빈 차로 돌아다니는데 좋아할 운전기사는 아무도 없다. 이처럼 승객과 운전기사의 만족도는 일종의 반비례 관계로, 서로 조화시키기가 매우 어렵다.

만약 독자 여러분이 우버의 경영진이라면 어떤 조치를 내리겠는가?

냉정하게 보면 당연히 승객 편에 서서 운전기사를 희생시키는 방식을 택해야 한다. 그래야만 고객이 더 높은 만족감을 느끼고 그만큼 회사 입장에서 수익이 늘어나기 때문이다. 한편 운전기사는 빈차일 때 회사에 수수료를 낼 필요가 없다. 따라서 회사의 유일한 비용은 운전기사의 부정적 체험일 것이다.

그럼 어떻게 해야만 운전기사들을 자발적으로 도로 위에 붙잡아둘 수 있을까? 즉 승객을 못 태우고 있어도 계속해서 일을 하게 하려면 어떤 유인책이 있어야 할까? 한 가지 기억해야 할 것이 있다. 우버에서 활동하는 대다수 운전기사들은 이 일을 부업으로 삼고 있기 때문에 승객이 없으면 영업을 중단하고 그냥 집에 가버린다는 점이다.

따라서 운전기사를 모집하고 그들을 도로 위에 붙잡아두는 것이 우버의 가장 큰 고민거리다. 이 문제 해결을 위해 우버는 운전기사의 성장을 위한 태스크포스를 만들었다. 이 연구팀은 기사를 붙잡아두고 나아가 더 오랜 시간 일하게 만드는 방안을 집중 연구했다. 그 결과 수많은 재미있고 참신한 아이디어가 쏟아졌다. 작가 노엄 샤이버Noam Sheiber는 2017년 4월《뉴욕 타임스》에 기고한 칼럼〈우버가 심리학 기법을 이용해 기사들을 더 일하게 만드는 방법〉에서 이 문제를 집중적으로 다뤘다.

야근은 즐거워

당신이 지금 불행한 우버 기사라고 상상해보자. 영업을 시작했는데 시간이 흘러도 손님이 한 명도 보이지 않고 기나긴 밤을 혼자서 쓸쓸히 보내고 있는 중이다. 그만 집에 가야겠다는 생각이 든다. 앱을 켠 당신은 '오프라인' 버튼을 눌렀다. 그러자 팝업창이 하나 튀어 올랐다.

보통의 회사라면 아마도 '앱을 종료하시겠습니까?'라고 물을 것이다. 하지만 우버의 질문은 달랐다.

> 40달러까지 이제 6달러 남았습니다. 정말로 앱을 종료하시겠습니까?

우버는 왜 이렇게 했을까?

실험에 따르면 이렇게 질문해야 계속 영업을 선택한 기사가 더 많았기 때문이다. 당연히 기사들의 총 영업 시간도 큰 폭으로 늘었다. 이런 신기한 상황이 나온 이유는 우버가 심리학과 행동디자인학을 바탕으로 디테일을 설계했기 때문이다. 바로 '이정표효과Milestone Effect'다.

이정표효과는 다른 말로 목표효과라고도 하는데, 사람들은 어떤 일을 할 때 목표에 영향을 받는 경향이 있다는 뜻이다. 즉 사람은 누구나 목표의 완성을 간절히 바라고 또 이를 달성하기 위해 최선을 다하는데, 이를 위한 다음 번 '이정표'를 세워두고 그때까지 열심히 달려가는 식이다.

실리콘밸리에서 가장 인기 있는 취미인 마라톤을 예로 들어보겠다. 누군가 샌프란시스코 마라톤 대회의 성적을 이용해 분포도를 그렸다. 그 결과는 다음 그림과 같다.

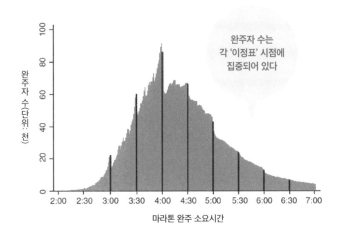

이 그래프에서 알 수 있듯이, 4시간, 4시간 30분, 5시간과 같은 '이정표' 시점에 완주자 수가 집중적으로 몰려 있다. 반면 이 시간대가 지나면 완주자 수는 급격히 줄어들었다. 이는 무엇을 의미할까? 마라톤 참가자들이 30분이나 1시간 단위로 목표를 세우고 이를 달성하기 위해 미친 듯이 달렸다는 뜻이다.

또 다른 사례도 살펴보자. 나이 많은 사람이 생일을 맞이했을 때, 그가 가족에게 줄 수 있는 가장 큰 '서프라이즈 이벤트'는 무엇일까? 학술 잡지인 《기초·응용 사회심리학Basic and Applied Social Psychology》에 게재된 한 논문에 따르면, 연구자인 시미즈 미츠루는 그 정답이 아마도 '죽음'일 것이라고 지적했다.

그건 분명한 사실이다. 약 3,000만 명의 사망을 연구 분석한 결과에 따르면 '생일 며칠 전'의 사망률이 '생일 며칠 후'의 사망률보다 훨씬 낮았다고 한다. 이는 수많은 사람들이 자기의 생일이라는 '이정표' 시점을 넘기기 위해 며칠이나마 더 버티려고 안간힘을 썼다는 뜻이다. 그 결과 일단 목표에 도달하면 기력이 빠져 얼마 못 가 숨을 거둔다는 것이다.

우버 역시 기사들의 목표 달성 욕구를 자극하기 위해서 '이정표'를 섬세하게 조절한다. 우버는 1의 자리를 반올림하여 십 단위나 백 단위의 목표 금액을 산출해 화면에 보여주는데, 기사들이 그 목표를 달성하면 그 다음 목표를 계속해서 노출한다. 이런 식으로 계속 반복하면 기사들은 목표 금액을 달성하기 위해 운전대를 잡고 있을 수밖에 없게 된다.

심리학을 토대로 우버는 앱에 '게임화 전략'을 적용했다. 이 전략을 구체화한 대표적인 형태가 '보너스 지급 시스템'이다. 예를 들어 어떤 피크타임에 5건을 수행하면 100달러를, 일주일에 100건을 수행하면 1,000달러를 보너스로 지급하는 식이다. 이는 게임의 룰과 완전히 일치하는 방식이다. 실제로 이 시스템을 도입한 결과, 승객을 태우고 받는 기존의 소득보다 보너스로 받은 금액이 훨씬 더 많았다. 여기에 고무된 많은 기사들은 '보너스 지급 기준' 충족을 목표로 설정하고 더욱 열심히 일하게 되었다.

여기에서 우버가 사용한 작은 노하우를 하나 더 선보이겠다. 연구에 따르면 붙임성 있는 말투가 '상담하는 듯한' 말투보다 기사의 마음을 더 잘 움직인다고 한다. 다음 두 가지 안내 멘트를 비교해보자.

> "한 시간 후 왕징 쪽에
> 더 많은 승객이 있을 것 같아요.
> 그곳으로 가서
> 손님을 태우는 게 어떨까요?"

> "기사님, 제가 작은 비밀 하나
> 알려줄까요? 한 시간 후에 왕징 쪽에
> 아주 많은 승객이 모일 것 같아요.
> 빨리 그곳에 가보세요!"

통계를 보면 우버 기사들은 두 번째 유형의 안내에 더 잘 따른다고 한다. 마치 귀신에 홀린 것처럼 앱의 지시를 거역하지 못한다.

가령 당신이 어떤 개인 인터넷 방송의 진행팀이라고 하자. BJ가 지쳐서 방송을 잠시 끊었을 때 시험 삼아 그에게 이렇게 얘기하면 어떻게 반응할까?

"화살(일종의 사이버머니. - 옮긴이) 두 개만 더 받으면 오늘 화살 열 개를 모을 수 있어. 조금 있다가 계속해보는 게 어때?"

그 말을 들은 진행자는 그때부터 다시 활력이 샘솟을 것이다. 온갖 개그를 남발하고, 노래를 불러대고, 썰렁한 '아재 개그'도 마다하지 않으며 수단 방법을 안 가리고 방송을 화려하게 수놓으려고 애쓸 것이다.

사실 '이정표효과'는 경영학에서 널리 사용하는 도구다. 팀 전체가 우수한 실적을 내도록 만들기 위해 팀장은 팀원들에게 연간 예산, 분기별 판매 계획 등 매우 구체적인 수치 목표 또는 단계별 전망치를 전달한다. 이는 또한 직원들의 '자질 기준 충족률', '집중 구매비용 최적화 지표' 등으로도 활용할 수 있다. 이들 지표는 대부분 낮은 자릿수는 반올림한 큰 정수 단위로 표현된 목표치로서, 실제 달성 가능한 목표치보다 조금 높지만 모두들 이를 해내기 위해 애쓴다. KPI(핵심성과지표)도 바로 여기에서 나온 개념이다.

하지만 여기에서 주의할 점이 있다. 이런 행동디자인학 도구는 적절한 정도로만 사용해야 한다. 만약 고객을 지나치게 압박하면 그들은 시간이 흐를수록 이 점을 인식하고 결국 '발로 하는 투표'를 할 수 있다. 다시 말해 불만이 쌓이면 아예 앱을 삭제해버리고 다른 앱으로 갈아탈 수 있다는 뜻이다.

보낸 메시지
취소 기능에 얽힌 갑론을박

◦

키워드: 사용 시나리오, 감정이입, 고객 프로파일링

진화하는 채팅앱, 반발하는 사람들

한 2년 전쯤의 일이다. 룸메이트가 문을 열고 들어오더니 유럽 친구들 때문에 미치겠다고 나에게 하소연했다.

"우리가 매일 쓰고 있는 위챗 있잖아? 그중에 몇몇 기능은 정말 유용하다고 생각해. 메시지를 보낸 다음에 취소할 수 있으니까 말이야. 그런데 그걸 두고 요하나가 뭐라는 줄 알아?"

그는 얼굴에 경멸의 표정을 짓고 이렇게 말했다고 한다.

"너희 중국인들은 너무 위선적이야!"

뭐라고? 메시지 취소 기능이 위선적이라고? 무슨 소리야? 얼마나 편리한 기능인데.

나는 종종 손가락이 미끄러져 오타가 나곤 한다. 엄마한테 문자를 보내다가 '謝謝(고마워요)'를 실수해서 '歇歇(쉬세요)'라고 썼다. 또 '洗靴(제 운동화 좀 빨아주세요)'를 '吸血(피를 빠세요)'로 쓰기도 했다. 이뿐만이 아니다. 너무 바빠서 여러 가지 일을 동시에 처리해야 할 때 우리는 메시지를 잘못 보낼 때가 있다. 만약 양쪽이 모두 메시지를 잘못 보낸다면 아주 난처한 상황이 벌어질 게 뻔하다. 심지어 금전적 손실도 발생할 수 있다.

하지만 냉정을 되찾고 나서 곰곰이 생각해보니 유럽인들을 이해할 수 있었다.

그 당시 외국의 채팅앱은 대부분 메시지 취소 기능을 지원하지 않았다. 그건 이들 채팅앱이 등장한 시대적 배경과 관련이 있다. 이들 앱은 문자 메시지를 대체하기 위해 2010년을 전후해 개발되었다. 문자 메시지는 원래 취소 기능을 지원하지 않으므로 이 앱들 역시 마찬가지였다. 그리고 시간이 흐르면서 사람들은 여기에 익숙해졌다.

우리 사무실의 동료 요하나 역시 마찬가지였다. 한번 보낸 메시지를 취소하는 건 매우 위선적이라고 여겼지만, 안타깝게도 요하나도 금방 현실에 적응했다. 몇 개월 뒤, 유럽인들이 자주 사용하는 채팅앱인 왓츠앱에서도 메시지 취소 기능을 지원하기 시작했다. 이 기능을 사용해본 사람들은 이구동성으로 칭찬하기 바빴다.

이 삭제 기능은 사실 중국이 가장 먼저 개발해 전 세계에 '수출'한 것이다. 위챗이 SNS와 채팅 분야에서 워낙 강세를 보이다 보니, 여기에서 개발한 많은 유용한 기능을 점차 다른 나라의 유사한 앱들에서 벤치마

킹한 것.

채팅앱 기능과 관련한 논쟁은 이뿐만이 아니다. 역대급 논쟁이 붙은 또 다른 기능으로는 '읽음 확인'이 있다.

논란에 휩싸인 '읽음 확인'

왓츠앱, 아이메시지, 카카오톡, 라인 등의 앱들은 대부분 '읽음 확인' 기능을 지원한다. 내가 보낸 메시지를 상대방이 읽어봤는지 여부를 알려주는 기능이다.

예를 들어 애플의 고객이 가장 많이 쓰는 아이메시지의 경우 메시지 하단에 '이미 읽었음'이라고 표시해준다.

한국, 일본, 홍콩, 대만은 물론 동남아시아에서 널리 사용하는 라인도 마찬가지로, 메시지 왼쪽에 '읽었음'이란 표시와 함께 '읽은 시각'을 알려준다.

유럽과 동남아시아에서 가장 널리 사용하는 왓츠앱의 경우, 메시지 오른쪽에 파란색 꺾쇠 두 개를 통해 메시지를 읽었음을 표시한다.

이 기능은 사실 정말로 '무섭다'! 메시지를 보낸 사람과 받은 사람 모두에게 심리적 부담을 잔뜩 안겨주기 때문이다.

생각해보자. 내가 보낸 메시지를 상대방이 분명히 읽었는데 아직까지 답신이 없다면? 마음속에는 온갖 의심이 싹트기 시작한다. 〈별에서 온 그대〉에도 이런 장면이 나온다. 천송이가 도민준에게 "뭐 해?", "자?"라며 문자를 보냈다. 도민준은 금방 문자를 확인했지만 답장은 하지 않았다. '읽씹'에 화가 난 천송이는 온갖 억측을 하기 시작했다. 혹시 내

애정표현이 너무 부족했나? 내 매력을 제대로 못 보여줬나? 너무 스트레스를 줬나? 내 메시지를 확인했는데 어째서 답이 없는 거야? 등등. 결국 지금 정말 바빴거나 답장할 시간이 없어서 그랬다면 다음에 만났을 때 잘 풀어야겠다고 생각한다.

이 '읽음 확인' 기능은 연인끼리 또는 사업 파트너 사이에 많은 오해나 갈등을 유발한다. 싸울 명분을 하나 더 추가하는 셈이기 때문이다.

"내가 보낸 문자 읽었잖아? 그런데 왜 답장 안 해?"

팀장은 팀원에게 문자를 보낼 때 습관적으로 '긴급!'이라는 단어를 앞머리에 붙인다. 미리보기 기능만으로는 메시지 내용 전체를 파악하기 어려울 수도 있으므로 팀원에게 즉시 앱을 켜 확인하라고 유도하기 위해서다. 그러다 보면 팀원들은 정신적 스트레스가 잔뜩 쌓인다. 당연히 그 앱을 삭제해버리고 싶은 충동이 하루에도 수십 번씩 들게 된다.

사실 위챗도 초기에 이 기능을 지원할까 여부를 두고 오랜 시간 논쟁을 했었다. 그리고 결국 지원하지 않기로 했다. 위챗 공식 사이트는 다음과 같은 입장을 표명하고 있다.

"…우리는 편안하고 자유로운 소통 환경을 제공하기를 원합니다. 따라서 상대방이 읽었는지 여부를 알 수 없는 상태에서 메시지 전송이 이루어지도록 했습니다."

그렇다면 왜 일부 앱에서는 읽음 확인 기능을 지원할까? 가령 '모모'와 같은 중국의 다른 채팅앱들은 읽음 확인 기능을 지원한다. 왜 이런 결정을 내렸을까?

사용 시나리오가 서로 다르다

여기에서 '사용 시나리오Usage Scenario'라는 아주 중요한 개념 하나를 소개한다. 이는 우리가 어떤 제품을 만들든지 반드시 고려하는 요소다. 겉으로는 비슷해 보여도 사용 시나리오가 다르면 고객의 핵심 요구사항도 달라진다. 가령 의식주 가운데 '주(住)' 문제를 생각해보자. 자는 문제는 상황에 따라 우리의 마음가짐까지 바꾼다.

가장 흔한 형태는 자기 집에서 잘 때다. 자신에게 익숙한 침대 위에서 잠자는 경우, 만약 나 혼자라면 어떤 형태로 자든 문제될 게 없다. 심지어 씻지 않고 자도 상관없다. 어쨌든 나 혼자밖에 없기 때문이다. 하지만 친구가 와 있는 경우라면 마음가짐은 완전히 달라진다. 상대방의 입장도 배려해야 하기 때문이다. 따라서 가급적 움직이지 않고 얌전한 모습으로 자려고 노력할 것이다. 만약 여행을 떠나 고급호텔에 투숙할 때라면 마음가짐이 또 달라진다. 바다의 풍경이 보고 싶을 수도 있고 룸에 딸린 수영장에서 느긋하게 수영을 즐길 수도 있다. 룸서비스를 부를 수도 있고 물건을 어질러도 상관없다. 어쨌든 누군가 청소를 할 것이고 나는 돈을 내고 이곳을 이용하는 중이니까 말이다.

그런가 하면 같은 여행이라 해도 민박이나 카우치 서핑을 선택했다면 얘기가 또 달라진다. 가급적 집주인을 짜증나게 할 정도의 소음은 내지 않으려 애쓸 것이고 매사에 조심하려고 노력할 것이다.

'식(食)' 문제도 마찬가지다. 아침은 지하철역 근처 포장마차에서 토스트를 사서 간단히 때우지만, 저녁은 연인과 데이트를 즐기며 근사한 레스토랑에서 식사를 즐길 수 있다.

같은 수영이라도 아파트 단지 근처에 있는 수영장에서 수영할 수도 있고, 하와이 해변에서 해수욕을 즐길 수도 있다. 사용 시나리오가 달라지면 우리의 마음가짐, 욕구, 행동양식은 이처럼 완전히 달라진다.

IT분야에서 사용 시나리오는 어떻게 달라질까? 똑같이 '동영상'을 보는 일도 각 플랫폼에 대한 우리의 반응은 완전히 제각각이다. 만약 중국의 넷플릭스라 불리는 '아이치이'에서 예능을 보고 있다면, 시간은 아마도 주말 저녁이고 그때 심정은 '이 프로그램은 엄청 길어. 간식을 먹으면서 밤새도록 봐야지'일 가능성이 높다. 또 틱톡에서 짧은 영상을 보고 있다면, 시간은 취침 20분 전이고 그때 심정은 '영상들이 다 짧아. 한 편당 몇 초씩만 봐야지. 노잼이면 그냥 건너뛸 거야'일 것이다. '넷이즈 공개강좌'에서 인터넷 강의를 보고 있다면 아마도 자습실에서 열심히 공부하고 있을 가능성이 높고, 그때 심정은 '정신을 집중해야 해. 열심히 필기하는 것도 잊지 말아야지'일 것이다.

이제부터 각 채팅앱의 사용 상황을 분석해보자. 위챗의 사용 상황은 아주 명확하다. 바로 '지인과의 통상적인 연락'이다. 연락을 주고받는 양측은 가족, 친구, 연인, 사업 파트너 등이다.

한편 모모의 사용 상황은 '모르는 사람들과의 교류'다. 모모는 '읽음 확인' 기능을 지원한다. 지인이 아닌 모르는 사람끼리 교류하는 상황이라면 이로 인한 난처한 일은 그다지 문제되지 않기 때문이다. 예를 들어 부동산 영업사원이 베이징 지하철에서 주변 승객에게 모모로 "베이징 외곽 지역의 집값이 얼마인지 아세요?"라고 물어봤는데 그 승객이 무시했다면 상처받겠는가? 반대로 그 승객 입장에서, 아무 대답 안 한다고 해서 그게 큰 문제가 될까?

'읽음 확인' 기능은 소통과 관계의 진전, 시간 절약에 도움을 줄 수 있다. 친구 사귀기 앱에서 당신이 관심을 표시했는데 상대방은 '읽씹'을 한다면? 그럼 상대방이 나에게 관심이 없다는 걸 금방 알아챌 수 있다. 그러니 일찌감치 포기하고 다른 상대방을 찾는 편이 현명하다.

고객의 이런 성향을 잘 파악하고 있는 모모의 개발팀은 이 점을 이용해 돈을 번다. '몰래 보기' 기능이 대표적이다. 상대방의 화면에는 '읽음 확인' 표시가 뜨지 않지만 나는 상대방의 메시지를 읽을 수 있는 기능이다.

'읽음 확인' 표시를 노출하는 또 다른 앱인 '딩토크^{DingTalk}'의 사례를 살펴보자. 딩토크는 읽음 확인 기능의 강화에 중점을 둔 케이스다. 두 사람 사이의 일대일 대화는 기본이고, 심지어 단체 채팅방에서도 모든 참여자의 읽음 확인 여부를 일일이 다 표시해준다.

이는 딩토크의 의도적인 설정이다. 딩토크는 대부분 사무실 또는 비즈니스 차원에서, 주로 직장 동료나 업무 파트너와 메시지를 주고받을 때 사용한다. '읽음 확인' 기능은 타인에게 초조함과 압박감을 주지만, 팀원들이 메시지를 읽고 답장을 달 가능성을 높인다. 팀장 역시 팀원들이 메시지를 읽었는지 여부를 신속히 확인하고 업무 상황을 파악할 수 있다. 결과적으로 딩토크는 회사 내에서 전체적인 효율성을 극대화하고 더 많은 가치를 창출하는 데 기여한다.

어쩔 수 없다. 회사 업무는 원래 비인간적인 면이 많으니까. 효율성 극대화를 위해서라면 딩토크는 더욱 더 비인간적일 준비가 되어 있다.

사실 중국인이 가장 애용하는 위챗도 마찬가지여서 기업용 위챗에는 메시지 읽음 확인 기능을 지원한다.

그런데 외국의 앱에서는 왜 보편적으로 읽음 확인 기능을 지원할까?

고객 프로파일링이 서로 다르다

'고객 프로파일링 customer profiling'이란 제품을 사용하는 사람이 어떤 부류에 속하는지 유형화하는 것을 가리킨다. 물론 고객을 생물학적 기준에 따라 남성, 여성, 초등학생 등으로 구분할 수 있다. 하지만 대개의 경우, 제품에 대한 반응에 따라 고객을 구분한다. 가장 전형적인 예가 인터넷 쇼핑에서 사용하는 고객 프로파일링이다. 다음의 몇 가지 사례를 통해 살펴보자.

가령 이공계 출신의 촬영 기자재 마니아가 새로 출시된 컴퓨터 주변기기 또는 렌즈를 사고 싶다면, 아마도 중국의 대표적인 B2C 사이트인 '징둥닷컴'에 들어가 비디오카드 모델명 또는 렌즈의 세부 사양을 입력한 후 10분 만에 구매를 마칠 것이다. 만약 퇴근 후 잠시 쉬려고 한다면 타오바오에 들어갈 것이다. 물론 딱히 사려는 물품은 없다. 그냥 아이쇼핑이나 하면서 요즘 유행하는 옷이나 액세서리가 있는지 구경할 것이다. 만약 가격에 민감한 소비자라면 위챗에 들어갔다가 '핀둬둬'의 공동구매 링크를 귀신같이 발견할 수 있을 것이다. 그리고 즉시 클릭해 초저가 망고를 득템하는 데 성공한다. 이처럼 고객 프로파일링에 따라 제품 구매의 형태도 완전히 달라진다.

징둥은 각 제품의 상세한 사양 및 고객들의 후기와 평점을 아주 자세하게 제공하여 고객의 비교 구매에 편의를 제공하고 있다.

타오바오는 인플루언서들이 생방송을 통해 제품을 판매하도록 하는 한편, 판매자가 찍은 멋진 사진을 올려서 소비자들이 해당 제품을 사용했을 때의 멋진 모습을 상상하고 간접 체험할 수 있도록 했다.

핀둬둬는 SNS를 통해 각종 혜택을 제공하며 '여기서 사면 돈을 아낄 수 있다'라는 점을 집중적으로 홍보한다.

이와 같이 제품을 사용하는 사람은 해당 제품의 유형과 양상을 결정한다.

다시 채팅앱으로 돌아와보자. 중국의 고객과 외국의 고객은 다르다. 사람이 다르고 문화가 다르다.

외국인도 당연히 '읽음 확인' 표시를 보고 어느 정도 초조함을 느낀다. 하지만 '읽음 확인'을 결사반대하는 중국어 사용자들과는 많이 다르다. 서양에서는 '읽음 확인' 찬성파와 반대파가 SNS나 언론에서 치열하게 난상토론을 벌이는 모습을 흔하게 볼 수 있다.

찬성하는 이유도 제각각이다. 그들은 '읽음 확인'이 소통을 더 투명하게 만들고 양측의 소통에 들어가는 비용을 줄인다고 주장한다. 또 자신과 상대방에 대한 일종의 존중이라는 이유도 든다. 어떤 네티즌은 '읽음 확인'에 찬성하는 가장 큰 이유를 "저는 찬성입니다. 왜냐하면 저는 매우 진실^{real}하니까요."라고 이야기했고, 이는 레딧(소셜 뉴스 커뮤니티 사이트. - 옮긴이)에서 많은 '좋아요'를 받았다.

이는 이번 장 맨 앞에 등장한 요하나의 생각과 일치한다. 사실 '진실한 내가 되기^{Be Real}'는 서양의 문화다. 특히 미국에서는 이 점이 매우 중요한 가치로 여겨진다. 팀장이 올린 메시지를 읽은 팀원은 내용을 제대로 보지도 않고 "팀장님, 지금은 점심시간인데요."라고 대놓고 얘기할 수 있다.

이에 관해 미국 로체스터공과대학의 루자인 알다드^{Lujayn Alhddad}는 문화적 배경이 서로 다른 사람들을 대상으로 연구 조사를 실시했고 이를 2015년에 논문으로 발표했다. 논문 제목은 〈모바일 플랫폼에서 읽음 확인의 양상: 송신자와 수신자 사이의 사회적 관계에 기반을 둔 조사 연구〉다.

첫째, 전 세계 인류의 문화는 개인주의와 집단주의로 구분할 수 있다. 이 둘은 명확한 차이를 드러낸다. 개인주의는 '나'를 중심으로 하는 반면 집단주의는 '우리'가 중심이다. 개인주의에서 인간은 개인의 이익과 느낌, 개성을 더 중요시하는 경향이 있다. 집단주의에서 사람들은 대중과의 일체감에 더 중점을 두려고 하며, 집단 속에 들어가고 권위에 복종하려는 경향을 보인다.

문화권이 다르면 아름다움을 바라보는 관점도 달라진다. 미국, 캐나다, 호주 및 서유럽 선진국의 문화는 극도의 개인주의를 추구한다. 이렇게 개인주의를 추구하는 문화권에서는 타인의 생각을 별로 신경 쓰지 않으며 나 자신에 집중한다. 이와 달리 동양의 많은 국가는 집단주의에 좀 더 기울어져 있다.

루자인 알다드는 이 두 문화권의 대표인 북미와 중동 사람들을 세 부류(매우 친밀한 친구, 연인, 지인)로 나눈 뒤 이들의 채팅 상황을 대상으로 분석을 실시했다.

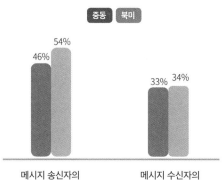

지인 사이에서 '읽음 확인'에 대한 수용 비율

중동 북미

46% 54%

33% 34%

메시지 송신자의
'읽음 확인'에 대한 수용 비율

메시지 수신자의
'읽음 확인'에 대한 수용 비율

이 그래프에서 알 수 있듯이, 지인 관계에서 북미 사람들은 '읽음 확인' 기능을 수용하는 비율이 중동 사람들보다 높다. 개인주의가 강할수록 읽음 확인 기능에 대한 수용도도 높다는 점을 확인할 수 있다.

요즘 앱들은 전 세계 고객을 대상으로 서비스를 제공한다. 당연히 문화권에 따라 성향이 제각각이다. 그럼 이런 글로벌 제품은 어떤 전략을 구사해야 할까?

아주 간단하다. 고객 스스로 설정하도록 하면 된다. 가령 애플이 서비스하는 아이메시지의 경우 자신의 '읽음 확인' 표시를 상대방에게 노출할 것인지 여부를 스스로 선택하도록 하고 있다. 전 세계 모든 고객을 대상으로 맞춤형 서비스를 제공할 솔루션을 개발한 것이다. 사실 '각 문화권에 특화된 최적화 제품의 개발'은 실리콘밸리에서 매우 중요하게 다뤄진다. 거의 모든 기업이 글로벌화를 추구하고 글로벌화 제품을 생산하고 있기 때문이다.

복잡하게 얘기했지만 한 마디로 말해서 나라마다 고객 프로파일링이 서로 다르다. 따라서 빠른 사고 전환 능력이 무엇보다 중요하다. 실리콘밸리의 기업들은 창업 초창기부터 글로벌을 겨냥한 제품을 만드는 데 중점을 둔다. 따라서 몸은 실리콘밸리에 있어도 전 세계 모든 고객의 마음을 이해해야 한다. 이것이 바로 감정이입 또는 역지사지다. 고객에 맞춰 빠르게 생각을 전환하는 능력은 필수다. 가령 집단주의 사고방식을 가진 고객에게 개인주의 문화권에 맞춘 제품을 만들어 판매하려고 한다면 목적을 달성하기 어렵다.

좋은 제품은 인간의 마음을 통찰하고 그들의 직관을 수용할 수 있어야 한다. 심지어 사람들이 직접 말하지 않는 욕구까지도 볼 줄 알아야 한다. 어떤 제품의 사용 시나리오는 그 제품의 구체적인 기능을 결정한다. 따라서 다양한 문화권을 넘나드는 글로벌 제품을 개발할 때는 빠른 사고방식의 전환과 감정이입을 통해 다양한 고객 프로파일링을 생각하고 이를 반영해야 한다. 그래야만 아이메시지 같은 글로벌 히트 제품이 탄생할 수 있다.

구글지도 디자인의
디테일

○

키워드: 빅데이터 기반 디자인

구글지도의 심리학

전 세계에서 가장 많은 이용자가 사용하는 지도앱이 바로 구글지도다. 2005년 서비스를 시작한 이후 선풍적인 인기를 끌고 있다. 구글은 '구글로드뷰', '구글어스'와 같은 지도 관련 앱의 새로운 지평을 연 개척자로 평가받는다.

나 또한 구글지도를 애용한다. 길을 잘 찾아주고 식당이나 명소 등도 다양하게 보여주기 때문이다. 예전에는 구글지도의 편리함을 막연하게만 느꼈다. 누군가 구체적으로 어떤 부분이 편리하냐고 물어보면 나도 꼭 집어 말하기 어려웠다. 나중에 구글지도 개발팀에서 일한 적 있는 친구와 대화를 나눌 기회가 있었고, 그때서야 이렇게 평범해 보이는 지도앱 속에 수많은 아이디어가 숨어 있다는 사실을 깨달았다.

결론부터 말하면 구글은 그들의 가장 독창적인 데이터기술과 세계적인 디자인을 결합시켜 막강한 유용성을 자랑하는 앱을 탄생시켰다. 고객이 지도에서 구체적인 노선을 검색하든, 도시와 도시 사이의 상대적인 방위를 파악할 때든, 구글은 고객을 위해 방대한 맞춤형 최적화 작업을 시행한다.

구글지도를 디자인한 아넷 롱Annethe Long과 조나 존스Jonah Jones는 2014년 구글 I/O 대회에서 이와 관련하여 상세한 내용을 공개했다. 이제부터 그 구체적인 내용을 설명하겠다.

구글의 '귀신 같은' 욕망 포착

구글지도를 사용할 때 우리는 보통 손가락으로 스마트폰 화면을 확대해서 원하는 위치를 찾고 또 주변 상황도 검색한다. 가령 레스토랑이나 박물관, 관광지를 찾거나 도로, 지하철역, 각종 부대시설 등 찾고자 하는 지역의 주변 상황을 자세하게 검색할 수 있다. 구글은 바로 이런 고객들의 습관을 염두에 두고 지도를 디자인했다.

예를 들어 당신이 지금 런던을 여행 중인데 풀런즈 공원Pullens Gardens을 찾아가려 공원 위치를 찾기 위해 먼저 구글지도의 검색창에 키워드를 입력한 후 클릭한다. 이때 구글지도에서 약간의 변화가 생겼다는 것을 알아채게 된다!

자세히 분석해보면 다음과 같은 네 가지 작은 변화가 생겼다. 구체적으로 설명하면 다음과 같다.

첫째, 지도에서 두 개 지점의 표시가 사라졌다. 공원을 클릭하기 전에 지도 위에는 두 곳의 위치가 표기되어 있었다. 하나는 호텔이고 또 하나는 아파트다. 하지만 공원을 클릭하면 이 두 지점의 표시는 자동적으로 사라진다.

둘째, 클릭한 공원 근처에 위치한 몇 개의 도로는 눈에 확 띄도록 선명한 색깔로 바뀌었다. 그 도로들은 공원 입구에 해당한다. 즉 풀런즈 공원에 가기 위해 꼭 거쳐야 할 길이다. 반면 다른 도로들은 색깔이 흐릿해졌고 도로의 기본적인 윤곽만 유지하고 있다.

셋째, 지도 전체의 배경 색깔이 어두워졌다. 공원을 클릭하기 전에 지도는 흰색 계열이었지만 클릭 후에는 황토색에 가깝게 바뀌었다. 이런 식으로 관련 없는 정보나 배경은 하나로 묶어버림으로써, 핵심적인 도로 정보가 눈에 확 띄게 한다.

넷째, 작은 도로의 이름은 클릭 전에는 드러나지 않았다. 하지만 클릭 후에는 이름과 위치가 눈에 확 띄도록 드러난다.

구글지도는 왜 이렇게 전환되도록 디자인했을까?

아주 간단하다. 어떤 구체적인 위치를 클릭하기 전과 후에 고객의 욕구가 달라지기 때문이다. 구체적인 지점을 클릭하기 전, 고객의 욕구는 지역 전체의 대체적인 상황을 파악하는 일이었다. 따라서 이때 구글은 고객에게 세부적인 정보가 아니라 큰 규모의 대체적인 정보를 최대한 많이 제공한다. 이를 위해 구글은 대부분의 거리, 특히 큰 도로는 모두 보여준다. 아울러 호텔이나 대형마트, 아파트 등 많은 위치도 모두 표기한다. 하지만 작은 도로의 이름은 보여주지 않는다. 이렇게 하면 지도가 너무 복잡해져서 오히려 방해가 되기 때문이다.

공원을 클릭하는 순간, 고객의 심리적 욕구는 크게 변한다. 이때부터 고객은 '이곳에 어떻게 가야 하지?'에 더 큰 관심을 갖기 시작한다. 따라서 구글은 이곳으로 향하는 길, 특히 반드시 경유해야 하는 도로를 기타 지역과 확연히 대비되는 방법으로 보여준다. 반면 불필요한 정보는 안 보이게 바꾼다.

종합하면 구글은 고객의 욕구에 따라 노출되는 정보를 유동적으로 바꾸는 전략을 쓴다. 그래서 고객이 육안으로 보는 정보가, 마음속으로 정말로 원하는 정보와 일치되게끔 만든다. 그러면 고객은 복잡하고 번거로운 정보 입력 절차를 생략할 수 있고, 나아가 전체적인 만족도가 높아진다.

그렇다면 기술적인 면에서 볼 때 구글은 어떤 방식을 채택했을까?

여기에서 아주 중요한 디자인 개념인 '빅데이터 기반 디자인'에 관해 이야기하겠다.

구글지도는 고객의 이동 내역을 익명으로 기록함으로써 고객의 이동 빅데이터를 구축한다. 예를 들어 런던의 지난 1년간의 차량 운행 데이터를 기록하고, 이를 바탕으로 런던 중심가의 차량 흐름에 관한 정보 지도를 만든다.

런던 전체의 도로 흐름에 대한 빅데이터를 확보하면 구글은 알고리즘을 이용해 해당 목적지를 통과하는 횟수가 가장 많은 도로를 찾는다.

앞에서 든 공원을 예로 들면, 구글은 이 공원의 출입구를 지나는 횟수가 가장 많은 도로를 찾기만 하면 된다.

고객이 공원을 검색할 때 구글지도가 두드러진 색깔로 보여주는 도로가 바로 이것이다. 왜냐하면 고객이 이용할 확률이 가장 높은 도로, 해당 공원에 가기 위해서 반드시 경유해야 하는 도로이기 때문이다.

당연한 얘기겠지만 이런 기능을 실현하려면 그 이면에서 복잡한 프로그램을 수행해야 한다. 하지만 이런 노력은 그럴 가치가 충분하다. 사람들이 평소 길을 찾을 때의 습관과 일치하는 아주 훌륭한 디자인이기 때문이다. 가령 당신이 지금 노천 테라스에서 식사를 하고 있다고 하자. 그때 한 여행자가 다가와 어떤 공원을 얘기하면서 가는 방법을 물어본다. 하지만 당신에게는 냅킨 한 장밖에 없다. 그럼 약도를 어떤 식으로 그려주어야 할까?

모든 상세한 정보를 냅킨 한 장에 전부 담을 수는 없다. 가장 중요한 몇 가지 정보만 표시하면 된다.

예전부터 구글지도가 사용하기 편리하다고 생각했는데, 알고 봤더니 고객들의 심리적 욕구를 잘 충족시켜주기 때문이었다. 게다가 인간의 자연스러운 행동 양식을 잘 모방하고 있었다.

빅데이터를 기반으로 중요 도로를 선정하는 기능뿐 아니라, 구글은 '예상 대기시간'을 예측하는 기능도 개발했다. 구글은 많은 고객이 구글지도에서 검색해서 식당, 놀이공원, 노래방 등을 찾아간다는 사실을 알았다. 이런 장소는 고객이 많아 대기해야 할 때도 있다. 문제는 그곳을 직접 찾아간 후에야 한참 줄을 서야 한다는 사실을 알게 된다는 점이다. 구글지도 개발팀은 바로 이런 고객들의 하소연에 주목했다. 그곳을 찾아가는 유동인구가 얼마쯤 되는지 미리 알 수 있다면 얼마나 좋을까? 그럼 그곳은 나중에 갈 수도 있고, 다른 곳에 먼저 갈 수도 있을 것이다.

그래서 구글지도 개발팀은 원하는 목적지로 향하는 실시간 유동인구 상황을 알려주는 알고리즘을 개발했다. 물론 이 프로그램 알고리즘은 매우 복잡하다. 해당 업소의 과거 방문객 숫자 정보는 물론이고, 방문 당일의 도로 상황과 날씨도 고려해야 한다. 또 구글지도를 이용해 실제로 그 목적지를 찾는 사람 수와 샘플링을 통한 유동인구 예측, 다른 고객들의 피드백, 업소 자체의 피드백 등 다양한 데이터도 고려해야 한다.

실제 '고객 경험'은 다음과 같다. 만약 구글지도에서 어떤 레스토랑을 선택하면, 구글지도는 먼저 현재의 고객 현황과 과거의 평균 고객 상황을 비교하여 화면에 보여준다. 아울러 예상 대기시간과 고객들이 이곳에 평균적으로 머무르는 시간을 알려준다. 이 기능은 고객들의 경험 만족도를 극대화시켜준다.

많은 정보를 직관적으로 보여주기

이번에는 구글지도의 또 다른 모델인 소축척 지도(우리나라의 '소축척'은 중국어로 '대척도(大尺度)'라고 하고, 거꾸로 '대축척'은 중국어로 '소척도(小尺度)'라고 한다. 이 책에서는 독자들의 편의를 위해 한국식 지도 용어인 '소축척 지도'와 '대축척 지도'를 사용한다. - 옮긴이)에 대해서 알아보자. 소축척 지도는 대축척 지도에 비해 훨씬 더 넓은 지역을 화면에 보여준다. 예를 들어 어떤 주state에서 한 도시의 상대적인 위치, 주 또는 카운티에 관한 정보, 심지어 국가 또는 대륙 전체의 기본 정보를 알려주기도 한다.

구글은 색깔, 무늬, 문자 등 다양한 표현 방식을 통해 최대한 많은 정보를 고객에게 종합적으로 보여준다. 그런데 신기하게도 이렇게 많은 정보를 제공하는데도 구글지도는 혼란스럽지 않다. 오히려 깔끔하고 시원시원하다.

문자로 표시하는 경우, 구글은 가급적 '절약 위주'의 방식을 채택한다. 즉 알려줄 필요가 없는 정보는 과감히 삭제한다. 또 구글은 기존의 종이 지도와 마찬가지로 각종 무늬를 이용해 서로 다른 지형 상황을 표시한다.

이걸 실현하는 일은 결코 만만치 않다. 사실상 전 세계 모든 지역을 표기하는 일과 같기 때문이다. 실제로 구글지도는 고객들이 세계지도에 대해 어떤 수요를 갖고 있는지 방대한 연구와 조사를 실시했다. 그 뒤에서 구글의 디자인 개발팀은 수없이 많은 업그레이드를 통해 완벽한 지도 크로마토그래피(색층 분석법) 솔루션을 개발했다. 더 나아가 세계 각지 고객들의 다양한 요구사항을 반영하여 실시간 업그레이드 서비스를 제공하고 있다.

또 좋은 디자인은 '만국 공통'이어야 한다. 인종과 문화에 관계없이 지구촌 시민 누구든지 어떤 제품을 보는 순간 그 디자인이 내포하는 함의가 무엇인지, 올바른 사용법은 무엇인지 직관적으로 알 수 있어야 한다. 그래야만 사람들이 받아들이고 좋아하게 된다. 구글지도는 바로 그런 일을 해낸 것이다.

이런 디자인 개발에 성공한 또 다른 사례로 애플의 아이폰을 들 수 있다. 구글지도와 마찬가지로 하나의 디자인에 불과하지만 역시 전 세계에서 엄청난 인기를 끌고 있다.

구글에겐 꿈이 있다

구글지도는 디테일에 신경을 쓸 뿐 아니라 더 높은 차원의 꿈을 갖고 있다. 구글지도는 출시 초창기부터 꿈이 있었다. 세계 최초로 '로드뷰' 기능을 지원한 구글지도는 지난 10년 넘는 발전을 거쳐 현재는 광범위한 지역의 실물 모습을 보여준다. 북극해 일대, 아프리카 대륙, 사막, 망망대해의 작은 섬에 이르기까지 구글은 지구상의 모든 지역을 다 보여준다.

사람들은 실제로는 가볼 수 없지만 컴퓨터나 핸드폰에서 단 몇 분, 몇 시간, 심지어 며칠의 시간을 할애해서라도 어떤 곳을 이해하고 관찰하고 싶어 한다. 구글지도는 바로 이 점에 착안했다. 세계를 탐험하고 싶어 하는 마음은 인간의 보편적인 심리이자 욕구다. 마치 호기심이 가득한 어린아이처럼, 우리가 어른이 되어서도 이 세상의 더 많은 구석구석을 탐색하는 취미를 늘 잃지 않도록 만드는 것, 이것이 바로 구글의 꿈이다.

물론 구글은 사람들이 컴퓨터 모니터 앞에 앉아 가상현실 속의 탐험에 그칠 것이 아니라 실제로 현실에서 그곳을 직접 찾아가기를 원한다. 심지어 장애인, 무거운 짐을 든 사람, 유모차를 끄는 사람 등 이동에 어려움을 느끼는 사람도 모두 포함된다.

구글로 대표되는 실리콘밸리 기업의 내부에는 이와 관련된 기능을 개발하여 장애인 등에게 도움을 주려고 노력하는 수많은 개발팀이 있다. 실리콘밸리에는 이런 제품개발팀을 칭하는 이름이 따로 있는데 바로 '접근성팀 Accessibility Team'이다.

예를 들어 경로탐색 기능을 사용할 때 고객은 휠체어로 접근 가능한지 여부를 옵션으로 설정할 수 있다. 이를 선택하면 구글지도는 경사로가 있는 육교, 엘리베이터가 있는 지하철 출입구 위치 등 휠체어로 통행하기에 적합한 노선을 추천해준다.

안타깝게도 구글이 모든 도로에 대해 휠체어로 접근 가능한지 여부를 알려줄 수는 없다. 그래서 구글은 고객이 직접 UGC(고객 생성 콘텐츠)를 제작하는 기능도 개발했다. 이 기능을 활용하면 고객이 앱에 데이터를 올리고, 공유하고, 지속적으로 만들어나갈 수 있다.

구글은 방대한 지도 데이터를 공개하고 있다. 과학연구 등 비영리 목적의 용도에 사용된다면, 전 세계 누구든지 구글의 지도 데이터를 직접 사용할 수 있다. 현재 구글지도는 인도주의 사업을 수행하기 위한 기본 인프라로 인식되고 있다. 예를 들어 'DiSARM(Disease Surveillance and

Risk Mapping, 질병 감시 및 리스크 매핑) 프로젝트'는 지리적 위치, 고도, 습도와 같은 구글지도의 데이터를 활용하며, 머신러닝을 통해 '말라리아 발생 지역'을 예측하고 있다. 전염병을 사전에 예측할 수 있기 때문에 정교한 지역별 맞춤형 지원도 가능해진다. 이런 식으로 구글은 수많은 아프리카 사람들의 소중한 목숨을 구했다.

오늘날 구글지도는 세계인이 모두 애용하는 친숙한 이름이 되었다. 월간 이용자 수는 20억 명을 넘겼고 매년 길 찾기에 낭비되는 2,100만 시간을 절약해주고 있다. 이것이 바로 구글지도가 우리에게 가르쳐주는 실리콘밸리의 사고방식이다. 즉 최선을 다해 모든 디테일에 주목하고, 꿈을 갖고 끝까지 해나가라는 가르침이다.

어떤 알림은 지우고
어떤 알림은 클릭하는 이유

○

키워드: 맞춤형, 칵테일파티효과, 역치 이론

'열 받지만' 그래도 웃기는 푸시알림

혹시 각종 앱에서 시도 때도 없이 보내는 푸시알림을 받고 있는가?

만약 다른 사용자가 보내는 알림이라면 그 필요성에 어느 정도 공감할 수 있다. 가령 위챗에서 누군가 나를 찾고 있다든지, 웨이보에서 누군가 나에게 쪽지를 보냈을 경우 말이다. 하지만 일부 앱의 경우 푸시알림을 대량 발송하는데 이게 사람을 짜증나게 만든다. 구체적인 예시를 들어보겠다.

최근 며칠간 날씨가 무척 추워서 운동을 하지 못했다. 그랬더니 피트니스 앱 '킵Keep'이 메시지를 보냈다.

> "성실한 라이프스타일을 원하시나요? 그럼 몸이 시키는 대
> 로 따라 해보세요. 배고프면 밥을 먹고, 운동하고 싶으면
> Keep에 접속하세요."

그래. 잘 알겠어. 그렇게 할게. 실제로 나는 이 메시지가 시키는 대로 성실히 실천했다. 앞부분만 말이다. 배고파서 밥을 실컷 먹었다!

그런데 그 후 며칠 동안 킵은 계속 메시지를 보내왔다. 일주일째 되는 날에는 다음 메시지를 받았다.

> "일주일째 안 오시네요? Keep에서 알려드려요. 지금 꼭 와
> 서 운동하세요!"

아휴, 그건 나도 알고 있다고. 내가 봐도 게을러터진 내가 한심해! 화가 난 나는 그 자리에서 앱을 삭제해버렸다.

이 정도 푸시알림은 그나마 양호한 편이다. 어쨌든 나한테 이로운 점은 있으니까. 그런데 일부 앱의 행태는 정말로 짜증을 유발한다.

예를 들어, 중국의 음악 스트리밍 앱인 왕이윈뮤직에서는 설날과 밸런타인데이 때 각각 이런 메시지를 보냈다.

> "또 먹을 거야? 관리는 포기했어? 이번 설 연휴에 얼마나 쪘
> 는지 알기나 해?"

> "밸런타인데이가 코앞인데 연애 안 할 거야? 이 노래 듣고 연
> 애세포 좀 키우라고!"

그런가 하면 '독이 든 닭고기 수프' 류의 메시지도 있다. 중국의 지식 공유 플랫폼 즈후가 보낸 푸시알림을 보자.

> "오늘 하루 우울했니? 신경 쓰지 마. 내일도 우울하기는 마찬가지일 테니까.
> (스캔하면 더 많은 메시지가 표시됩니다.)"

정말 안타깝게도 이런 앱들은 세심하게 푸시알림 기능을 개발하는데 무심했다. 쓸모도 없고 심지어 고객의 감정을 상하게 한다. 그 결과 분노한 대다수 고객은 앱이 더 이상 메시지를 보내지 못하도록 수신차단을 해버린다.

사실 세심한 배려만 기울인다면 얼마든지 고객을 기쁘게 하는 푸시알림을 개발할 수 있다. 이번 장에서는 실리콘밸리의 모바일 푸시알림 솔루션을 자세히 소개하겠다.

클릭하는 푸시알림은 따로 있다

지금부터 나의 평범한 하루 일과를 예로 들어 글로벌 앱들의 모바일 푸시알림을 소개해보겠다.

오전 9시 기상. 새로운 하루의 시작이다! 이를 닦으면서 핸드폰에서 푸시알림을 확인한다.

> "오늘의 완벽한 음악, 지금 바로 들어보세요!"

아하, 나는 매일 아침 노래를 듣는 습관이 있는데 판도라뮤직이 내가 지금까지 즐겨 들었던 노래를 분석해 재즈 피아니스트 에롤 가너Erroll Garner의 앨범을 추천해줬구나! OK. 나는 앱이 시키는 대로 메시지를 클릭했다. 블루투스 스피커에서 흘러나오는 음악을 들으며 기분도 상쾌해졌다. 와우, 이렇게 또 원기 충만한 하루를 시작하는구나!

오전 내내 프로그래밍과 코드 튜닝, 회의와 의견 교환 등 힘들고 정신없는 시간을 보냈다. 아, 힘들어. 이제 점심시간이다. 사무실을 나선 나는 커피를 사서 기분전환을 하며 느긋하게 쉴 생각이다. 스타벅스에 들어서자 "왜 이렇게 사람이 많아?"라는 말이 입에서 절로 나왔다. 짜증이 나려는 그 순간, 다음과 같은 푸시알림을 받았다.

> "샌타나 로우 스타벅스 근처에 계시네요?
> 여기에서 음료를 구입하시고 50% 할인 혜택도 누리세요."

이야, 정말 대단한데? 핸드폰으로 주문도 할 수 있고 할인도 해주다니! 나도 모르게 알림을 클릭한 뒤 음식을 주문했다. 줄을 서느라 고생할 필요도 없었다. 주문한 말차 프라푸치노도 금방 나왔다.

회사로 돌아온 후 다시 바쁘게 일을 시작했다. 어느새 퇴근할 시간이 되었다. 이때 또 다시 푸시알림 하나가 날아왔다.

> "집에 갈 시간입니다. 집까지 약 16분 소요될 것으로 예상됩니다. (차 막히는 시간 6분 예상)"

아, 구글지도가 보낸 알림이네? 나는 구글지도를 클릭했다. 그리고 실시간 도로 상황을 검색했다. 정말로 도로가 꽉 막혔다. 그래서 좀 더 일하다가 귀가하기로 했다.

몇 시간 후 드디어 집에 돌아왔다. 그리고 내일 하루는 쉬는 날이다! 드라마를 보고 있는데 또 다시 핸드폰에서 푸시알림이 왔다. 스카이스캐너다.

> **"항공가 최근 업데이트. 뉴욕-런던 구간이 414달러. 무려 104달러 할인!"**

아하, 이건 내가 지난번에 검색했던 항공편이다. 그런데 가격이 내렸잖아? 서둘러 클릭하고는 즉시 예약했다. 돈도 절약했다. 갑자기 기분이 좋아졌다.

계속해서 다른 드라마 한 편을 더 본다. 마음이 즐거워서인지 시간 가는 줄 몰랐다. 그 순간 또 다른 알림이 날아온다.

> **"이제 자야 할 시간이에요!"**

아, 핏빗Fitbit이구나. 과거 나의 몸 상태를 기반으로 가장 적합한 취침 시간을 분석해 알려줬던 것이다. 앱을 클릭한 후 오늘 하루 동안 내 운동 기록을 조회했다. 그리고 앱이 시키는 대로 고분고분 잠자리에 들었다. 정말 즐겁고 보람 있는 하루였다!

하루를 되돌아보면, 대다수 푸시알림은 무시로 일관했지만 다섯 개의 알림에는 기쁘게 반응했다. 이게 무엇을 의미할까? 모바일 푸시알림은 세심하게 개발하기만 하면 고객을 충분히 만족시킬 수 있다는 것! 그럼 이런 '착한' 알림에는 어떤 공통점이 있을까? 아주 간단하다. 나에게 아주 유용하다는 것이다.

유용한 푸시알림의 조건

나에게 유용하다는 것은 다시 '나에게'와 '유용함'이라는 두 부분으로 나눠 분석해볼 수 있다.

'나에게'라 함은 이 메시지가 '나'라는 구체적인 고객만을 대상으로 제작되어 보내졌다는 뜻이다. 이런 '착한' 앱들은 모두 나의 시간정보, 좋아하는 음악 성향, 지리적 위치, 원하는 항공권, 심지어 건강 정보까지 이용하여 나에게 딱 맞는 메시지를 만들어 보낸다.

'유용함'이라 함은 이 메시지가 나의 어떤 구체적인 특정 욕구를 충족시킨다는 뜻이다. 예를 들어 아침에 일어나면 음악을 듣고 싶은 욕구, 점심식사를 할 때 줄을 서기 싫은 욕구, 집에 가기 전에 도로 상황을 알고 싶은 욕구, 여행할 때는 저렴한 항공권을 사고 싶은 욕구, 자기 건강을 잘 챙기고 싶은 욕구 등이다.

왜 이런 '맞춤형' 메시지가 나의 눈길을 끄는 걸까? 바로 '칵테일파티효과Cocktail Party Effect'로 설명이 가능하다.

시끌벅적하고 복잡한 파티를 떠올려보자. 음악소리가 울리고 서로 대화하는 소리가 뒤섞여 정신이 없다. 하지만 아무리 시끄러운 환경이라 해도 누군가 당신의 이름을 부른다면 당신은 즉각 그 목소리에 반응할 것이다. 이게 바로 칵테일파티효과다.

인간의 뇌는 자기와 관련 있는 외부의 자극을 만나면 매우 민감하게 반응한다. 왜냐하면 익숙하기 때문이다. 그런 익숙한 자극을 만나면 자기도 모르게 눈길이 가게 마련이다.

'맞춤형' 푸시알림의 긍정적인 효과는 빅데이터 통계로도 입증된다. 모바일 리서치기관인 린플럼Leanplum이 미국의 푸시알림 관련 빅데이터를 수집 및 분석한 결과 다음과 같은 사실을 발견했다.

린플럼은 '비(非) 맞춤형 푸시 알람' 1억 개와 '맞춤형 푸시 알람' 1억 개에 대한 확인율을 비교해봤다. 그 결과 동일한 1억 개의 푸시알림 가운데 고객이 실제 열어서 확인해본 비율은, '비(非) 맞춤형 + 대량 발송'이 1%, '맞춤형 + 타깃 발송'이 8%였다.

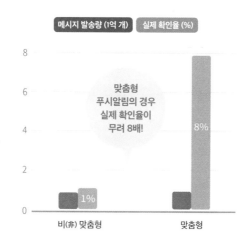

그런데 가끔은 고품질 맞춤형 푸시알림만으로는 부족할 때도 있다. 좋은 푸시알림이란 품질은 기본이고 보내는 횟수도 중요하다. 여기서 알아야 할 것이 '역치 이론Threshold Theory'이다.

본래 역치란 자극에 대해 어떤 반응을 일으키는 데 필요한 최소한의 자극의 세기를 가리키는 생물학 용어인데, 심리학이 이 개념을 사람의 마음에 적용해 만든 이론이 바로 역치 이론이다. 외부 자극의 횟수가 늘어날수록 역치가 올라간다. 즉 예전의 동일한 자극으로는 더 이상 반응을 보이지 않고, 반응을 일으키기 위해서 점점 더 센 자극을 필요로 하게 된다. 결론적으로 인간은 동일한 자극에 대해 자극의 빈도가 높아질수록 흥분 정도가 감소한다.

흔히 하는 말로 '익숙한 것은 금방 질리고 새것일수록 좋다'에 해당한다. 아무리 맛있는 요리도 너무 자주 먹으면 물리는 법이다. 또 처음에는 뜨거웠던 연인들도 시간이 지나면 자연스럽게 권태기가 찾아온다. 이는 인간의 자연스러운 본성이다.

따라서 지나치게 많은 푸시알림을 대량발송해서는 안 된다. 그랬다가는 금방 고객에게 외면당하기 십상이다. 그렇다면 역치를 올리지 않고 항상 신선함과 새로움을 느끼게 하는 적절한 횟수는 얼마일까?

미국의 빅데이터 리서치기관인 로컬리틱스 Localytics가 2015년 수행한 대규모 조사에 따르면, 푸시알림 발송량을 매주 늘릴수록 이를 열어서 실제로 확인하는 비율은 점점 낮아졌다. 일주일에 한 차례만 푸시알림을 발송하면 확인율이 12%에 달했다. 반면 일주일에 10회 발송하면 확인율은 절반으로 폭락했다.

물론 확인율이 낮아졌다고는 해도 여전히 일부 고객은 확인하지 않느냐고 반문할 수도 있다. 흔히 중국인들은 '모기는 작아도 고기가 있다'라는 농담을 자주 한다. 엄청난 물량공세를 퍼부으면 약간의 효과는

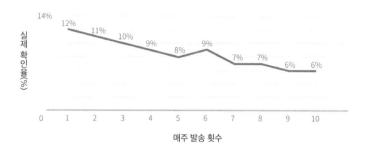

푸시알림이 많을수록 실제 확인이 낮아진다

실제 확인율(%)

14%
12%
11%
10%
9%
8%
9%
7%
7%
6%
6%

0 1 2 3 4 5 6 7 8 9 10

매주 발송 횟수

볼 수 있지 않겠냐는 생각이다.

하지만 이런 말을 하는 사람들이 놓치고 있는 것이 한 가지 있다. 고객은 식물이 아니다. 언제든지 '발에 의한 투표'를 할 수 있는 것이다. 다시 말해 고객은 해당 앱의 메시지만 수신 차단하는 정도에 그치지 않고 아예 그 앱 자체를 삭제해버릴 수도 있다!

그럼 어느 정도 발송해야 적당할까? 2018년 1월 발표된 미국 전체 모바일 단말 푸시알림 조사에 따르면(2015년/2017년 조사), 일주일에 2~5건의 푸시알림을 발송하면 대다수 고객이 메시지를 수신 차단한다고 한다.

또 일주일에 6~10건의 푸시알림을 발송하면 대다수 고객은 해당 앱을 아예 삭제해버렸다.

하지만 만약 일주일에 1건만 발송하면 전체 고객의 90% 이상이 이를 받아들였다. 그들은 앱을 삭제하지도 않았고 수신차단 기능을 설정하지도 않았다.

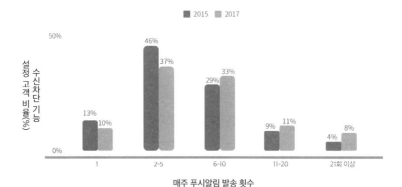

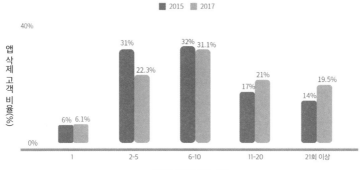

따라서 가장 적합한 주기는 일주일에 1회다! 나의 경우도 마찬가지였다. 내 위챗 공중 계정 〈Han의 실리콘밸리 성장기〉를 오픈했을 때 일주일에 1건씩만 글을 올렸고 메시지 역시 일주일에 한 건씩만 보냈다.

앞에서 본 그래프를 보면 또 다른 사실을 알 수 있다. 2015년과 달리 2017년의 경우, 사람들의 푸시알림 수용률이 전반적으로 상승했다. 정규분포를 보이는 이 그래프에서 평균값이자 최곳값이 전반적으로 오른쪽으로 이동한 것이다. 아마도 각종 앱이 쏟아붓는 융단폭격식 푸시 알림에 두 손 두 발 들고 포기한 고객이 그만큼 많다는 의미 아닐까?

클릭하는 푸시알림을 만들어라

행동디자인학에 따르면 모바일 단말 푸시알림은 사실 매우 특별하다. 사람들이 광범위하게 이용하고 있으며 '인간과 기계' 사이의 훌륭한 실시간 상호소통을 구현하고 있기 때문이다. 하지만 고객의 심리를 고려한다면, 개발자들은 융단폭격식 발송이나 타깃을 고려하지 않은 무분별한 대량발송과 같은 어리석은 전략은 피해야 한다. 안 그랬다가는 수신거부, 더 나아가 앱 자체를 삭제하는 상황이 올 수도 있다. 그럼 푸시알림을 발송하는 의미 자체가 사라진다.

앞에서 보여준 앱은 모두 스마트 알림 시스템을 장착하고 있다. 이 시스템은 빅데이터를 기반으로 고객의 라이프스타일을 분석한 뒤 맞춤형 푸시알림 메시지를 만든다. 나아가 메시지에 대한 각 고객의 민감도까지 예측해 가장 적합한 시간대에, 가장 적합한 숫자만큼, 해당 욕구를 가진 고객에게만 발송한다. 이렇게 함으로써 고객의 만족도와 효과를 동시에 극대화한다.

지금부터 실제 과정을 실습해보자.

만약 여러분이 애플의 담당자이고 신규 출시된 아이패드를 홍보할 계획이라고 가정하자. 당신에게는 두 가지 푸시알림 발송 전략이 있다.

첫째, 구매욕구 높이기 전략. 거의 모든 고객에게 메시지를 발송한다. 특히 새로 출시된 아이패드를 잘 모르는 고객을 대상으로 한다. 해당 메시지를 클릭하면 현란한 제품홍보 영상이 펼쳐진다.

둘째, 구매 절차를 단순화하는 전략. 신규 출시된 아이패드에 이미 관심이 많은 고객 35만 명에게 메시지를 발송한다. 예를 들어 애플 공식 홈페이지를 방문해 신규 아이패드 정보를 검색한 사람 등이다. 해당 메시지를 클릭하면 구매 사이트로 연결된다.

만약 여러분이라면 어떤 것을 선택하겠는가?

나는 두 번째 전략을 추천하고 싶다. 첫 번째 전략은 맞춤형 푸시알림 전략이 아니다. 고객 입장에서도 아이패드에 그다지 절박하지 않다. 또 다른 소중한 푸시알림 비용을 낭비할 수도 있고, 심지어 고객의 참을성에 대한 무모한 도전일 수도 있다. 반면 두 번째 전략은 장점이 많다. 고객들이 과거에 보인 행동 패턴을 분석하고 이를 기반으로 맞춤형 푸시알림을 만들어 보낸 것이기 때문이다. 게다가 고객의 구매 절차도 단순화시켰으므로 일석이조의 효과를 거둘 수 있다.

이번 장의 내용을 한 마디로 요약하면 다음과 같다.

좋은 푸시알림이란 고객이 원하는 시간에 원하는 만큼만 원하는 내용을 보내고, 고객이 원치 않을 때는 절대로 보내지 않는 것이다.

불량 게이머들을
어떻게 '없앨' 것인가

○

키워드: 누적효과, 점화효과

인터넷 게임의 골칫거리

가장 핵심적인 IT제품의 하나로 손꼽히는 게임은 이미 인터넷 탄생 초
기부터 전 세계적인 인기를 끌었다. 초창기에 총 쏘는 게임이 인기였다
면, 이후에는 〈석기시대〉 같은 보드게임이 유행했고, 이어서 넷이즈가
만든 〈몽환서유〉 등 RPG 게임이, 최근에는 〈리그 오브 레전드(이하 '롤'
이라고 칭한다. - 옮긴이)〉와 같은 MOBA(Multiplayer Online Battle Arena
의 약자로, 팀 대항 온라인 게임 장르를 말한다. 이러한 게임 장르를 두고 우리
나라에서는 AOS라는 명칭이 더 널리 쓰인다. - 옮긴이)가 흥행몰이를 하고
있다.

그런데 어떤 게임은 게이머 사이에 감정이 격해지다 서로 충돌이 빚

어지기도 한다.

예를 들어 롤에서 팀 동료들의 공격이 시원치 않으면 대장이 직접 명령을 내린다.

"야, 너희들! 무슨 공격이 이따위야? 한 명씩 제대로 쏘란 말이야!"

사실 게임 내에서는 이보다 더 험악한 언어가 난무한다. 이 경우 텐센트(롤을 개발한 '라이엇 게임즈'의 모회사. - 옮긴이) 측에서는 가장 단순한 해결책인 필터링을 사용하는데, 문제가 될 만한 단어를 식별하면 이를 별표로 처리하는 식이다. 이 정도면 그럭저럭 괜찮은 해법이다. 한번은 '관우'라는 닉네임의 팀원이 적의 목을 치는 것이 마음에 들지 않자, 대장 게이머가 "관우, 너 이 ***야!", "이런 ****!", "저 ** 빨리 죽여버리라고!" 등의 막말을 퍼부어댔다. 그러자 필터링 시스템도 한계에 부딪쳤는지 "관우, 너는 왜 이렇게 못하니?"라는 자막으로 보여줬다. 자막을 보고 있던 사람들은 일제히 폭소를 터뜨렸다.

게이머의 자질 문제는 게임산업의 고질적 병폐로 지적된 지 오래다. MOBA처럼 경쟁을 부추기는 게임류는 말할 것도 없고, 심지어 비교적 단순한 포커게임의 일종인 또우디주에서도 서로 험악한 설전이 펼쳐지곤 한다.

온라인 게임에서 욕설, 막말, 모욕 문제를 해결하고 모두가 기분 좋게 게임을 즐길 수 있도록 하기 위해 게임개발업체들은 수많은 아이디어를 짜냈다.

롤을 개발한 미국의 라이엇 게임즈는 두뇌과학, 심리학, 인지신경학 분야의 전문가로 구성된 '게이머 행동 연구팀Player Behavior Research Team'

을 발족했고 게이머의 소양을 높이기 위한 많은 연구를 진행했다. 실제로 이 팀은 새로운 기능을 차례차례 개발했고 게이머들의 행동을 조금씩 개선해나가는 데 성공했다. 팀의 핵심 멤버인 제프리 린^{Jeffrey Lin}은 2013년에 열린 게임개발자회의^{Game Development Conference}에서 〈온라인 게임에서 게이머의 행동을 형성하는 배후 과학〉이라는 제목의 강연을 하기도 했다.

게이머들이 욕을 하는 근본적인 이유

당신이 롤의 운영업체 직원이라고 하자. 그럼 신고가 들어온 이 불량 게이머들을 어떻게 처리하겠는가? 아마도 가장 먼저 접속 차단을 떠올릴 것이다. 하지만 이게 과연 효과가 있을까? 그 대답은 '노'다.

라이엇 게임즈는 아무리 불량 게이머를 차단시켜도 게임 전체의 신고 건수는 줄어들지 않았다는 사실에 주목했다. 차단당한 게이머가 다른 아이디로 재가입해 게임에 들어오기 때문이었다. 그럼 어떻게 대처해야 할까?

곰곰이 생각해보면 우리 일상생활에서도 얼마든지 힌트를 얻을 수 있다. 가령 수도꼭지를 깜빡하고 안 잠근 것을 깨달았을 때 어떻게 행동하는가? 바닥을 먼저 확인하는가? 아니면 수도꼭지부터 잠그는가? 당연히 수도꼭지부터 먼저 잠근다. 문제의 근본원인부터 해결하는 것이 올바른 순서이기 때문이다.

따라서 소양이 부족한 불량 게이머를 퇴출시키는 것은 미봉책에 불과하며, 아예 처음부터 불량 게이머가 나타나지 않도록 하는 것이 근본적인 해결책이다. 물론 말은 쉽다. 어떻게 해야 게이머들의 욕설과 막말을 원천 차단할 수 있을까?

바로 '수도꼭지가 어디에 있는지 알아야만 잠글 수도 있다'는 점에 착안해야 한다. 그래서 연구팀은 신고가 접수된 게이머를 상대로 심리 프로파일링을 실시했다. 이는 게이머의 행동 양상을 기반으로 그에 상응하는 폭력성을 수치화하는 작업이었다.

연구팀은 한 게이머를 대상으로 며칠간 게임을 하면서 나타내는 폭력성을 기록했고 이를 막대그래프로 표현했다.

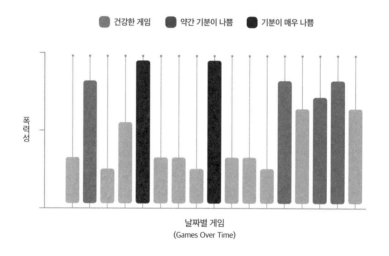

이 그래프에서 막대의 높이는 게이머가 게임을 할 때 나타나는 폭력성을 날짜별로 수치화한 것이다. 이를 색깔로 구분했는데 이는 같은 게이머라도 폭력성의 정도가 날짜별로 다름을 의미한다.

밝은 회색은 게이머가 기분이 약간 상한 날이다. 그러나 대화에 별일은 없고 대체로 긍정적이다.

짙은 회색은 게이머가 기분이 나쁜 날로, 대화 중에 욕설을 하기 시작한다.

검은색은 게이머가 매우 흥분해 있고 기분이 극도로 나쁜 날이다. 대화에서 각종 욕설이 난무하고 결국 신고 처리가 되었다.

보통 사람들은 불량 게이머가 항상 폭력적인 성향을 드러내고 게임만 했다 하면 무조건 욕설을 한다고 생각하는 경향이 있다. 하지만 신고가 된 상당수 게이머는 대부분의 시간에 매우 정상적인 행동을 보였다. 단지 가끔씩 말도 안 되게 심각한 폭력성을 보일 뿐이었다. 구체적인 빈도를 보면 한 달에 한 번 정도였다.

그렇다면 그들에게 이성을 상실하게 만드는 요인은 무엇일까? 연구팀은 모든 게이머의 정보를 중첩시켜 조사한 결과 그 해답을 찾았다.

예를 들어 여기에 과거에 단 한 번도 신고되지 않은 건전한 게이머 10명이 있다. 그들의 폭력성 수치는 다음과 같다.

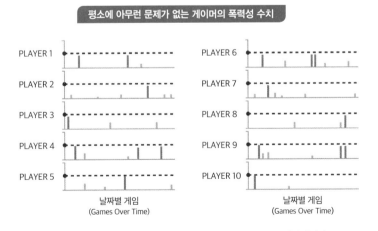

이들은 모두 가끔씩 기분이 나빴지만 어느 누구도 큰 분노를 표출하지 않았다

이 그래프에서 알 수 있듯이 이 건전한 게이머들은 어쩌다 '기분이 나쁨'을 나타내는 짙은 회색 상태를 보였다. 당연히 신고를 당한 적도 전혀 없었다.

하지만 이들이 게임에서 만난다면 어떻게 될까? 이 경우 실제 폭력성 수치를 측정하면 다음 그래프와 같이 나타난다. 위의 큰 그래프는 게임의 전체적인 폭력성 집계이고, 아래의 작은 그래프는 각 게이머들의 폭력성을 나타낸다.

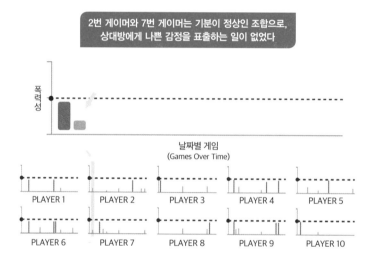

폭력성이 살짝 솟은 2번과 7번에 주목해보자. 이들은 게임에서 져서 살짝 마음이 상했다. 하지만 별 일은 일어나지 않았다. 그래서 게임도 깔끔하게 끝났다. 폭력성도 기준을 밑돌았다.

그럼 다른 날에는 어땠을까? 1번, 4번, 6번, 9번, 10번 게이머 5명은 '조금 기분이 안 좋은' 상태였다. 이들이 같은 게임에서 만나자 상황은 조금 나빠졌다.

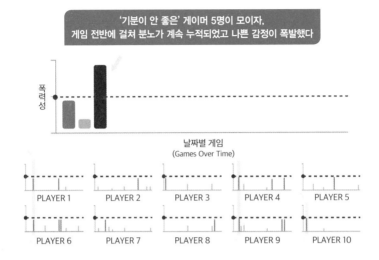

'기분이 안 좋은' 게이머 5명이 모이자,
게임 전반에 걸쳐 분노가 계속 누적되었고 나쁜 감정이 폭발했다

게임이 시작되었을 때 4번 게이머는 동작이 조금 느렸기 때문인지 제때 무기를 구입하지 못했다. 그러자 9번 게이머가 "4번 넌 왜 아직도 무기를 안 사고 꾸물거려? 뭐야? 아직도 가격 흥정 중이야?"라며 쏘아 붙였다. 이때 4번은 화가 좀 났다. 기분도 나빠졌다.

게임이 진행되자 이번에는 9번이 실수를 저질렀다. 그러자 4번은 분노를 표출하면서 모든 게이머에게 말했다.

"이봐, 그쪽 정글러! 여기 와서 우리 편 정글러한테 한 수 가르쳐주는 게 어때?"

그 순간 게임장 안에서는 분노의 불길이 활활 타오르기 시작했다. 이어서 1번, 6번, 10번도 설전에 뛰어들었고 사태는 수습하기 어려운 상황으로 치달았다. 결국 5명 모두 신고를 당했다. 그것도 서로가 서로를 신고했다.

아마도 한 게임 안에서 살벌한 설전이 벌어지는 근본 원인은 기분이 나쁜 게이머들이 한 자리에 모였기 때문일 것이다. 모두가 갖고 있던 작은 분노가 서로에게 자극을 주고 그것이 중첩되면서 거대한 분노를 형성했다. 이것이 바로 누적효과accumulation effect다. 즉 어떤 복잡한 시스템에서 한 개체의 미세한 변화가 다른 개체에게 상응하는 변화를 일으킨다면, 이것이 계속 누적되면서 마지막에는 거대한 후폭풍을 몰고 온다는 이론이다.

2015년 휴고상 수상자인 작가 류츠신(劉慈欣)의 SF소설《삼체(三體)》에서 책 전체를 관통하는 논리인 '의심의 사슬'이 바로 이런 것이다.

인간 탐험대는 이제 생존한 두 대의 탐사선밖에 남지 않았다. 하지만 보급품은 겨우 탐사선 한 대를 유지할 정도밖에는 남지 않았다. 두 탐사선은 서로 상대방이 자기를 공격하지 않을까 의심하기 시작했다. 작은 의심은 눈덩이처럼 쌓이고 쌓여 결국 서로를 죽이고 만다.

주식시장의 폭락세도 마찬가지다. 처음에는 단 1명의 딜러가 매도 조작을 한다. 그 결과 주가는 하락하기 시작한다. 공포를 느낀 다른 누군가가 주식을 팔기 시작한다. 이때 모든 사람들이 이를 목격한다. 사람들은 상황이 불안하다고 느끼고 매도 대열에 합류한다. 주식을 매도하는 사람이 폭발적으로 늘어나고 주식시장 전체는 공황에 빠져 대폭락한다.

게임 문제로 되돌아오자. 우리는 게이머들이 게임 중에 이성을 잃고 폭발하는 원인을 알았다. 그렇다면 게임 개발자는 어떻게 대처해야 할까? 답은 아주 간단하다. 분노를 쉽게 표출하는 게이머가 서로 만나지 않도록 흩어놓으면 된다.

해외의 한 게임 사이트에 따르면, 롤은 게이머에게 팀원과 라이벌을 배정할 때 알고리즘에 '정서 지표'를 포함시킨다고 한다. 그래서 이 시스템은 짝을 배정하는 과정에서 먼저 게이머들의 당일 기분을 예측하고, 잠재적으로 기분이 안 좋은 사람을 동일한 게임에서 만날 확률을 줄인다. 이렇게 해서 불미스러운 상황을 원천 차단하는 것이다.

이뿐만이 아니다. 라이엇 게임즈의 연구팀은 게임업계에서 사상 최대 규모라고 꼽는 심리학 실험도 진행했다.

점화효과를 이용해 게이머들의 수준 높이기

롤에는 '팁'을 제공하는 기능이 있다. 일반적으로 로딩 중이거나 게임 시작 화면의 상단에 팁이 나타난다. 내용은 다음과 같이 게임을 할 때 유의해야 할 행동, 혹은 게임에 도움이 되는 간단한 팁이다. "다른 게이머에게 욕을 하는 사람은 게임에서 질 확률이 이길 확률보다 13% 높습니다.", "중간에 임의로 나가거나 게임을 끄면 이중 패널티를 받게 됩니다.", "오른쪽 마우스로 랜턴을 클릭하면 그의 곁으로 이동할 수 있습니다." 등이다.

연구팀은 이 팁의 '글자 색깔'을 두고 수많은 실험을 실시했다. 게이머들에게 똑같은 팁의 내용을 빨간색, 흰색 등으로 다양한 색깔로 바꿔가며 보여준 것.

"팀원이 실수했을 때 욕을 하면, 그는 오히려 더 큰 잘못을 저지릅니다."라는 내용의 팁을 서로 다른 색깔로 노출했을 때 어떻게 되었을까? 팁을 전혀 노출하지 않은 대조군과 비교할 때, 빨간색 글씨로 팁을 노출한 실험군의 소양이 개선되는 매우 긍정적 효과가 나타났다. 부정적인 태도는 8.34% 감소했고, 언어 모욕은 6.22% 줄었으며, 공격적인 언어도 11%나 감소했다.

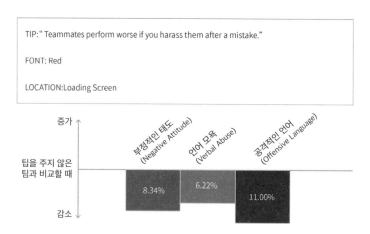

빨간색 글자로 팁을 노출시키면 게이머들의 소양이 개선된다

그러나 글자 색깔이 흰색으로 바뀌면 그 효과는 사라진다. 가령 공격적인 언어는 1.28% 감소에 그친다. 또 나머지 두 항목은 감소하기는커녕 오히려 소폭 상승했다.

또한 글자 색깔뿐 아니라 팁의 내용 자체에도 게이머들의 반응은 달라진다. 똑같이 빨간색을 쓰더라도 팁의 내용을 바꾸면 깜짝 놀랄 만한 효과가 나온다. 실험 결과에 따르면, 자기 반성을 유도하는 내용인 "당신의 스포츠 정신을 보여주세요!"를 빨간색 글자로 노출하자 게이머의 소양이 전반적으로 나빠졌다. 공격적 언어는 무려 15.15%나 증가했고 신고율도 5.7%나 늘어났다. 한 마디로 역효과만 생긴 셈이다.

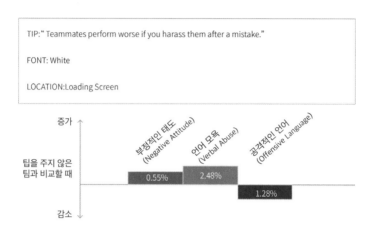

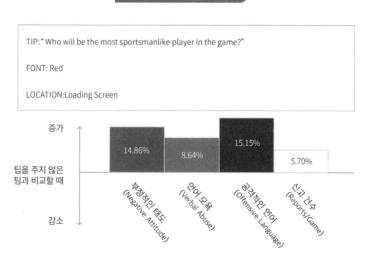

사실 잘 믿을 수 없을지도 모른다. 너무 단순해서 아무도 신경 쓰지 않는 작은 팁이, 더구나 게임이 시작될 때 잠시 노출되는 작은 팁이 이렇게 큰 효과를 낼 수 있다니 말이다. 도대체 어떤 힘이 작용하기 때문일까?

그 대답은 '점화효과Priming Effect'다. 누군가가 어떤 일을 하기 전에 그의 잠재의식에 어떤 특수한 자극을 가하면 그의 행동은 이에 영향을 받을 수 있다는 원리다.

가장 전형적이고 동시에 논쟁의 대상이 된 예는 다음과 같다.

한 대학생 그룹을 대상으로 어떤 실험실에서 한 가지 '이벤트'를 진행했다. 그런데 이들은 이벤트를 시작하기 전에 'old'와 연관된 단어를 먼저 읽으라는 지시를 받았다. 예를 들어 '주름살', '양로원' 등이었다. 이는 사실 이들의 잠재의식에 어떤 자극을 주기 위한 의도였다. 이 이벤트가 끝난 후, 실험팀은 놀라운 사실을 발견했다. 뜻밖에 이 학생들의 행동이 느려졌던 것이다. 물론 이 대학생들이 갑자기 늙을 리는 없다. 다만 언어의 자극이 이들의 잠재의식을 늙게 만들었던 것이다!

이 실험의 파급력은 대단했다. 미국의 심리학자이자 작가인 로버트 치알디니Robert B. Cialdini는《초전 설득Pre-Suasion》에서 점화효과야말로 비즈니스 또는 정치 협상테이블의 강력한 무기라고 역설했다. 예를 들어 당신이 자신의 스타트업을 누군가에게 소개한다고 하자. 만약 PPT 자료의 앞부분에 BAT(중국의 3대 IT기업인 바이두, 알리바바, 텐센트를 가리킨다. - 옮긴이)와 같은 중국의 거대 기업과 비교하는 내용을 담는다면, 상대방은 잠재의식 속에 당신의 회사가 정말 대단하다는 인상을 갖게 된다.

롤 이야기로 되돌아가자. 본격적으로 게임을 시작하기 전에 작은 팁을 노출시키는 것은 게이머의 잠재의식에 대한 일종의 자극이 된다. 하지만 안타깝게도 점화효과가 발생하는 과학적 원리는 아직 명확히 규명되지 않았다. 단지 수많은 실험 결과 그런 상관관계가 밝혀졌을 뿐이다. 최적의 솔루션을 찾기 위해 롤 측은 총 217가지 서로 다른 시도를 했다. 이는 게임업계 최대 규모의 심리학 테스트로 불린다. 그 결과 작은 팁의 위치, 색깔, 내용을 다양하게 설정하는 최적화 솔루션을 도출할 수 있었다.

명확한 커뮤니케이션

롤이 기울인 노력은 비단 이뿐만이 아니다. 초창기에 롤은 접속이 일시 차단된 게이머에게 다음과 같은 간단한 내용을 통보했을 뿐이다.

"이 계정은 일시 차단되었습니다. 더 많은 정보를 원하시면 저희 공식 사이트를 방문하십시오."

하지만 이는 게이머의 행위를 제약하는 효과가 전혀 없었으며 오히려 역효과만 불러일으켰다. 통계 조사에 따르면 계정이 차단된 게이머는 폭력적인 성향이 더 증가했으며 신고된 건수 역시 늘어난 것으로 나타났다.

이 현상을 면밀히 분석하고 최적화 노력을 기울인 끝에, 롤은 개혁카드 Reform Card 를 출시했다. 게이머에게 계정을 일시 차단하는 조치를 통보하면서 동시에 구체적인 내용을 담은 분석보고서를 첨부했다. 여기에는 이 게이머가 어느 부분에서 잘못을 저질렀는지를 적시했고 게임 관련 동호회의 개선 건의사항도 담았다. 이 기능이 지원되자 효과는 금방 나타났다.

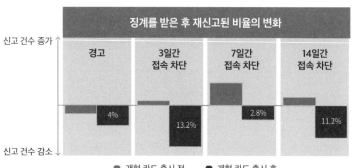

게이머에게 잘못한 부분을 명확히 적시해야 한다

통보 내용이 모호한 제어 집단의 경우 '14일간 접속 차단' 징계가 끝난 후 신고당한 건수가 3%나 증가했다. 반면 통보 내용이 상세한 '개혁 카드'를 사용하자 징계가 끝난 후에 신고 당한 건수가 무려 11.2%나 감소했다.

여기서 알 수 있는 원리는 무엇일까? 바로 '즉시, 명확하게 제안해야 효과적이다.'라는 원리다.

따라서 이 글을 읽고 있는 독자 여러분께 꼭 드리고 싶은 당부가 있다. 혹시 당신의 배우자가 마음에 안 드는 행동을 했다면 그가 무엇을 잘못했는지 그 즉시 그리고 명확하게 얘기하기 바란다. 시간이 지나서 옛날 일을 들춰봤자 아무 소용도 없다. 수십 년이 지나서 "그때 당신이 잘못한 게 뭐였는지 알아?"라고 해봤자 상대방에게는 뜬구름 잡는 이야기로밖에 들리지 않는다.

역시 큰 인기를 끈 중국 텐센트의 MOBA 모바일 게임인 펜타스톰 Penta Storm도 게이머의 자질 향상에 많은 노력을 기울였다. 2018년 초에 '언어 모욕 실시간 모니터링 시스템'을 출시했다. 게이머의 모든 발언은 욕설과 자동 대조한 후 문제점이 발견되면 즉시 처분을 내리는 방식이었다.

그런데 펜타스톰의 머신러닝 모델의 경우 '거짓 양성 false positive' 비율이 매우 높았다. 다시 말해 1명의 불량 게이머를 적발하기 위해 너무 많은 죄 없는 게이머를 적발했던 것이다. 심지어 '같은 편에게 욕설을 하지 마'라는 말도 적발되어 신고가 되었다. '거짓 양성'과 관련한 문제는 두 번째 수업의 '틀리는 것도 기술이다'에서 자세히 다루도록 하겠다.

아무쪼록 이번 장에서 언급한 이론과 사례가 제품 기획과 개발에 유용하게 쓰일 수 있기를 희망한다.

첫 번째 수업의 결론은 '고객의 욕구를 발견하고, 문제를 해결함으로써, 그들이 더 나은 체험을 할 수 있도록 만드는 사고체계를 갖춰야 한다'라는 것이다.

욕구 발견과 문제 해결은 사실 그다지 어렵지 않다. 정말 어려운 일은 고객에게 더 나은 체험을 제공하는 것이다. 이번 장에서 언급한 많은 심리학 키워드는 이와 같은 일을 이해하고 실행하는 데 매우 중요한 도구들이다. 구글과 우버, 라이엇 게임즈를 비롯한 실리콘밸리의 성공한 기업들이 사용한 각종 심리학 법칙을 잘 활용해야 한다.

복잡한 제품 선택 절차를 잘 따라가 결국 구매로 이어지게 만드는 것, 피고용인들의 자발적인 근로의욕을 고취시키는 것, 푸시알림을 귀찮은 것이 아니라 유용한 것으로 받아들이게 하는 것, 제품의 인지가치를 높이는 것, 다양한 고객의 욕구를 맞춰 개발하고 디자인하는 것, 심지어 불량 게이머들을 근본적으로 '없애는' 일까지.

이처럼 수많은 방식, 다양한 목적이 존재하겠지만 한 마디로 말해서 '고객 경험'이 핵심이다. 고객이 기뻐하면 해당 제품을 만든 목적도 달성되는 것이다. 결국 모든 것은 고객 중심으로 움직인다. 이번 수업을 통해 그 점을 더 깊이 이해하게 되었으리라 생각한다.

두 번째 수업

진짜를 읽는 힘, 데이터에서 나온다

오늘날 IT산업에서 '데이터'는 정말로 보물창고와 같다.
그 안에는 우리가 알고 싶어하는 모든 것, 즉 과거와 현재 그리고
미래가 담겨 있다. 이 보물창고를 열어본 적이 있는가?
낯설지만 매우 실용적인 통계 관련 개념을 알고 있는가?
만약 모른다면 이제부터 인내심을 갖고 집중하기 바란다.

통계학도 모르면서
일을 하려 했다니

°

키워드 : 생존자 편향, 기억 편향, 건강한 피험자 편향, 출판 편향

감추고 싶은 나의 흑역사

대학을 갓 졸업하고 소프트웨어 프로그래머로서 직장생활을 시작했을 때만 해도 나는 프로그래밍만 잘하면 모든 일이 술술 잘 풀리는 줄로만 알았다. 하지만 직장생활을 하면서 겪은 첫 번째 흑역사는 프로그래밍 실력이 낮아서가 아니라 통계학을 잘 몰라서 생겼다. 이제부터 그 얘기를 시작해보겠다.

실리콘밸리에 입성한 지 두 달 후, 내 인생 첫 번째 대형 프로젝트가 드디어 완성을 눈앞에 두고 있었다. 그날 저녁 퇴근하기 직전에 우리 팀은 신제품을 전 세계에 선보이기로 결정했다. 신규 기능을 탑재한 제품이 온라인에서 선을 보이자마자 반응은 뜨거웠다. 각종 지표가 미친

듯이 상승하는 것이 눈으로 보였고 불과 몇 시간 만에 해당 분기의 업무 전망치에 육박했다. 우리는 기쁜 마음으로 귀가했고 자축파티도 즐겼다.

다음 날 아침, 출근해보니 우리 팀 사무실 옆의 벽에 걸린 데이터 스크린이 갑자기 고장 나 있었다. 데이터가 너무 좋게 나와서 디스플레이 시스템이 먹통이 된 것이었다. 나는 속으로 미소를 지었다. 그리고 여유롭게 영국식 아침식사를 즐겼다. 이어서 우아하게 차를 마시며 온갖 좋은 소식을 만끽했다. 신제품이 출시되자 12시간 만에 기존 기록을 갈아치웠다는 소식 등이었다.

많은 사람이 일부러 내 자리를 지나가며 인사하고 축하해줬다. 어쨌든 신입 프로그래머가 단 두 달 만에 이렇게 놀라운 실적을 내는 것은 드문 일이니까. 시간은 금방 흘러 어느새 퇴근 시간이 되었다. 중국 원로가수 리구이의 노래를 즐겁게 흥얼거리며 컴퓨터를 끄고 퇴근하려는 순간, 갑자기 제품 매니저가 메시지를 보냈다. 나는 속으로 이렇게 중얼거리며 웃으며 메시지를 열었다.

'뭐야 또 축하 메시지야? 난 왜 이렇게 잘난 거지? 피곤하게 말이야.'

하지만 자세히 보니 그건 새로 개설된 업무용 단체 채팅방이었다. 방 이름은 '사고 조사'였다. 눈이 휘둥그레져 서둘러 채팅방을 열어보니 "한, 자네 제품에 문제가 생겼어."라는 메시지가 보였다.

그때 내 첫 반응은 '뭐? 말도 안 돼. 믿을 수 없어!'였다. 그날 하루 동안 받은 피드백 데이터를 전부 모니터링했는데 모든 게 정상이었다. 받아들일 수 없었다. 동네방네 소문을 내고 돌아다녔는데 이런 불행이 닥

치다니. 나는 내 뺨을 때리며 스스로에게 화풀이할 수밖에 없었다.

사실 확인을 해봤더니 고객서비스 부서에 고객의 항의가 빗발쳤다고 했다. 상당수 고객의 앱이 정상 가동이 안 된다는 내용이었다. 사고 기록을 분석해보니 내가 만든 코드의 일부에서 문제가 생긴 게 확실했다. 결국 나는 신제품을 서둘러 내려야 했다. 풀이 죽어 고개를 숙였다. 나를 비웃는 동료들의 차가운 시선이 느껴졌다.

아, 직장생활을 시작한 후 처음으로 뜨나 싶었는데 이렇게 허무하게 조롱거리로 전락하고 말았구나.

일이 생겼으니 원인부터 조사해야 했다. 하지만 며칠을 낑낑대며 조사해도 원인을 파악할 수 없었다. 돌아온 모든 피드백 데이터는 고객 쪽에 아무런 이상이 없다는 신호뿐이었다! 정말로 미칠 노릇이었다. 데이터는 아무 문제가 없다고 말하고 있는데 고객들은 문제가 있다고 아우성이니 말이다. 하지만 어딘가 문제가 생긴 게 분명했다.

어느 날 회사 카페에서 동료인 토미와 대화할 일이 있었다. 그는 나에게 요즘 어떻게 지내는지 물었다. 나는 그 문제를 언급했다. 그러자 토미는 의미심장하게 이렇게 말했다.

"한, 혹시 너 '생존자 편향survivorship bias'이란 말 들어봤어?"

생존자 편향의 오류

제2차 세계대전 당시 영국 공군은 사상자를 줄이기 위해 살아 돌아온 모든 전투기를 대상으로 기체 탄흔을 분석하고 조사했다.

그 결과 생환한 전투기 모두는 날개 부분에 총탄 구멍이 집중되어 있다. 반면 머리 부분과 엔진 부분에는 총탄 흔적이 그다지 뚜렷하지 않았다. 따라서 사람들은 모두 비행기의 취약함을 개선하기 위해서 날개 부분을 강화해야 한다고 생각했다.

이때 통계학 교수인 에이브러햄 왈드Abraham Wald가 반기를 들었다. 강화해야 할 부분은 총탄 구멍이 많은 곳이 아니라 오히려 전투기의 머리와 엔진 쪽이라고 주장한 것이다. 왜냐하면 만약 전투기의 머리와 엔진에 총탄이 박혔다면 전투기 전체가 심각한 손상을 입어 추락했을 것이고, 당연히 생환할 수도 없었을 것이란 논리였다.

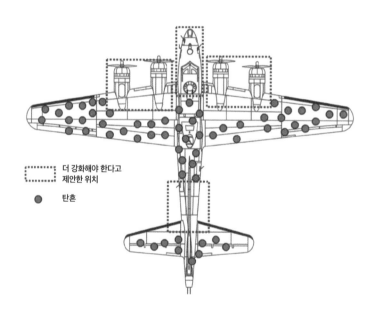

이 말을 듣는 순간 나는 갑자기 아이디어가 떠올랐다. 서둘러 사무실로 돌아가 사고가 난 원인을 다시 조사하기 시작했다.

결국 아무 문제가 없는 고객의 앱에서만 데이터가 제대로 송신되었고 우리의 시스템 역시 이것만을 수신하여 기록했다는 사실을 깨달았다. 반면 문제가 발생한 고객의 앱은 관련 데이터를 송신하는 코드가 작동하지 않았기 때문에 우리는 아무런 데이터도 받지 못했다. 이들은 마치 적군의 총탄에 맞아 추락해버린 전투기나 마찬가지였다! 우리는 지금껏 정상적인 데이터만 붙잡고 사고 여부를 조사했던 것이다.

'생존자 편향'이란 통계학의 고전적인 통계 편향 개념이다. 비슷한 이론으로 '침묵하는 다수 silent majority' 이론이 있는데 이는 기본적으로 통계 분석을 할 때 표본의 임의성과 대표성을 소홀히 다룰 때 발생하는 오류를 뜻한다. 실제로 사람들은 일부 사람만을 표본으로 추출해 분석하기 때문에 잘못된 결론에 도달하는 경우가 많다. 하지만 일상생활이나 업무 중에 자기 목소리를 뚜렷이 내지 않는 사람도 있고, 또 목소리를 아예 낼 수 없는 사람도 많다. 그러다 보니 생존자 편향의 오류가 쉽게 발생한다. 이 점을 반드시 경계해야 한다.

예를 들어 주변에는 '공부 무용론'을 주장하는 사람이 많다. 그들은 이렇게 얘기한다.

"공부가 무슨 소용이 있어? ○○○ 좀 보라고. 초등학교도 졸업 못 했는데 이렇게 번듯하게 성공했잖아?"

하지만 대다수의 실패한 사람은 언론에서 보도해주지 않거나 스스로 대중 앞에 목소리를 낼 능력이 없다. 이는 마치 침묵을 선택한 것과 같다. 결국 아무도 그 사실을 알지 못한다. 만약 완벽한 데이터가 존재하고 신뢰할 수 있는 비율로 이를 계산할 수 있다면, 고학력일수록 성공할 확률도 높다는 사실을 입증할 수 있을 것이다.

또 다른 예로 '비행기는 너무 위험해. 거의 매일 사고가 나잖아?'와 같은 주장도 대표적인 편향의 오류다. 비행기는 오늘날 인간이 발명한 가장 안전한 교통수단이다. 단지 비행기 사고의 대다수가 언론에 보도되어 우리가 그 사실을 알기 때문에 비행기는 사고가 날 확률이 높다고 인식할 뿐이다. 하지만 기차나 자동차 같은 다른 교통수단의 사고는 언론에 잘 보도되지 않는다. 여기에서 인식의 오류가 발생한다.

이런 현상은 차고 넘친다. 예를 들어 어떤 영화가 인터넷에서 '평점 테러'를 당했다고 하자. 그런데 영화를 실제로 본 주변 친구들은 꽤 괜찮은 영화라는 평가를 할 때가 많다. 영화를 보고 나서 '뭐 그럭저럭 괜찮은 영화'라고 느끼는 사람은 굳이 인터넷에서까지 평점을 남기지 않는다. 반면 영화가 엉망이라고 느낀 사람들은 화가 나서 인터넷으로 몰려가 최저점을 매기는 것이다.

또 '엄마 아빠는 편식을 하지 않는다'는 말도 웃기는 얘기다. 왜냐하면 엄마 아빠는 장을 볼 때 이미 본인들이 원하는 것 위주로 골라 샀으니까 말이다.

'생존자 편향'을 어떻게 하면 피할 수 있을까? 먼저 머릿속에 이 개념을 항상 담아두고 절대로 함정에 빠지지 않도록 스스로 노력해야 한다. 만약 당신이 디자이너 또는 제품 매니저라면 백오피스에서 일부 기능을 개선해달라는 고객의 의견을 수시로 받고 있을 것이다. 그때 즉시 그들의 의견을 반영해야 할까? 하지만 그 제품에 만족하는 고객들은 이미 침묵을 선택하고 있다. 따라서 먼저 해야 할 일은 '침묵하고 있는' 고객이 대다수인지 여부를 먼저 살피고, 전체 고객 가운데 몇 퍼센트의 고객이 불만을 표시하는지 분석해야 한다. 그러면 곧 어떻게 행동해야 하는지 답을 찾을 수 있다.

또 당신이 언론사의 편집자로 일하면서 SNS 계정을 담당하고 있다고 하자. 그때 조회수가 높은 글 가운데 일부 부정적인 댓글이 달린 경우를 종종 볼 때가 있다. 물론 이때 실망하거나 서운한 감정이 생길 수 있다. 나 또한 나의 계정을 운영하던 초창기에 이런 어려움을 겪었던 적이 있었다. 하지만 나중에서야 텍스트의 조회수가 많다는 건 이미 수많은 사람이 내 생각에 동의하고 이를 열심히 '퍼날랐다'는 뜻이란 사실을 깨달았다. 그리고 몇 안 되는 소수의 부정적 평가는 그야말로 소수에 지나지 않았다. 따라서 이들이 내 독자 전체의 행동을 대변할 수는 없는 노릇이다. 그러니 자신만의 눈을 갖고 당신의 글을 사랑해주는 사람들에게 더 많이 주목해야 한다.

'매우 많은' 사람을 대상으로 통계분석을 수행할 때는 통계 샘플이 '완전한지' 여부, '편향'이 발생할 수 있는지 여부, 어떤 샘플이 통계에 들어올 수 없거나 또는 들어와서는 안 되는지 등을 꼼꼼히 따져야 한다. 그래야만 편향에 빠져 업무를 망치는 일을 피할 수 있다.

'생존자 편향의 오류'에 이어 지금부터 흔히 볼 수 있는 세 가지 편향의 사례를 알아보도록 하자.

흔히 볼 수 있는 편향 사례

기억 편향

자신의 과거에 대한 평가는 현재 상황에 따라 달라질 수 있다는 편향

이론이다.

예를 들어보자. 어렸을 때 영어 성적이 모두 100점인 두 아이가 있었다. 오랜 시간이 흘러 한 명은 해외유학을 떠났고 다른 한 명은 국내에 남아 공부했다. 그런데 이상하게도 어릴 적 영어 실력에 대한 각자의 평가가 서로 달라지는 일이 생긴다. 해외유학을 떠난 사람은 어렸을 때부터 영어를 잘했다고 기억할 가능성이 높다. 반면 국내에서만 공부한 다른 한 명은 어렸을 때부터 영어를 못했다고 기억하기 쉽다. 하지만 두 사람의 영어 실력은 어렸을 때부터 모두 좋았다.

찰스 윌런^{Charles Wheelan}은 《벌거벗은 통계학^{Naked Statistics}》에서 매우 유명한 실험을 소개했다. 1993년 하버드대학교의 한 연구자가 진행한 실험 얘기였다. 여성 실험 대상자 두 팀이 있었는데, 한 팀은 유방암을 앓고 있었고 다른 한 팀은 건강했다. 조사 결과 유방암을 앓고 있는 여성들은 건강한 여성들에 비해 젊은 시절에 고지방 음식을 많이 먹는 습관이 있었다.

하지만 이는 의료 연구가 아니라 기억 편향에 관한 실험이었다.

연구자는 이미 수년 전에 이 두 팀의 여성 전체를 대상으로 식습관을 조사한 기록을 갖고 있었다. 그 당시 이 여성들은 모두 건강했고, 게다가 모두 담백한 음식을 좋아하는 식습관을 갖고 있었다. 그런데 불행하게도 시간이 흐른 후 일부 여성이 유방암을 앓게 되었고, 이들은 젊었을 때 자신의 행동에 대한 왜곡된 기억을 갖게 된 것이다. 그들은 암에 걸리게 된 일부 원인이 젊었을 때 지나치게 기름진 음식을 좋아했기 때문이라고 여겼다. 이 실험을 통해 암이 그들의 머릿속에 있는 과거 기억을 왜곡시켰음을 알 수 있다.

건강한 피험자 편향

선택한 실험 대상자 본인의 행동이 실험 결과에 더 큰 영향을 끼친다는 편향 이론이다. 이를 설명하기 위해 찰스 월런은 다음과 같은 사고 실험을 제안했다.

'보라색 잠옷은 두뇌 발달에 좋다.'라는 연구 결과를 아동들의 부모들이 접했다. 그리고 20년 후, 하버드 졸업생의 98%는 어렸을 때 보라색 잠옷을 입고 잤으며 반면 매사추세츠주의 교도소에 수감된 재소자 중에는 3%만이 어렸을 때 보라색 잠옷을 입었다는 통계가 나왔다. 그렇다면 다음과 같은 결론을 도출할 수 있다. "어렸을 때 보라색 잠옷을 입는 것은 개인의 발전에 매우 중요하다. 정부도 모든 사람이 어렸을 때 보라색 잠옷을 입도록 강제 규정을 만들어 실시해야 한다."

이 결론이 과연 과학적일까? 전혀 그래 보이지 않는다.

보라색 잠옷은 결코 중요하지 않다. 오히려 아이들에게 이런 잠옷을 입히는 부모가 더 중요하다. 그들은 더 우수한 경제적 조건과 교육자원을 아이들에게 제공하기 때문이다. 그러니 정말로 보라색 잠옷이 좋은 영향을 끼치는지 알아보려면 건강한 피험자 편향을 피해야 한다.

'비타민을 꾸준히 챙겨 먹으면 건강해진다'라는 문장은 사실일까? 주변을 둘러보면 확실히 비타민을 챙겨 먹는 사람이 건강해 보인다. 그런데 그게 정말 비타민 덕분일까? 비타민을 꾸준히 챙겨 먹는 사람은 이미 자신의 건강에 여러 모로 꽤 신경 쓰는 사람이다. 《뉴욕 타임스》건강 관련 칼럼니스트 개리 토브스^{Gary Taubes}가 말한 그대로이다.

"간단히 말해서, 의사의 지시에 따라 약을 복용하거나 그들이 생각하기에 건강에 좋은 음식을 먹는 사람은 그렇게 하지 않는 사람들과 근본적으로 다르다."

출판 편향

언론계에는 '좋은 일은 밖으로 나가지 않고 나쁜 일은 천리를 간다'라는 말이 있다. 특히 어떤 기업이나 유명인의 부정적인 뉴스는 평범한 뉴스보다 훨씬 더 널리 퍼진다. 사람들은 누구나 가십거리를 좋아하고 더구나 세상이 너무 태평해서 뉴스거리가 없는 걸 더 싫어하는 사람이 많으니까 말이다. 그러다 보니 언론에서는 부정적인 뉴스를 더 많이 보도하는 경향을 띤다. 반면 올바른 방향의 뉴스나 평범한 뉴스는 점점 더 외면받는다.

이는 정보 전달 그 자체의 편향을 낳는다. 예를 들어 한 과학자가 통계조사 결과 '어렸을 때 PC방에 자주 다녀도 청소년이 되어 근시가 될 가능성은 낮다'라는 결론에 도달했다. 하지만 이를 언론이 보도해주지 않는다는 데 문제가 있다. 왜일까?

이 결론은 'PC방에 자주 가면 청소년 건강에 해롭다'라는 보편적인 부정적 인식과 배치되기 때문이다.

샘플 대상자를 바꿔 통계의 결론을 뒤바꾸는 것은 너무 간단하다. 즉 'PC방에 자주 다녀라. 그 대신 청소년이 되면 근시가 될 확률이 매우 높아질 것이다'라는 결론 말이다. 그럼 언론이 어떻게 보도해줄까? 모르긴 몰라도 'PC방, 청소년을 망치는 주범'이란 타이틀을 달고 대대적으로 보도되지 않을까?

이런 '출판 편향' 때문에 우리가 일상적으로 접하는 수많은 보도, 특히 부정적인 뉴스는 어떤 개인이나 기업의 진실한 정보를 나타내지 않을 수 있다. 따라서 우리는 이런 소식을 접할 때 좀 더 이성적이고 객관적인 시각을 가지고 의심하고 따져보고 확인해봐야 한다.

실리콘밸리를 지배하는
신비한 공식

○

키워드: A/B 테스트, p값

고객이여, 도대체 무엇을 원하는가?

우리는 일을 할 때 고객으로부터 다양한 의견과 제안, 불만사항을 받게 마련이다.

"이 앱 디자인은 뭐 하자는 건가요? 어떻게 이런 형편없는 앱을 만들 수가 있죠?"

디자이너는 늘 고민한다. 폰트 크기는 얼마로 할까, 버튼은 몇 개로 할까, 어떤 색깔로 할까 등.

콘텐츠 제작자 역시 고민이 많다. A, B, C 세 종류의 이모티콘 가운데 어느 걸 타이틀에 사용해야 할까?

제품 매니저도 고민한다. 고객의 신청 절차를 몇 단계로 나눠야 적합할까, 고객이 입력할 칸의 일부를 생략할까, 생략하고 나면 혹시 고객이 떨어져나가지 않을까, 고객 인증 또는 비밀번호 인증 과정에서 떨어져나가는 고객 비율은 어떻게 관리해야 하나 등이다.

기술직 근로자도 당연히 더 많이 고민한다. 새로운 프런트-엔드 프레임워크가 등장하면 전체 코드를 바꿔야 하나, 고객 수가 늘거나 시스템이 느려질 때 어떤 최적의 광고문구를 선택해야 하나 등이다.

모든 사람은 각자의 자리에서 매 순간 그에 따른 고민을 하고 노력하고 결정한다. 이런 크고 작은 수많은 결정이 쌓이면서 한 제품 전체의 체험이 된다. 그런데 왜 이런 문제들은 사람을 괴롭힐까? 그 이유는 겉으로 봤을 때 표준화된 정답이 없기 때문이다. 더구나 고객을 대상으로 간단한 연구조사를 실시하고 몇몇 의견을 청취했을 때 그들의 답변이 상호 모순을 일으키는 경우도 많다. 스티브 잡스 역시 "고객들은 본인이 무엇을 원하는지 전혀 모른다. 우리가 그들에게 알려주기 전까지는."이라고 말한 바 있다.

어딘가 기시감이 들지 않는가? 마치 친구에게 "오늘 저녁엔 뭐 먹을래?"라고 물었을 때 "아무거나."라는 대답이 돌아오는 상황과 매우 비슷하다. 그럼 그의 진짜 속마음은 무엇일까?

'고급스럽지만 동시에 안 비싼 음식을 먹고 싶어', '아주 유명한 식당에 가고 싶지만 사람은 별로 없었으면 좋겠어', '사진이 잘 나오는 곳에 가고 싶지만 너무 평범한 곳은 싫어' 뭐 이런 것 아닐까?

고객은 이런 친구와 닮은 데가 많아서 정확히 어떤 욕구를 가졌는지 종잡을 수 없다. 아무리 고민하고 노력해도 결국 결정을 내려야 하는 순간이 찾아온다.

그럼 마지막 순간에 어떤 결정을 내려야 할까? 제품 매니저의 머리에 의존해서는 당연히 안 된다. 프로그래머나 디자이너의 판단에 맡겨서도 안 된다. 회사 윗분들이 주사위를 던져서 결정하는 건 더더욱 안 된다. 사실 실리콘밸리의 거의 모든 기업은 과학적인 데이터 통계 방법을 이용해 최적의 결정을 내리고 있다.

도대체 뭘 선택해야 하나

두 가지 솔루션을 놓고 선택해야 할 경우 테스트를 해보는 게 가장 바람직하다. 이는 우리 모두가 알고 있는 상식이다. 현장에서는 일반적으로 이런 실험을 'A/B 테스트'라고 통칭한다. 실험 참가자를 모집해서 (예를 들어 10만 명) 그들 중 절반에게는 A 솔루션을, 나머지 절반에게는 B 솔루션을 주고 비교하는 식이다.

이제부터 그 사례를 살펴보도록 하자.

앞선 장에서 살펴봤듯이 '색깔'은 고객의 행동에 매우 큰 영향을 끼친다. 따라서 이제부터 개발팀은 버튼의 색깔을 녹색에서 빨간색으로 바꾸면서 클릭하는 사람 수가 늘었는지 여부를 조사한다. 그래서 다음과 같이 실험을 설계했다. 이 페이지에 들어오는 모든 고객을 대상으로, 절반에게는 초록 버튼을 보여주고 나머지 절반에게는 빨간 버튼을 보여준다.

실험은 이렇게 며칠 동안 계속되었다. 그리고 다음의 결과를 얻었다.

A팀, 초록색 : 100명 중 아무도 클릭하지 않았음.

B팀, 빨간색 : 100명 중 50명이 클릭했음.

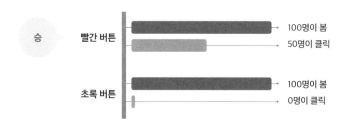

만약 이렇게 완벽한 데이터라면 빨간색의 완승이라고 쉽게 결론을 낼 수 있었을 것이다. 어차피 초록 팀의 성적은 0점이니까 말이다. 그리고 제품개발팀은 콧노래를 부르며 빨간 버튼을 론칭한다. 하지만 현실의 실험에서 이렇게 완벽하게 한쪽으로 치우친 데이터는 만나기 어렵다. 더구나 둘 이상의 고객 지표를 고려해야 한다면 아마도 상호 모순된 결론이 나올 수도 있다. 그 경우라면 어떻게 처리해야 할까?

또 다른 예를 살펴보자.

역시 첫 수업에서 소개했던 예다. 우리는 핸드폰의 푸시알림이 고객을 붙잡는 데 매우 유용하다는 사실을 알고 있다. 푸시알림 1건을 발송하면 고객은 오랫동안 쓰지 않았던 앱을 클릭할지도 모른다. 따라서 개발팀은 문서팀과 협력하여 '맞춤형 메시지 콘텐츠' 개발을 시도한다면 훨씬 더 효과적일 수 있다고 생각할 수도 있다.

그래서 한 모바일 게임앱 개발팀은 다음과 같은 실험을 기획했다. 여전히 고객을 임의로 두 그룹으로 나눈 후 각 그룹에 서로 다른 푸시알림을 발송했다.

첫 번째 그룹은 비맞춤형 푸시알림을 받았다. 내용은 '도룡보도(屠龍寶刀)를 클릭하면 보내줄게요. 스타들도 지금 다들 여기에 와 있어요!'였다.

두 번째 그룹은 맞춤형 푸시알림을 받았는데 메시지 맨 앞에 고객의 이름을 추가하는 방식이었다. 즉 '(고객 이름) + 도룡보도를 클릭하면 보내줍니다. 클릭하면 보내줄게요. 스타들도 지금 다들 여기에 와 있어요!'였다.

메시지를 발송하고 하루가 지난 후, 다음 그림과 같은 실험 결과를 얻었다.

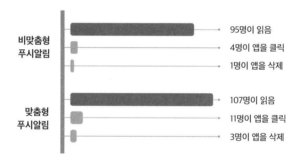

첫 번째 그룹의 경우 95명의 고객이 푸시알림을 받았는데 24시간 안에 4명이 해당 앱을 클릭해서 열어보았다. 하지만 1명은 앱을 삭제했다. 아마도 푸시알림이 너무 많이 와서 짜증이 났기 때문일 것이다.

두 번째 그룹의 경우 107명의 고객이 푸시알림을 받았는데 24시간 안에 해당 앱을 클릭해서 열어본 사람은 11명이었다. 하지만 3명은 그 앱을 삭제해버렸다.

여기에서 주목할 것이 있다. 앞의 데이터에서 우리는 고객이 푸시 앱을 직접 클릭하여 열어본 앱인지, 아니면 푸시알림을 읽은 후 시간이 흐른 뒤에 자발적으로 앱 아이콘을 열어봤는지 구분하지 않았다는 점이다.

그 결과가 지금 여기에 놓여 있다. 아마도 매우 난처한 결과일 것이다. 마치 좋은 소식과 나쁜 소식이 반반 섞인 일종의 역설이라고나 할까. 만약 앱을 열어본 비율만 따지면 두 번째 그룹이 더 바람직하다. 하지만 두 번째 그룹은 앱을 삭제한 비율도 높았다.

그럼 도대체 어느 것을 선택해야 할까?

p값이란 무엇인가

만약 이 결과를 통계학자에게 보여준다면 어떻게 처리할까? 그들은 아마도 'p값 p-value', 즉 유의확률을 계산해서 결정할 것이다.

알파벳 p는 확률을 뜻하는 'probability'의 첫 글자에서 따왔다. 엄격히 말해서 p값은 직접적인 확률을 나타내는 것은 아니며, 다만 실험을 통해 결정한 솔루션이 아무런 쓸모가 없을 가능성을 상대적으로 보여준다.

푸시알림 메시지 발송 실험에서 먼저 앱 확인율만 계산해볼 수 있다. 첫 번째 그룹의 앱 확인율은 금방 계산할 수 있다. 바로 4÷95=4.21%다. 이제 문제의 핵심은 두 번째 그룹에서 앱을 열어본 사람 수의 증가가 우연의 결과인지 아니면 정말로 '맞춤형 푸시알림'이 효과적이었기 때문인지 여부다. 우리가 알고 싶은 점 또한 바로 이것이다. 왜냐하면 고객이 푸시알림을 받았다 해도 이에 꼭 주목한다는 보장은 없기 때문이다. 또 푸시알림에 주목했더라도 그 내용은 무시했을 수 있다. 게다가 해당 푸시알림을 처음에는 읽지 않았지만 나중에 자발적으로 해당 앱을 열었을 가능성도 있다.

먼저 '귀무가설(직감에 반대되도록 세워지는 가설로서 직감이 정당하면 이 가설은 기각되어 원래로 돌아가고 직감이 틀리면 이 가설이 채택된다. - 옮긴이)'을 세워보자. 다시 말해서 맞춤형 푸시알림이 아무런 쓸모가 없다고 가정해보자. 만약 이 귀무가설이 성립한다면 두 번째 그룹이 앱을 열어본 비율은 당연히 4.21%로 불변이며 첫 번째 그룹과 같아야 한다.

이제부터 이 가설이 성립하는지 여부를 검증해보자.

4.21%라는 이 비율에 근거할 때, 두 번째 그룹에서 11명이 해당 앱을 열어볼 확률은 얼마일까? 이는 거의 대입수능 급의 고난도 수학문제다. 그 답은 $C_{107}^{11} \times 4.21\% \times (1-4.21\%)^{(107-11)} = 0.0037$이다.

이 값을 p값이라고 한다. 이 값은 '맞춤형 푸시알림'이 아무런 쓸모가 없을 확률이 0.0037에 불과하다는 의미다.

p값은 '실험 결과가 순전히 우연에 불과할 가능성'을 가리킨다. 따라서 p값은 낮을수록 좋다. 더 낮은 p값이 나오면 이 실험의 결과가 훨씬 더 효과적일 가능성이 높다는 뜻이다('더 효과적이다'가 아님에 주의할 것). 그렇다면 p값은 어느 정도 낮아야 정말 낮은 것일까? 기준은 얼마일까? 보편적으로 p값의 기준선을 0.05로 잡고 있다.

다시 말해서 p<0.05라면 그 데이터는 통계적으로 유의미하다는 뜻이다. 만약 통계적 의미를 가진다면 이 실험 결과도 의미가 있다는 뜻이므로 우리는 이를 받아들일 수 있고, 귀무가설은 당연히 기각된다.

앞의 검증과정을 통계학에서는 '가설검증'이라고 부른다.

이 실험에서 앱을 열어본 비율인 p값이 0.05보다 작으므로 우리는 '맞춤형 푸시알림이 고객들에게 앱을 열어보도록 유도하는 데 효과적'이라는 결론을 내릴 수 있다.

또 앱을 삭제한 비율인 p값은 계산을 통해 0.1795임을 알 수 있다. 이는 0.05보다 크다. 따라서 앱 삭제율이 높아진 것은 순전히 우연에 불과하다는 결론을 내릴 수 있다.

이로써 결정은 명쾌해졌다. 기존의 비맞춤형 푸시알림 방식과 비교할 때 맞춤형 푸시알림의 경우 확인율이 통계적으로 유의미하게 상승했고, 앱 삭제율은 통계적으로 유의미한 차이는 없었다는 결론에 도달하게 된다.

따라서 즐거운 마음으로 '맞춤형 푸시알림' 기능을 추가하기로 결정할 수 있다!

테스트 툴

디자이너가 제안한 아주 작은 UI의 변경이든, 엔진 디자이너가 알고리즘 모델 업그레이드를 추천했든, 아니면 홍보팀의 광고카피 타이틀의 변경이든, 이들 대부분은 테스트를 거친 후에 이루어진다. 유튜브나 트위터 같은 대형 앱에서는 방대한 분량의 테스트가 동시에 진행되고 있다. 심지어 실험을 진행하느라 사람마다 사용하는 앱의 기능이 모두 다를 때도 있다.

효율성을 높이기 위해 실리콘밸리의 모든 대기업은 전문적인 테스트 툴과 분석 시스템을 도입했다. 고객에게 빠른 서비스를 제공하자는 취지에서다.

예를 들어 구글 산하의 애널리틱스^{Analytics} 제품은 콘텐트 익스페리 먼트 Content Experiments라는 툴을 사용한다. 이 툴은 고객이 UI를 통해 각종 테스트를 빠르게 수행하고 다양한 실험군을 추가하는 데 매우 유용하 다. 또 테스트가 진행하는 동안에 멀티암드 밴딧Multi-armed bandit, MAB 알고 리즘을 이용하여 각 실험군의 비중을 자동조정 및 분배함으로써 테스 트 속도를 더 빠르게 할 수도 있다. 테스트가 끝난 후 스마트 보고서를 자동 생성하는 기능도 있다.

우버는 회사 내에 테스트 플랫폼인 XP를 만들었다. 이 플랫폼은 테 스트와 분석을 수행하는 툴이며, 동시에 우버가 신규 기능을 론칭, 배 치하고 데이터를 실시간 모니터링하는 데 도움을 준다.

한편 숙박 공유업체인 에어비앤비는 내부에서 테스트 프레임인 ERF Experimentation Reporting Framework 툴을 사용한다. ERF는 인터랙티브 디 자인이 매우 뛰어나서 현재 진행 중인 방대한 양의 테스트를 모두 보여 주며 일목요연한 보고서 작성 기능도 제공한다. p값 역시 한눈에 알 수 있도록 제시한다. 각종 테스트 결과는 서로 다른 색깔을 사용하여 빠르 고 분명하게 표시한다.

동영상 스트리밍 서비스 업체인 넷플릭스Netflix는 트랜스-플랫폼 테 스트 툴인 어블레이즈ABlaze를 사용한다. 이 툴은 컴퓨터와 스마트폰을 연결하는 멀티 플랫폼 역할을 수행한다. 넷플릭스는 어블레이즈를 이 용하여 빠르게 제품 버전업을 실시할 수 있었다. 그 결과 전 세계 1억 명이 넘는 고객의 동영상 시청 수요를 충족시켰다. 특히 앱을 실행한 후 90초까지의 황금시간 안에, 만약 고객이 원하는 영상을 찾지 못하면 앱 자체를 끌 수 있도록 했다.

이밖에 공개된 무료 온라인 툴은 매우 많다. 가령 'AB Testguide'의 경우 고객이 빠르게 p값을 계산할 수 있도록 도와준다.

더 복잡한 테스트 설계

물론 A/B 테스트는 가장 단순한 상황을 가정하여 실시한다. 하지만 실제 적용할 때는 매우 복잡한 상황을 고려해야 한다. 이제부터 가장 대표적인 두 가지 예를 들어보겠다.

첫 번째 예는 SNS 제품이다. 고객이 2명 이상인 SNS 기능 테스트의 경우, 테스트의 질을 담보하기 위해서는 서로 아무 관련이 없는 고객군을 두 팀 이상 찾아야 한다. 그렇지 않으면 테스트 결과가 '오염'될 수 있다고 판단한다. 가령 위챗 모멘트(한국의 카카오스토리와 비슷한 SNS 서비스. - 옮긴이)에서 '모멘트 훙바오(紅包, 원래 세뱃돈을 담은 붉은 주머니를 뜻하며, 현금으로 교환 가능한 사이버머니를 가리킨다. - 옮긴이) 빼앗기'라는 새로운 기능을 테스트한 적이 있다. 이 테스트를 수행하려면 훙바오를 주는 사람들과 빼앗는 사람들, 이렇게 두 그룹의 역할이 필요하다.

이때 단순히 랜덤화 알고리즘을 사용해 고객군을 두 팀으로 나눠서는 안 된다. 훙바오를 주는 사람과 빼앗는 사람이 두 실험군에 뒤섞여 포함될 가능성이 있기 때문이다. 그러면 이 기능은 불완전하고 신뢰하기 어렵게 된다. 대조군에 속한 고객이 이 기능을 절대로 볼 수 없게 차단하기 위해 위챗은 지역별로 피실험자를 선별했다. 예를 들어 베이징 거주자만으로 한 그룹을 만들고 광저우 거주자만으로 다른 그룹을 만드는 식이었다. 또 섬과 같은 외딴 지역 거주자만 추려서 한 그룹을 형성하기도 했다. 그들은 외지인과 사회적 교류가 상대적으로 적기 때문이다.

또 다른 대표적인 사례가 광고다. 온라인 광고 테스트도 마찬가지로 고객군을 무작위로 두 그룹으로 나눠서는 안 된다. 모든 고객들의 '가치'가 서로 다르기 때문이다.

가령 2명의 고객이 동시에 위챗 모멘트를 쓰고 있다고 하자. 그중 한 명은 지금까지 소비를 많이 했기 때문에 이 시스템은 이 고객을 구매력이 큰 고객으로 인식한다. 이 경우 각종 명품, 자동차, 부동산 관련 광고가 이 고객에게 광고를 노출시키기 위해 치열하게 경쟁한다. 위챗 모멘트 광고는 고객에게 노출시킬 수 있는 일일 광고 상한선이 정해져 있기 때문이다. 따라서 해당 광고는 아주 고가에 낙찰될 가능성이 높다. 반면 다른 고객은 구매력이 작은 고객이다. 따라서 광고는 주로 구매력이 큰 고객의 클릭을 유도하기 위해 자금력을 집중시킨다.

이때 광고 효과를 평가하기 위해 A, B 두 그룹 고객의 숫자를 반드시 똑같게 맞출 필요는 없다. 그 대신 두 그룹에 투입된 광고비를 똑같게 만들기만 하면 된다. 예를 들어 100위안을 들여 구매력이 큰 고객 50명에게 명품 자동차 광고를 노출시켰는데 10명이 실제로 차를 구매했다고 하자. 다른 한 그룹의 경우, 100위안을 들여 구매력이 작은 고객 1,000명에게 똑같은 광고를 노출시켰는데 겨우 1명만이 실제로 차를 구입했다고 하자. 이렇게 하면 광고효과의 차이를 충분히 판단할 수 있을 것이다.

한 차원 더 발전하다

p값과 관련하여 이런 의문이 들 수 있다. 왜 실리콘밸리의 기업들은 굳이 0.05라는 숫자를 고집할까? 사실 특별한 이유는 없다. 그냥 임의로 선택된 뒤 불문율처럼 굳어진 숫자일 뿐이다. 이렇게 만든 장본인은 영국의 통계학자 로널드 피셔^{Ronald A. Fisher}다. 그는 1920년대에 비료가 농작물에 미치는 영향을 연구하다가 이 숫자를 제시했고 그 후 학계에 널리 사용되었다. 오늘날까지 0.05라는 숫자는 수많은 경우에 통용되는 지표가 되었다. 물론 신뢰도를 높이기 위해 더 낮은 0.01 같은 p값을 채택하는 경우도 많다.

실리콘밸리뿐 아니라 학술계, 특히 통계학의 원리를 사용하는 심리학, 생물의학, 심지어 경제학에서도 p값은 하나의 검증 기준으로 통한다. 의학 분야를 예로 들어보자. 누군가 신약을 개발했다고 하자. 그 신약의 효과를 검증하려면 테스트를 거쳐야 한다. 이때 우리는 일반적으로 '이중맹검법^{double-blind experiment}'을 실시한다. 즉 의사와 환자 모두 어떻게 그룹을 나눴는지 알지 못한 채 진행하는 실험이다. 간단히 설명하자면 먼저 환자군을 모아 무작위로 두 그룹으로 나눈다. 가령 각 그룹의 환자 수는 20명씩으로 한다. 한 그룹은 실험군이며 정해진 시간에 신약을 복용한다. 다른 그룹은 대조군이며 이 신약을 복용하지 않는다. 물론 아무것도 복용하지 않는 건 아니다. 대조군 역시 무엇인가를 먹어야 한다. 가령 전분으로 만든 가짜 알약이다. 이를 보통 위약placebo이라고 부른다. 이 때 심리 작용이 치료의 효과에도 영향을 미칠 수 있기 때문에 이 약이 가짜 약이라는 사실은 대조군에게 비밀로 해야 한다. 심지어 위약을 먹은 환자들은 자신이 대조군으로 분류되었다는 사실조차 몰라야 한다. 모든 실험이 끝난 후 어느 그룹의 치유율이 더 높은지 대조하는데, 이때 바로 p값을 계산하여 검증한다.

많은 사람이 과학자들이 평생 사투를 벌이는 대상이 바로 저 0.05라는 숫자라고 농담을 하기도 한다. 그런데 따지고 보면 과학자뿐 아니라 IT업계에 종사하는 우리도 마찬가지다.

올림픽 대표선수처럼

○

키워드: 정규분포, 표준편차, 리스크

당신은 어떤 전략을 취할 것 인가?

2018년 2월 25일, 제23회 평창 동계올림픽이 막을 내렸다. 동계올림픽에는 '기술'을 경쟁하는 종목이 많다. 스키점프와 피겨스케이팅이 대표적이다. 이 두 종목의 경우 점수는 난이도와 완성도에 따라 매겨진다. 따라서 이 두 종목 선수들은 고득점을 얻기 위해 보통 다음 두 가지 전략 중 하나를 선택해 구사한다.

첫 번째, 모험형. 고난도 동작을 구사한다. 일단 성공하면 금메달이다. 실패하면 0점을 받는다.

두 번째, 안정형. 보통 난도의 동작을 구사하되 완성도를 높인다. 안정적인 점수를 받을 수 있다.

평창 동계올림픽에서 선수들은 어떤 전략을 택했고, 어떤 결과를 얻었을까?

중국의 여자 스노보드 선수인 류자위(劉佳宇)는 U자 모양의 경기장에서 펼쳐진 하프파이프half-pipe 결승에서 안정형 전략을 선택했다. 다른 선수들이 모험을 선택하다 모두 실패하는 가운데 그는 매우 안정적인 실력을 뽐내면서 은메달을 목에 걸었다. 반면 프리스타일 스키 분야의 세계 일인자이자 2014년 소치 동계올림픽 은메달리스트인 쉬멍타오(徐夢桃)는 그렇지 못했다. 프리스타일 스키 에어리얼 결승전에서 고난도 동작을 선보였지만 안타깝게 실수를 하면서 9위에 그치고 말았다.

피겨스케이팅 페어 경기의 경우, 독일의 노장 알리오나 사브첸코Aljona Savchenko와 브루노 마소Bruno Massot 팀은 모험형을 선택했다. 앞서서 열린 쇼트 경기에서는 중국의 쑤이원징(隋文靜)과 한충(韓聰) 팀이 1위에 올랐다. 모두가 중국팀의 최종 금메달을 예상하고 있었다. 하지만 독일팀은 이어서 열린 프리 경기에서 초고난도의 동작을 선보였고, 거의 완벽에 가까운 연기를 통해 피겨 역사상 최고득점을 기록했다. 그 결과 합산 점수에서 근소한 차이로 중국팀을 누르고 금메달을 차지했다.

이는 모두 '모험형' 모델과 '안정형' 모델의 수익 비교에 관한 이야기다. 이 두 모델을 자세히 연구하면 스포츠 선수에게는 물론 우리가 다양한 결정을 내릴 때도 매우 유용하다.

결정의 난제

앞서서 소개한 예를 통해 우리는 A/B 테스트가 복잡한 여러 결정을 내리는 데 매우 효과적이란 사실을 알았다. 하지만 테스트 결과가 오히려 상황을 더 꼬이게 만들 수도 있다.

앞에서 살펴본 예를 다시 언급하겠다. 디자이너는 초록 버튼과 빨간 버튼 이렇게 두 가지 보조 솔루션을 제시했는데 개발팀은 결정을 내리지 못하고 있었다. 결국 사람들을 두 그룹으로 나누고 절반에게는 초록 버튼을, 나머지 절반에게는 빨간 버튼을 보여주는 테스트를 진행하기로 했다. 테스트가 끝난 후 다음과 같은 결과를 얻었다.

초록 버튼의 경우, 총 98만 6,510명이 이 버튼을 봤고 1만 9,840명이 클릭했다. 클릭 비율은 2%.

빨간 버튼의 경우, 총 91만 2456명이 이 버튼을 봤고 1만 8,350명이 클릭했다. 클릭 비율 2%.

어떤가? 클릭률이 똑같이 나왔다. 따라서 두 색깔의 효과는 동일하다. 그럼 어떤 결정을 내려야 할까? 두 색깔 모두 문제가 없을까?

이 경우에는 '리스크가 더 낮은 쪽을 선택한다'가 정답이다. 그리고 리스크를 보여주는 지표는 바로 '표준편차'다.

표준편차와 리스크

표준편차를 얘기하기에 앞서 먼저 '정규분포normal distribution'를 설명해야 한다. 우리 일상생활에서 '임의의' 사건은 대부분 정규분포를 따른다. 예를 들어 어떤 그룹에 속한 사람들의 키를 그래프로 그리면 다음과 같은 곡선을 나타낸다. 마치 종을 거꾸로 세워놓은 듯한 모양의 곡선이다. 사람들의 키를 보면 어떤 사람들은 조금 크고 또 어떤 사람들은 조금 작지만 대부분은 중간 키에 몰려 있다.

이때 중간의 값을 '평균'이라고 하며 보통 그리스 문자 'μ(뮤)'로 표기한다. 평균은 곡선이 그래프에서 차지하는 위치를 나타낸다. 또 곡선의 모양(즉 곡선의 폭)을 결정하는 요소가 바로 '표준편차'인데 보통 그리스 문자 'σ(로)'로 표기한다.

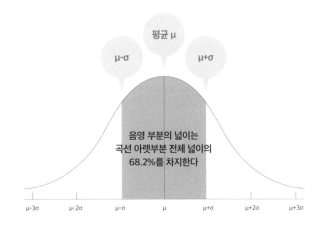

또 '표준편차가 커질수록 곡선은 납작해지고, 반대로 표준편차가 작

아질수록 곡선은 홀쭉해진다'는 법칙도 있다. 즉 표준편차는 데이터가 안정적인지 여부를 알려주는 지표다. 다시 말해 표준편차는 '리스크'를 보여주는 지표다. 다음 그래프를 참고하기 바란다.

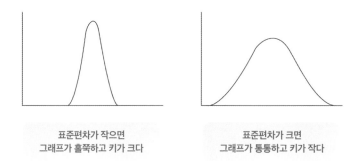

표준편차가 작으면
그래프가 홀쭉하고 키가 크다

표준편차가 크면
그래프가 통통하고 키가 작다

앞에서 다룬 평창 동계올림픽 얘기로 돌아가보자. 만약 스포츠 선수를 대상으로 어떤 두 가지 동작에서 어떤 모습을 보여주었는지 시계열time series로 통계를 내보면 134쪽의 그래프와 같이 나온다.

그래프 X축은 선수의 동작 점수를, Y축은 이 선수가 해당 동작을 수행하는 데 성공해 해당 점수를 얻은 횟수를 나타낸다. 그럼 이 그래프는 정규분포를 나타낸다. 여기에서 두 곡선은 난이도가 서로 다른 동작을 나타낸다.

두 동작을 비교하면 이 선수의 평균은 완전히 같으므로 그래프의 평균선도 일치한다. 반면 두 곡선의 차이점도 분명하다. 바로 안정도와 리스크가 전혀 다르다. 옅은 회색 곡선(동작2)은 납작하고 평평하기 때문에 표준편차가 크다. 이는 동작2의 리스크가 크다는 뜻이다. 짙은 회색 곡선(동작1)은 이보다 훨씬 더 홀쭉하기 때문에 표준편차가 작다. 이는 동작1의 리스크가 작다는 뜻이다. 또한 완성도 높은 동작을 소화해 내기 때문에 이런 고득점을 꾸준히 유지할 수 있었을 것이다.

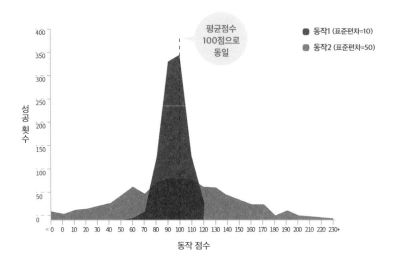

경기에서 어떤 동작을 구사하는가는 해당 선수의 전술과 개인의 기호와 관련이 깊다. 예선 때처럼 안정형을 추구해야 할 경우, 선수들은 동작1을 구사해야 한다. 그래야만 보수적인 점수를 얻어 결승전에 진출할 수 있기 때문이다. 반면 결승전의 마지막 라운드라면, 특히 1등과 격차가 많이 벌어졌다면 얘기가 달라진다. 이때는 승부수를 던져야 한다. 그러려면 고난도의 동작2를 구사해야 한다. 만약 운 좋게 성공한다면? 당연히 금메달을 목에 걸 수 있다.

제품에 대한 결정을 내릴 때에도 이 전략은 똑같이 적용할 수 있다. 앞에서 언급한 A/B 테스트로 되돌아와보자. 예를 들어 테스트 결과를 날짜를 기준으로 세분화하면 일일 클릭률을 계산할 수 있다. 그리고 이를 그래프로 그리면 다음과 같은 곡선이 된다.

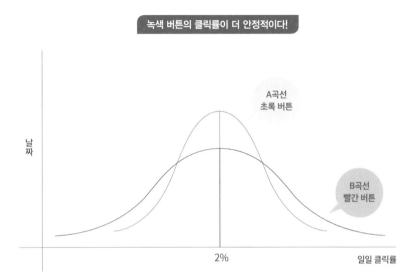

여기에서 X축은 일일 클릭률을, Y축은 이런 클릭률을 기록한 날짜수를 나타낸다. A곡선은 초록 버튼을 대상으로 한 테스트를, B곡선은 빨간 버튼을 대상으로 한 테스트 결과를 가리킨다. 그래프를 보면 A곡선과 B곡선 모두 정규분포를 나타내고 있음을 알 수 있다. 또 중심선이 일치하므로 둘의 평균 클릭률도 같음을 알 수 있다. 하지만 두 곡선의 모양은 서로 다르다. B곡선이 더 작고 통통한 반면 A곡선은 더 홀쭉하고 키가 크다. 이는 A와 B의 평균은 같지만 A의 표준편차가 B보다 훨씬 작다는 뜻이다. 다시 말해 A는 클릭률의 일일 변동폭이 작다. 실제로 1.8~2.2% 사이를 오르내린다. 반면 B는 클릭률의 일일 변동폭이 크다. 실제로 클릭률이 높을 때는 5%, 낮을 때는 겨우 0.2%밖에 안 된다.

이런 결과를 접했다면 우리는 과연 어떤 결정을 내려야 할까?

이때는 팀이 어떤 문제를 안고 있는지 고려해야 한다. 만약 장기간에 걸쳐 결정할 문제라면, 리스크를 회피하고 싶은 사람들의 심리를 고려하여 변동폭이 비교적 작은 A, 즉 초록 버튼이 더 적합하다. 그러면 이 제품을 론칭한 후에도 비교적 안정세를 유지할 것이고 일일 상황 역시 쉽게 예측할 수 있다. 반면 벌써 연말이 다가오고 KPI를 달성할 시간적 여유가 한 달밖에 남지 않았다면? 그럼 빨간 버튼을 선택하는 모험을 감행해야 한다. 운이 좋다면 두둑한 연말 보너스를 받을지도 모른다.

리스크를 수치화하는 방법을 이해했으니 이제부터는 리스크를 상쇄하는 방법을 생각해볼 차례다.

리스크 상쇄하기

아주 오래 전부터 전해져오는 유명한 우화가 있다. 어떤 할머니에게 아들 둘이 있었다. 큰아들은 우산 장수였고 작은아들은 염색 가게를 운영했다. 그런데 할머니는 근심이 끊일 날이 없었다. 비가 오면 작은아들의 염색집이 잘 안 될까 걱정했다. 비 오는 날에는 옷감을 말릴 수 없기 때문이다. 해가 반짝 나는 맑은 날이 되면 큰아들을 걱정했다. 맑은 날에는 우산이 안 팔리기 때문이다. 어느 날 그곳을 지나던 스님이 할머니에게 이렇게 말했다.

"그럼 비 오는 날에는 큰아들 장사가 잘 되겠다고 생각하세요. 맑은 날에는 작은아들 장사가 잘 되겠다고 생각하시고요. 그럼 아무 걱정 없지 않겠습니까?"

매사를 긍정적으로 생각하라는 교훈을 담은 이 우화에는 사실 '리스크를 상쇄하는' 매우 중요한 원리가 담겨 있다. 바로 '달걀을 한 바구니에 담지 마라'는 원리다.

이 우화에서 큰아들과 작은아들은 리스크를 상쇄할 수 있는 최상의 조합이다. 왜일까? 날씨가 어떻게 변하든 관계없이 그 할머니 가족의 수입은 항상 보장받을 수 있기 때문이다.

이제 IT업계 이야기로 되돌아가자. 규모가 큰 제품을 개발할 경우에도 앞에서 얘기한 두 아들과 유사한 조합을 통해 리스크를 상쇄할 수 있다. 예를 들어 당신이 전체 제품개발을 이끄는 총괄팀장인데, 5개의 프로젝트를 동시에 추진 중이라고 해보자. 팀의 전체 수익을 극대화하려면 어떻게 해야 할까? 가능한 한 팀마다 서로 다른 프로젝트를 맡겨야 한다. 그러면 리스크를 최대한 상쇄할 수 있다.

리스크 상쇄는 우리 각자의 발전에도 도움이 된다. 가령 젊었을 때는 가급적 다양한 기술을 배워두는 것이 인생 전체로 봤을 때 바람직하다. 그리고 이 기술들은 가급적 서로 다른 분야여야 한다. 예를 들어 프로그래밍도 배우고 강연 기법도 익혀두는 게 좋다.

투자도 마찬가지여서 모든 자금을 동일한 유형의 자산에 투자해서는 안 된다. 가령 모든 자금을 한 지역의 부동산에 몰아넣으면 매우 위험해진다. 그 대신 채권이나 펀드 등 금융상품에 분산 투자하는 것이 바람직하다. 실제로 미국에서 많은 재테크 관련 상품의 장기수익률은 S&P500 인덱스펀드(S&P500은 미국의 '스탠더드 앤드 푸어'가 기업규모·유동성·산업대표성을 감안하여 선정한 보통주 500종목을 대상으로 작성

해 발표하는 주가지수로, S&P500 인덱스펀드는 이 주가지수를 추종하는 펀드
다. - 옮긴이)보다 못하다. 후자가 그만큼 다양한 우량주에 분산투자하
고 있기 때문이다. 리스크 상쇄의 원리를 일상생활에 꼭 적용해보길 바
란다.

데이터맹의 고백과 참회

○

키워드: 숫자 비교, 자릿수

숫자 불감증

실리콘밸리에서는 어마어마한 스케일의 데이터를 매일 다룬다. 예를
들어 내가 다니는 회사에서 출시한 A앱의 전 세계 고객 수는 20억 명
이상이고, B채널의 전체 클릭 수는 10억 뷰 이상이다. 이는 인터넷의
데이터 규모는 항상 이 정도라는 착각을 불러일으킨다. 하지만 결코 그
렇지 않다는 사실을 나중에서야 깨달았다.

처음에는 연간 10억 달러를 벌어들이는 제품도 별것 아니라는 생각
을 했다. 어차피 실리콘밸리에서 이 정도 매출을 올리는 제품은 널리고
널렸으니까 말이다. 하지만 10억 달러를 달성하는 일은 매우 어렵다는
사실을 깨달았다. 이는 '유니콘 기업'(기업가치 10억 달러 이상인 스타트업

을 가리킨다. - 옮긴이)들이 넘기 어려운 관문 같았다.

내가 위챗 공중 계정 〈Han의 실리콘밸리 성장기〉를 오픈했던 초반에는 조회 수가 겨우 2,000회 정도에 불과했다. 이런 어처구니없는 결과에 참담하기까지 했다. 평상시 회사에서 접한 접속량 숫자가 수십만이었던 만큼 내가 받은 충격은 어쩌면 당연한 것이었다. 하지만 시간이 지나면서 이 2,000뷰라는 숫자가 아무런 자원이 없는 '초짜' 공중 계정에게는 결코 낮은 수치가 아니란 사실을 깨달았다. 실제로 평범한 일반인 계정의 경우 초기 방문자 수는 겨우 몇 백 건, 심지어 그 이하에 그칠 때가 많다.

그때서야 나는 그동안 숫자에 너무 무감각했었다는 반성을 하게 되었다.

사실 오늘날 대다수 사람은 숫자의 중요성을 실감하고 있다. 상당수의 정책 결정 역시 수치를 참고해 이루어지고 있다. 하지만 숫자의 크기를 받아들이는 민감도는 사람마다 천차만별이다. 만약 당신에게 어떤 숫자 하나를 제시한다면 당신은 그것이 큰지 작은지 알 수 있겠는가? 가령 1,000억이면 큰 숫자이고 0.001%라면 작은 숫자라고 말할 수 있을까? 하지만 이들 숫자가 무엇을 의미하는지 정확히 설명하기는 어려울 것이다. 왜 그럴까? 그 이유는 이 분야를 잘 모르기 때문이다. 또는 배경지식이 부족하거나, 그 숫자에 대한 비교 대상이 없기 때문이다. 그러다 보니 숫자 자체만 보고 잘못 판단하기 쉽다. 또 타인이 내린 해석에 쉽게 영향받을 때도 있다.

얼마나 커야 정말로 큰 것인가?

숫자가 갑자기 터무니없이 커지면 우리는 그 크기에 대해 감각이 무뎌질 수 있다. 왜냐하면 일상생활에서 우리가 접하는 숫자는 이보다 훨씬 작기 때문이다.

우리는 '수십 명'이 어느 정도 규모인지 감각적으로 안다. 대략적으로 한 반에서 수업을 듣고 있는 학생들 숫자일 것이다. '수천 명'도 어느 규모인지 금방 알 수 있다. 가령 한 학교의 졸업식에 참가한 사람들을 연상하면 된다. 심지어 천만 명이 어느 정도인지도 떠올릴 수 있다. 가령 베이징이나 상하이와 같은 중국 대도시의 인구를 생각하면 된다.

하지만 이보다 더 큰 숫자라면 그것이 어느 정도 규모인지 피부로 느끼기란 쉽지 않다. 어느 누구도 이렇게 큰 숫자를 직접 본 적이 없기 때문이다.

가령 1억 달러는 큰 액수일까? 표면적으로 보면 매우 큰 액수의 돈이다. 개인 입장에서 보면 1억 달러는 단순히 큰 숫자가 아니라 가히 '천문학적 숫자'다. 2017년 말 현재 미국의 1인당 GDP가 약 6만 달러였으므로 1억 달러라면 이 숫자의 약 1,666배인 셈이다.

하지만 상장기업 입장에서 보면 1억 달러는 그다지 큰 숫자가 아니다. 2018년 말 미국 나스닥에 상장된 기업 가운데 시가총액 1억 달러 이상인 기업만 2,000개나 된다. 나스닥에 상장된 기업은 다 합쳐도 몇천 개밖에 안 된다.

그렇다면 시가총액 1,000억 달러인 기업은 정말 대단할까?

실제로 정말 대단하다. 왜냐하면 2018년 말 현재 미국의 모든 상장

기업 가운데 시가총액이 1,000억 달러 이상인 기업은 15개뿐이다. 반면 중국인이라면 거의 다 알고 있는 대기업 바이두의 시가총액은 2018년 말 기준으로 500억 달러에 불과하다. 시가총액이 1,000억 달러에 육박하는 기업으로는 코스트코 Costco, 페이팔 PayPal, 넷플릭스 등이 있다.

그렇다면 시가총액이 5,000억 달러라면 어떨까? 미국 전체에서 이런 기업은 마이크로소프트, 아마존, 애플, 구글 등 딱 네 개뿐이다. 나아가 시가총액 1조 달러인 회사는 더더욱 출현하기 어렵다. 2018년이 되어서야 처음으로 1조 달러인 회사가 탄생했는데 그게 바로 애플이다.

그렇다면 1조 달러라는 이 숫자는 세계 경제에서 어떤 의미를 가질까? 2017년 중국의 GDP 총액은 12조 2400억 달러였다. 애플 같은 기업이 열 개 정도만 있다면 중국의 GDP 전체와 맞먹는다는 뜻이므로 애플이 얼마나 대단한지 알 수 있다.

이제 '큰 수'에 대해 감각적으로 인식했을 것이다. 이제부터 몇 가지 구체적인 사례를 들어보자.

가령 얼마 전에 미국 건강보험에 막대한 누수가 발생하고 있는 실태를 폭로하는 뉴스가 보도되었다. 미국 정부가 건강보험 수급자가 아직 살아 있는지 여부를 효과적으로 검증할 방법이 없어서, 또는 보험 수급자가 이미 사망했는데도 이 사실을 가족 또는 친지가 해당 기관에 고지하지 않았기 때문에 미국 정부는 매년 이미 사망한 사람에게 상당한 액수의 건강보험을 지급하고 있다는 것이다. 미국 재무부의 통계에 따르면 미국은 매년 3,100만 달러를 더 지급하고 있다고 한다.

그럼 한번 생각해보자. 미국 정부 입장에서 3,100만 달러가 과연 큰 숫자일까? 아마 금방 대답할 수 있을 것이다. 미국 정부의 한 해 예산과 비교할 때 이 액수는 그야말로 '새 발의 피'에 불과하니까 말이다.

숫자 그 자체를 보는 법

큰 숫자만 감각을 무디게 만드는 것이 아니다.

작은 숫자도 마찬가지다.

일반적으로 사망률은 매우 작은 숫자다. 7,000미터 이상 높이의 등반, 스카이 다이빙, 잠수 이 세 가지 익스트림 스포츠 가운데 어느 것이 가장 위험할까? 이 세 가지 스포츠 모두 사망률이 매우 낮다. 마이클 블래스트랜드Michael Blastland의 저서《보통 씨의 일생 The Norm Chronicles》에는 이런 내용이 나온다.

"원활한 소통을 위해 '마이크로몰트(micromort, 100만분의 1을 뜻하는 micro와 죽음을 뜻하는 mortality의 합성어다. – 옮긴이)'란 개념을 정의했다. 즉 1마이크로몰트는 사망률 0.0001%를 뜻한다."

통계에 따르면 스쿠버다이빙 사망률은 약 8마이크로몰트, 패러슈팅의 사망률은 10마이크로몰트였다. 등산이 가장 위험한 스포츠로 나타났다. 1968~1987년 사이에 7천 미터가 넘는 높은 산을 등반한 탐험가 533명을 대상으로 조사한 바에 따르면, 그중 23명이 목숨을 잃었다. 사망률은 4만 3,000마이크로몰트였다. 이는 심지어 제2차 세계대전 당시 전투기 조종사의 사망률보다 훨씬 더 높다.

이런 대조를 통해 우리는 아주 작은 수가 어떤 의미를 가지는지 알았다. 정리하자면, 아주 작은 수는 비록 몇 배로 변화하더라도 사실 실질적인 차이는 없다.

조던 엘렌버그Jordan Ellenberg의 저서《틀리지 않는 법: 수학적 사고의
힘How Not to Be Wrong: The Power of Mathematical Thinking》에 따르면, 미국에서 가정
의 보살핌 또는 보모의 돌봄을 받는 어린이는 어린이집이나 유치원에
다니는 어린이에 비해 사망률이 7배에 달한다고 한다. 하지만 가정에
서 보모가 돌보는 어린이의 연간 사망률은 10만 명당 1.6명이고, 어린
이집 사망률인 10만 명당 0.23명이다. 두 수 모두 0보다 약간 큰 정도
이다. 사망률이 7배라고 하면 아주 심각해 보이지만, 조던 엘렌버그의
말처럼 "아주 작은 수는 두 배로 불려봤자 여전히 아주 작은 수에 불과
하다. 무언가를 두 배로 불리는 것이 얼마나 좋고 나쁜가는 애초에 그
무엇이 얼마나 큰가에 달려 있다."

결론적으로, 아주 작은 숫자를 다룰 경우 그 수치 자체만 살펴보는
것으로 충분하다.

숫자를 업무에 활용하는 지혜

이제 어떤 숫자가 큰지 작은지 여부가 그 숫자 자체로 결정될 수도 있
고 다른 합리적인 대조를 통해 결정될 수도 있음을 알았다. 그것이 당
신에게 어떤 직접적인 도움을 줄 수 있을까? 바로 업무의 중요성, 시급
성 등을 구분하는 데 도움을 줄 수 있다.

앞에서 미국 정부는 매년 3,100만 달러의 건강보험료를 낭비하고 있
다고 말했다. 그렇다면 다양한 노력을 통해 이 3,100만 달러의 손실을
메꾸고, 시스템의 오류를 수정한다면 그것으로 충분할까? 사실 이 액

수가 미국의 연간 건강보험료 총액에서 몇 %를 차지하는지 계산하는 것으로 충분하다. 누군가 실제로 계산해봤더니 이 액수는 미국의 연간 건강보험료 총액에서 불과 0.004%를 차지하고 있었다. 한 국가의 정부 공공시스템에서 이 정도의 손실이라면 이 시스템이 거의 완벽하게 운용되고 있다고 평가할 수 있다. 굳이 이를 수정 보완하기 위해 별도의 노력을 기울일 필요가 있을까?

이번에는 나 자신의 사례를 들어보도록 하겠다.

언젠가 프로그램 최적화라는 미션을 받은 적이 있다. 구체적으로 전체 프로그램의 러닝타임을 30%을 줄이라는 미션이었다. 프로그램의 러닝타임은 일반적으로 CPU 타임(단순한 연산 시간)과 I/O 타임(저장설비에서 데이터를 인풋 및 아웃풋하는 시간)으로 구분된다. 순진하게도 나는 수만 행으로 구성된 전체 프로그램에서 단 몇 줄의 코딩만 바꾸면 된다고 생각했다. 따라서 I/O 타임이 아닌 CPU 타임을 최적화해야 한다고 판단했다. 왜냐하면 CPU 타임은 코드량이 전체의 0.02%밖에 안 되니까 말이다. 그러니 안타깝게도 아무리 애를 써도 미션을 성공시키지 못했다.

나중에 우리 기술팀 팀장과 합동 조사를 했다. 그 결과 전체 프로그램의 CPU 타임은 전체 러닝타임의 5%밖에 차지하지 않는다는 사실을 깨달았다. 반면 데이터의 인풋, 아웃풋에 소요되는 I/O 타임은 전체의 95%를 차지했다. 시간과 코드량이 비례하지 않았던 것이다. 그 후 CPU 타임 대신 I/O 타임의 최적화에 모든 노력을 기울여서 미션을 해결할 수 있었다.

결국 이는 두 개의 숫자 1과 1,000의 선택 문제였다. 이 두 숫자의 합이 최종 성적을 결정한다고 했을 때 우리가 취해야 할 선택은 무엇일까? 물론 1을 최적화하여 5로 만드는 일은 아주 간단하다. 게다가 겉으로만 보면 최적화율이 500%나 된다. 하지만 전체에서 차지하는 기여도는 겨우 0.5%로 매우 미미하다. 따라서 1,000을 최적화해야 한다. 가령 1,000을 최적화하여 1,100으로 만드는 것이다. 겉으로만 보면 최적화율은 10%에 불과하다. 하지만 전체에서 차지하는 기여도는 거의 10%나 된다.

훌륭한 프로그래머는 1%의 시간을 들여 제품의 속도를 10% 향상시킨다.

훌륭한 제품 매니저는 1%의 비용을 들여 제품의 가치를 10% 향상시킨다.

훌륭한 인터랙티브 디자이너는 고객이 핵심적인 절차를 10% 덜 거치도록 디자인하지만 완성도는 오히려 10% 높아진다.

숫자를 이해하고 숫자를 이용해 업무의 경중과 완급을 구분할 줄 아는 사람은 결코 사소한 일에 힘을 낭비하지 않는다.

와인은 장수를,
초콜릿은 지혜를 선물한다?

○

키워드: 상관관계, 인과관계

언론의 '낚시질'에 망가져버린 연구

2012년《신 영국 의학저널The New England Journal of Medicine, MEJM》은 〈초콜릿 소비, 인지기능과 노벨상 수상자Chocolate Consumption, Cognitive Function, and Nobel Laureates〉라는 제목의 연구물을 게재했다. 이 글에서는 와인과 초콜릿 소비, 한 국가 국민의 수명, 노벨상 수상자의 관계를 분석했다. 그러자 다음 날 관련 보도가 미국과 영국 SNS를 뜨겁게 달궜다. 알고 봤더니 언론에는 '와인은 장수(長壽)를, 초콜릿은 지혜를 선물한다'라는 짧은 제목으로 소개되었기 때문이었다. 고객의 클릭을 유도하기 위해 언론이 의도적으로 짧은 제목을 선정했던 것이다. 심지어 기사에서도 두 가지 결론만을 간략하게 전달했다.

1. 통계에 따르면 와인을 즐겨 구입하는 사람의 평균수명이 더 길었다. 이는 와인이 인간의 장수에 기여한다는 뜻이다.

2. 통계에 따르면 한 국가의 1인당 초콜릿 소비량이 많을수록 이 국가의 노벨상 수상자 수가 많아진다. 이는 초콜릿이 노벨상 수상에 기여한다는 의미다.

이 보도가 나오자 전 세계 네티즌의 비난과 조롱이 쏟아졌다. 대부분 연구 결과를 믿을 수 없다는 반응이었다. 왜 이런 반응이 나오게 되었을까?

통계 자체는 아무런 문제가 없었다. 다만 와인과 초콜릿, 장수와 노벨상 수상자 사이에 상관관계는 있을지 몰라도 인과관계는 입증되지 않았기 때문이다. 바꿔 말하면 통계수치를 보면 A값이 올라갈 때 B값도 올라간다는 사실은 분명히 알 수 있다. 하지만 그렇다고 해서 B값이 올라가는 이유가 A값 '때문'이라고 단정할 수는 없다. 가령 제3의 요소인 C가 B값을 끌어올리는 데 기여했을 수도 있고, 또는 단순한 우연에 의해 이런 결과가 나왔을 가능성도 배제할 수 없기 때문이다.

만약 '돈'이 제3의 요소라면 충분히 가능성이 있는 얘기다. 고소득 가정일수록 와인을 곁들여 식사를 할 가능성이 높으므로 와인 구매량도 늘어날 것이다. 또 고소득 가정일수록 각종 보험에 가입해두었을 테니까 좀 더 건강한 삶을 누릴 수 있고 나아가 이는 장수에도 기여할 수 있을 것이다.

심지어 국민소득이 높은 국가일수록 그 국민은 식사 이외에도 초콜릿을 사서 간식으로 먹을 가능성도 높다. 또 국민소득이 더 높은 국가라면 그 나라 국민은 과학연구에도 더 관심을 기울일 것이고, 과학자의 연구에 대한 지원도 대폭 확대할 것이다. 그러니 이런 나라는 노벨상 수상자를 배출할 가능성도 그만큼 높아진다.

사실 이 논문의 저자는 글에서 이미 이 점을 분명히 언급하고 있다. 즉 해당 연구분석은 상관관계만을 파악할 수 있으며, 의학적으로 유사한 결론을 도출할 수는 없었다고 이미 분명히 못 박아놓았다. 안타깝게도 언론이 클릭 유도를 노리고 '낚시질'을 하는 바람에 연구 성과가 희화화되고 비난거리로 전락했던 것이다.

그렇다면 두 요소 사이의 상관관계와 인과관계는 어떻게 판단해야 할까? 아주 간단하다. 두 요소 중 하나를 변화시켰을 때 다른 하나가 이에 따라 변화하는지만 살펴보면 된다. 예를 들어보자. 우리는 매일 아침 수탉이 울면 해가 뜬다는 사실을 잘 알고 있다. 그런데 어느 날 그 수탉을 잡아서 먹었다. 그런데 하늘을 봤더니 여전히 태양이 떠올랐다. 즉 태양이 솟는 것은 수탉의 영향을 전혀 받지 않은 것이다. 이때 '수탉의 울음소리'와 '태양이 떠오르는 것' 사이에는 상관관계만 존재한다고 말할 수 있다.

비슷한 예를 살펴보자. TV를 켜면 기상캐스터가 매일 일기예보를 한다. 가령 내일은 비가 내린다고 예보했다면 내일 실제로 비가 내릴 가능성이 있다. 하지만 언론사의 상사인 당신이 그 기상캐스터에게 거짓말을 하라고 종용했다면? 그래서 기상캐스터가 과학적인 예측이 아닌 거짓말로 내일 비가 온다고 예보했다면? 그래도 내일 비가 올 가능성이 있다. 기상캐스터의 거짓말과 비는 인과관계가 전혀 없다.

우리는 일상생활에서든 업무 중에서든 이런 상관관계와 인과관계를 명확히 구분할 수 있어야 한다. 그렇지 않으면 나처럼 또 업무 중에 망신을 당할 수 있다.

가짜 원인을 잡아내라

나는 언젠가 신형 모바일 광고 모델을 개발하는 프로젝트를 수행한 적이 있었다. 우리는 수많은 고객을 대상으로 조사와 연구를 했다. 그리고 이 새로운 광고 모델을 론칭하면 클릭률이 높아져 광고효과를 극대화할 수 있고 당연히 실제 구매가 늘어날 것이라고 확신했다.

효과를 검증하기 위해 우리는 한 업체와 테스트를 실시했다. 시장에 이 광고를 내고 2주일간 노출시켰다. 그리고 수집된 데이터를 분석한 결과 효과는 매우 우수했다. 이 업체 제품의 판매량이 전월 대비 35% 증가한 것이다! 우리는 환호하면서 이 사실을 팀장에게 보고했다. 그랬더니 팀장은 보고서를 보자마자 "뭐야, 이건 계절적 요인이잖아."라면서 되돌려 보냈다.

알고 봤더니 우리가 효과 검증 테스트를 실시했을 때가 시기적으로 미국 추수감사절 성수기였다. 따라서 판매량은 원래 증가하게 되어 있었다. 그 당시 판매량이 증가한 이유가 우리가 만든 신형 광고 모델의 효과가 우수했기 때문이라고 단정할 수 없다. 단지 쇼핑 성수기였기 때문에 자연히 사람들이 더 많은 제품을 구매했다고 볼 수도 있으니까 말이다.

비슷한 것으로 아주 유명한 사례가 있다.

통계에 따르면 뉴욕 중심가에서 아이스크림 판매량이 늘어날 때 시내 수영장에서 익사하는 사람 수도 증가한다고 한다. 따라서 익사자 수를 줄이기 위해 우리는 아이스크림 생산 심지어 판매를 금지해야 한다. 과연 이런 주장이 합리적일까?

당연히 합리적이지 않다. 이는 다름 아닌 계절적 요인, 즉 여름이 왔기 때문이다. 뉴욕의 날씨가 더워지면 아이스크림의 판매량이 느는 건 당연한 이치다. 아울러 여름이 되면 각 학교는 여름방학에 들어간다. 부모들이 아이들을 데리고 물놀이장에 가는 횟수도 증가한다. 당연히 물놀이를 즐기다 익사하는 사람 수도 증가할 수 있다.

그러면 의문 하나가 생긴다. 통계수치 사이의 상관관계를 파악하는 일은 아무 의미가 없는 걸까?

상관관계만으로도 충분할 때

월마트에는 아주 유명한 다음의 통계 사례가 있다.

그들은 미국에서 허리케인이 불 때 그 지역 월마트에서 판매하는 팝타르트Pop Tarts 상표의 딸기맛 비스킷 판매량이 급증한다는 재미있는 사실을 발견했다.

물론 이 둘 사이에는 상관관계만 존재한다는 점은 분명하다. 만약 날씨가 비스킷 판매량에 미치는 영향을 억지로 해석한다면? 아마도 허리케인이 부는 날에는 모두들 밖에 안 나가고 집에서 요리를 하고 식사가 끝나면 간식이 생각나서 그 비스킷을 찾기 때문일 수 있다. 또는 궂은 날씨에는 딸기맛 과자를 먹어 기분을 달래려는 심리가 작동하기 때문이라고 분석할 수도 있다.

또 다른 대형마트의 사례도 있다. 통계를 분석해보니 맥주와 일회용 기저귀를 동시에 구입하는 케이스가 많았다고 한다. 왜일까? 아마도 각 가정에서 기저귀 구입은 아빠들의 몫이고, 아빠들은 맥주를 즐겨 마시기 때문에 마트에 간 김에 함께 구입하기 때문일 것이다.

이런 현상의 이면에 숨은 실제 원인은 사실 아무도 모른다. 다만 상관관계가 존재한다는 사실만 알면 충분하다. 다음에 또 허리케인이 불어오면 월마트는 다시 팝타르트 딸기맛 비스킷을 대량으로 비치해놓을 것이고 그럼 판매량도 늘어날 테니까. 일회용 기저귀와 맥주를 한곳에 배치하거나 아예 묶음판매를 할 수도 있다. 그럼 두 상품의 판매량은 늘어날 것이다.

이것이 '상관관계'의 실질적인 역할, 즉 생산을 유도하는 역할이다.

사실 AI기술이 바로 이 상관관계의 기반 위에 구축되었다. 머신러닝 엔지니어가 해야 할 일은 고객이 인터넷상에 남기는 다양한 행동 데이터를 수집하고, 이들 사이의 각종 상관관계를 판단하며, 다시 이 상관관계를 토대로 고객들의 각종 행동을 예측하는 일이다. 가령 짧은 동영상 사이트의 콘텐츠를 추천하는 시스템, 전자상거래 사이트에서 판매 추천 시스템, 온라인 광고 자동화 론칭 시스템, 전자결제에서 부정행위 판정 시스템 개발 등이다. 이처럼 상관관계를 이용하여 미래를 예측하는 일은 빅데이터를 이용해 할 수 있는 가장 기초적인 작업이다.

상관관계에서 인과관계로

그럼 이보다 더 고난도 작업에는 무엇이 있을까?

컴퓨터공학자 주디아 펄 Judea Pearl 은 저서《인과에 대하여 The Book of Why》에서 이렇게 말했다.

"예측 이외에 데이터를 활용한 더 높은 수준의 작업은 바로 '개입'과 '반성'이다."

우리는 이번 장 앞부분에 A/B 테스트에 대해 다뤘는데 사실 이는 빅데이터의 결론을 이용해 '개입'하는 것이다. 어떤 제품을 대상으로 다양한 결정을 내릴 때, 먼저 작은 규모로 예측 테스트를 실시하고 여기에서 얻은 데이터를 이용해 기존의 솔루션을 수정한다. 이것이 바로 데이터를 이용한 2단계 활용이다.

'반성' 단계에 이르면 사람들은 더 이상 상관관계에 머무르지 않으며 그때부터는 '원인'을 찾기 시작한다. 이 단계에서는 과거의 데이터 안에 담긴 경험과 교훈을 찾아야 한다. 심층적이고 근본적인 원인을 찾고 더 나아가 향후 유사한 사건의 재발을 막는 것이 가장 바람직하다. 예를 들어 9.11 테러 이후 미국은 이 사건에 대한 가장 상세한 조사를 진행했고, 나아가 공항에서 대대적인 강제 보안점검 조치를 시행했다. 또 미국인들은 각자 보험에 가입하는 등, 유사한 사건이 재발했을 때 손실을 최소화하기 위한 나름의 사전 조치를 취하기도 했다.

이것이 바로 인간사회가 발전하기 위한 또 하나의 기저 원리인 '먼저 상관관계를 살펴보고 이어서 인과관계를 파악하려고 노력해라'이다. 이런 식으로 노력해야 한다. 데이터의 상관관계를 이용하려는 노력도 물론 중요하지만 이보다는 그 후 정확한 인과관계를 규명하려는 노력이 훨씬 더 중요하다.

잘못된 길로 이끄는
체리피킹의 함정

◦

키워드 : 체리피킹, 샘플링

여기 스타트업 창업자인 샤오밍이 있다. 그는 배달앱을 개발해 내놓았다. 그의 앱을 이용한 음식 주문량을 2시간 단위로 기록했더니 다음과 같은 데이터가 나왔다.

8시 ~ 10시: 200건

10시 ~ 12시: 45만 건

12시 ~ 14시: 37만 건

14시 ~ 16시: 100건

16시 ~ 18시: 1만 2,000건

어느 날, 한 투자자가 샤오밍을 찾아와 그에게 투자하겠다고 제안했다. 그러면서 고객이 그의 앱을 어떻게 이용하고 있는지 물었다.

샤오밍이 대답했다.

"장사는 정말 잘되고 있어요. 보세요. 점심시간에만 주문 기록이 수십만 건이에요."

또 어느 날, 샤오밍의 회사가 입주한 오피스텔의 건물주가 찾아와서 임대료를 올리겠다고 통보했다. 그러자 샤오밍은 이렇게 읍소했다.

"아이고, 장사가 너무 안 돼요. 보세요. 오후 두 시간 동안 주문 기록이 겨우 100건밖에 안 되잖아요. 정말 파리 날리고 있다고요."

사실 샤오밍의 말은 모두 100% 진실이다. 배달앱은 점심시간대에 고객이 몰리고 오후에는 주문이 줄어든다. 단지 샤오밍은 데이터를 의도적으로 '선별'했을 뿐이다. 즉 사람들에게 단편적인 데이터만 제공하여 본인에게 유리한 쪽으로 판단을 내리도록 유도했다.

이런 데이터 선별을 뜻하는 단어가 이른바 '체리피킹 cherry picking'이다. 이는 사람들이 벚나무에서 다 익은 체리만 골라 따는 동작을 묘사한 말이다. 나무에 달린 체리는 익는 시기가 제각각이다. 나무가 태양을 향하고 있느냐의 여부 등 다양한 요인에 의해 어떤 체리는 일찍 익고 또 어떤 체리는 나중에 익는다. 그래서 농부들은 사다리에 올라가 익은 체리만 먼저 골라서 딴다. 체리피킹의 장점(?)은 데이터 통계결과를 고객에게 유리한 방향으로 바꿀 수 있다는 점이다.

예를 들어보자. 어떤 지역의 기온 변화 추세를 알고 싶을 때, 데이터를 어떤 식으로 선별하느냐에 따라 결과도 무척 다르게 나온다. 만약

1998년에서 2012년까지 15년간의 기온변화만을 선별한다면? 아마 기온변화가 뚜렷하지 않다는 결론에 도달할지도 모른다.

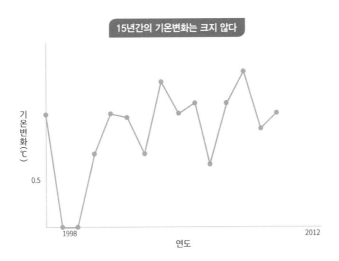

반면 기간을 100년으로 확대한다면? 그럼 이 지역의 기온은 점차 상승 추세라는 사실을 알 수 있다.

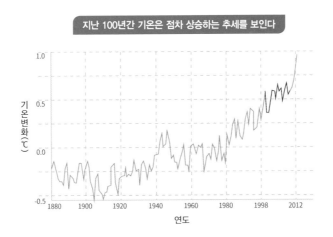

전체 데이터에서 일부 데이터를 선별하여 분석하는 행위를 통계학에서는 '표본추출' 또는 '샘플링'이라고 한다. 하지만 앞에서 본 두 가지 사례에서 알 수 있듯이, 데이터를 다르게 선별한다면 차이도 당연히 크게 나타난다. 데이터를 임의로 추출하여 사람들의 이목을 어떤 특정한 상황에만 집중시킨다면 매우 편협하거나 심지어 왜곡된 결론에 도달할 수 있다.

이런 체리피킹은 아주 흔하다. 예를 들어 짧은 며칠간 또는 일부 고객의 피드백만을 근거로 이를 일반화시킨 후 결론을 도출한다. 그리고 불완전한 결정을 내리곤 한다.

그럼 어떻게 대처해야 할까? 그것 역시 간단하다. 첫째, 가능한 한 모든 상황에 적용될 수 있는 샘플을 추출하도록 노력하면 된다. 가령 앞에서 언급했던 A/B 테스트의 경우, 고객을 두 그룹으로 분류할 때 '샘플의 균일성'을 달성할 수 있도록 노력해야 한다. 둘째, 가급적 테스트 기간을 길게 잡아서 가급적 많은 데이터를 수집해야 한다. 그래야만 샘플링의 정확도가 높아지기 때문이다.

통계학은 이미 많은 방법을 동원해 이 문제에 대처해왔다. 대표적인 방법이 '재표본Re-sampling'이다. 다만 이에 관해서는 더 이상 상세히 다루지 않겠다. 만약 프로그래머 같은 기술직 종사자가 아니라면 그들에게 직접 물어보기를 권한다. 아마 생생한 경험담을 들을 수 있을 것이다.

틀리는 것도 기술이다

o

키워드: 거짓 양성, 거짓 음성

세상에는 두 종류의 오류가 있다

예를 들어 어느 날 당신의 동료인 샤오왕이 당신이 할 일을 대신 해줬다고 하자. 여기에는 두 가지 가능성이 있다. 첫 번째는 샤오왕의 호의 때문이다. 당신이 너무 바빠 허둥거리는 모습이 안쓰러워 순수한 선의로 도와주었다. 두 번째는 샤오왕이 당신의 실적을 가로채기 위해 일부러 가져간 케이스다. 이때 당신은 판단을 해야 한다. 샤오왕의 행동은 순수한 선의인가, 아니면 악의인가. 그에게 감사해야 하는가, 아니면 그를 '손절'해야 하는가.

이를 종합하면 다음 네 가지 경우가 나온다.

1) 샤오왕은 선의로 행동했다. 당신은 그에게 경고했다.

2) 샤오왕은 악의로 행동했다. 당신은 그에게 감사를 표했다.

3) 샤오왕은 선의로 행동했다. 당신은 그에게 감사를 표했다.

4) 샤오왕은 악의로 행동했다. 당신은 그에게 경고했다.

만약 3번 또는 4번을 선택했다면 아무 문제가 없다. 당연히 예상되는 결과이기 때문이다. 하지만 1번 또는 2번을 선택했다면 가설검증 과정의 두 가지 오류, 즉 제1종 오류Type 1 Error와 제2종 오류Type 2 Error를 범한 것이다.

제1종 오류: 마음씨 착한 사람에게 누명을 씌운다.

제2종 오류: 마음씨 나쁜 사람을 놓아준다.

이 두 가지 오류에는 다른 이름이 있다. 각각 '거짓 양성' 오류와 '거짓 음성false negative' 오류다.

이름만 봐서는 무슨 말인지 감이 잘 오지 않을 것이다.

먼저 이름에 들어 있는 '음성'과 '양성'은 어떤 가설에 대한 당신의 판단 결과를 가리킨다. 예를 들어 누군가가 병원에 가서 에이즈 검사를 받았다. 만약 보고서에 '양성'이라고 적혀 있다면, 에이즈에 걸렸다고 판단했다는 뜻이다. 반대로 보고서에 '음성'이라고 적혀 있다면, 에이즈에 걸리지 않았다고 판단했다는 뜻이다.

또 이름에 들어 있는 '참'과 '거짓'이란 이 판단이 참인지 거짓인지를 가리킨다. '참' 뒤에 어떤 말이 붙든 관계없이 이 판단은 옳다는 뜻이다. 따라서 '참 양성'과 '참 음성'은 검사를 옳게 했다는 뜻이다. 반면 '거짓 음성'과 '거짓 양성'은 검사를 잘못했다는 뜻이다. 여기에서는 '참'을 제외하고 '거짓'인 경우만 다룬다.

거시적으로 보면 이 두 가지 오류가 나타나는 빈도는 서로 영향을 주고받는다. 만약 제1종 오류를 더 많이 저지르면 제2종 오류는 적게 범한다. 반대의 경우도 마찬가지다. 당신이 아주 꼼꼼한 스타일이라면 제1종 오류를 많이 저지를 것이고, 덜렁거리는 스타일이라면 제2종 오류를 범할 가능성이 높다.

때때로 오류를 피하기 어려울 때도 있다. 그렇다면, 어쩔 수 없이 오류를 저지르는 상황에 처한다면, 제1종 오류를 범하는 경우와 제2종 오류를 범하는 경우 가운데 어느 것을 선택해야 할까?

억울한 피해자가 생기는 한이 있어도 단 한 명의 범인도 놓치지 않겠다

어떤 오류를 범하는 쪽을 선택할까 판단하려면, 가장 간단한 방법은 어떤 오류를 범했을 때 입을 피해가 적을까를 따져보면 된다. 언제 '거짓 양성 오류'를 더 많이 선택해야 할까? 다시 말해 착한 사람에게 누명을 씌워야 할 때는?

아주 간단하다. 착한 사람에게 누명을 씌울 때 비용이 적게 드는 경우다.

예를 들어보자. 한 제품팀이 SNS 앱을 전담하고 있다. 이 팀은 '불량 정보 모니터링 시스템'을 개발하라는 미션을 받았다. 이 시스템은 네티즌이 발송하는 콘텐츠를 선별조사하고, 만약 선정적, 폭력적, 잔인한 문자나 영상 정보가 포함되어 있으면 즉시 삭제하는 기능을 지원해야 한다.

이 경우 보통 머신러닝 모델을 만들어 콘텐츠를 자동 선별 및 판정한다. 이 모델은 우리에게 한 가지 가능성, 즉 이 콘텐츠가 '불량' 정보일 확률을 알려준다. 이때 우리는 한 가지를 더 확인해야 한다. 바로 기준이다. 가능성이 기준을 넘어서는 순간 이 콘텐츠가 불량정보라고 판단하고 즉시 삭제조치를 취할 수 있다. 또 원작자에게 처분결정서를 발송하거나 심지어 경찰에 신고할 수도 있다.

이때 선택의 문제가 발생한다. 그 기준을 어느 수준으로 설정해야 할까? 조금 느슨하게? 아니면 조금 타이트하게?

일반적으로 기준을 아주 타이트하게 설정해야 한다. 일단 대형 SNS 플랫폼에서 불량정보가 유통되고 이것이 언론이나 유관부서에게 적발되면, 아마 회사는 홍보나 정책 측면에서 엄청난 타격을 받게 될 테니까 말이다. 심지어 부정적 이미지에 갇혀 허우적대다가 몇 년간 고생할 수도 있다.

또 다른 측면도 있다. 만약 어떤 콘텐츠를 불량정보라고 잘못 판단했다고 해도 그에 따른 파급력은 미미하다. 보통 사람은 대부분 그냥 넘어간다. 또 억울한 고객에게 이의를 신청하도록 하면 된다. 이 경우 사람이 육안으로 직접 2차 확인을 거치면 된다. 물론 이런 방식은 홍보상의 문제를 야기할 소지도 있다. 그렇지만 앞에서 말한 기업 차원의 엄청난 타격에 비하면 이는 아주 미미한 손실에 불과하다.

따라서 이 '불량정보 모니터링 시스템'은 '억울한 피해자가 생기더라도 단 한 명의 범인도 놓치지 않겠다'는 원칙에 충실해야 한다. 만약 실수를 피할 수 없다면 그것이 '거짓 양성'이기를 바랄 뿐이다.

이 팀의 제품 매니저는 팀원들을 이 방향으로 이끌어야 하고, 프로그래머는 프로그램의 기준을 더 높게 설정해야 한다. 카피라이터는 해당 고객에게 처분결정문을 발송할 때 회사의 판정기준을 설명하고 이에 불복할 경우 이의를 신청하도록 유도해야 한다. 홍보담당자는 제품개발팀에게 상대적으로 유리한 제안을 해야 한다.

최소한의 관리와 묵인이 필요할 때

그럼 반대로 '거짓 음성 오류'를 더 많이 범해야 할 때는 언제일까? 즉, 나쁜 사람을 많이 놓아주어도 괜찮은 경우는 언제일까? 사실 이런 사례는 매우 흔하다.

1984년 미국 시카고대학교의 경제학자 프랭크 이스터브룩Frank Easterbrook은 〈반독점의 한계Limits of Antitrust〉라는 유명한 논문을 발표했다. 논문에서 그는 방대한 통계 속의 제1종 오류와 제2종 오류를 이용하여, 정부가 반독점 결정을 내릴 때 어떤 판정을 선호하는지 논했다.

우리는 독점이 사회에 어떤 악영향을 끼치는지 잘 알고 있다. 대기업이 모든 자원을 통제하고 심지어 가격도 마음대로 결정한다. 그 결과 스타트업은 시장에 진입하기도 어렵고 사회를 악순환에 빠지게 만들기도 한다. 그런데 이 논문은, 그럼에도 불구하고 정부는 반독점 결정을 내릴 때 좀 더 관대해야 한다고 주장했다. 즉 몇몇 기업을 잘못 용서

해도 무방하다는 입장을 취했고, 정부가 오류를 피할 수 없다면 '거짓 음성'인 제2종 오류를 선택하라고 주장했다.

그 이유는 아주 간단하다. 반독점 문제의 경우, 나쁜 기업을 용서할 때보다 착한 기업을 처벌할 때의 후폭풍이 더 크기 때문이다.

그의 주장에 따르면, 원래 비즈니스의 발전을 촉진할 수 있는 행위를 미국 정부가 잘못 판단하여 이를 금지시킨 사례가 종종 있었다고 한다. 그 결과 사회 발전은 큰 제약을 받게 되었다. 먼저 과감한 혁신을 시도 하려는 사람이 줄어든다. 그리고 사람들은 규제를 피해가는 편법을 찾 게 되고, 그 결과 많은 추가 비용이 발생한다. 무엇보다 미국 정부가 이 런 처벌을 개선하려고 해도 많은 시간이 소요된다. 가령 미국 역사에 서 매우 유명한 '수직적 거래 제한(제조업체와 판매점 등에 판매 루트의 상 부와 하부에 있는 당사자 간의 거래 제한 행위를 말한다. 예를 들어 제조업체 가 도매 또는 소매가격을 미리 정하고 그 가격대로 판매하도록 강제하거나 구 속조건을 붙여 거래하는 행위를 금지하는 것이 대표적이다. - 옮긴이)' 대표적 인데, 이를 바로잡는 데만 무려 100년 가까운 시간이 걸렸다.

문제가 아주 심각하지 않다면, 나쁜 독점기업을 용서해준다고 해서 크게 문제될 것은 없다. 실제로 그 기업이 독점을 하고 있을 수도 있다. 하지만 만약 사업모델에 정말 뚜렷한 문제점이 존재한다면, 이는 장기 적 관점에서 봤을 때 저절로 생겼다가 저절로 사라지는 문제점에 불과 하다. 시장에서 이런 기업은 저절로 세대교체가 된다. 또는 새로운 기 술이 등장하여 이를 퇴출시킬 수도 있다.

이런 사고방식을 IT에는 어떻게 적용해야 할까?

가령 당신이 SNS 앱이나 게임 앱을 운영하고 있다고 하자. 그런데 어느 순간 예전에 없던 새로운 유형의 게임법이 등장하여 전체 SNS에 널리 퍼지고 있다. 그럼 직접 나서서 이를 전면 금지시켜야 할까?

스마트폰 게임에서 게이머들이 자발적으로 '비용'이나 '무기'를 거래한다면?

SNS 앱에서 어떤 고객이 자발적으로 '단돈 10달러에 당신의 고민을 해결해드립니다'라는 이름의 단체채팅방을 개설한다면?

쇼핑 앱에서 판매자가 '5명의 친구에게 재전송하면 무료로 증정하는' 이벤트를 진행한다면?

나는 플랫폼 관리자가 '최소한의 관리'만 하면 된다고 생각한다. 다시 말해 법이나 규정을 명백하게 위반한 행위만을 규제해야 한다고 본다. 가령 앞에서 언급했던 '불량정보 모니터링 시스템'이 대표적이다. 그리고 잘 이해가 안 되는 고객들의 행동은 일단 못 본 척 내버려두고, 그것이 어떤 악영향을 초래하는지 모니터링해야 한다고 생각한다.

이런 행동을 잠시 묵인하면 오히려 더 큰 희소식이 들려올 수도 있다. 게임에서 '비용'이나 '무기' 거래를 잠시 묵인하면, 더 많은 프로게이머가 게임 앱에 참여할 것이다. 그래서 더 많은 게임 동영상을 만들 것이고 게임의 인기는 더 올라갈 것이다. 나중에 게임 내 거래가 너무 폭발적으로 증가한다면, 회사에서 믿을 만한 공식적인 장비거래 플랫폼을 새로 개발해 내놓을 수도 있다.

또 돈을 주고 고민을 해결하는 행위를 잠시 묵인하면, 해답을 제시하고 돈을 버는 사람이나 여기에서 지식을 얻는 사람도 늘어날 것이다.

그러면 이것을 유료 지식거래 플랫폼으로 발전시키는건 어떨까?

또 상품을 친구에게 재전송하는 행위를 잠시 묵인하면, 전체 사이트의 판매량이 점점 더 늘어날 것이다. 나중에는 이 기능을 독자적인 앱으로 발전시켜 단체구매 플랫폼 등을 만들 수도 있다.

본능을 거슬러 올바른 길로

이 두 유형의 오류를 이해하자 나는 더 이상 예전처럼 고민하지 않게 되었다. 그 점이 내게는 가장 큰 도움이 되었다.

물론 이렇게 '거짓 음성' 오류를 범하는 것은 많이 불편할 수 있다. 왜냐하면 유전자에 새겨진 위험 회피 성질, 즉 '거짓 양성'에 민감한 성향을 크게 거스르는 행위이기 때문이다. 우리 인간의 유전자는 '거짓 양성'에 더 잘 반응하여 위험을 쉽게 감지하는 방향으로 진화했다.

한번 상상해보자. 두 명의 원시 인간이 있었다. 한 사람은 매사에 덜렁덜렁해서 '거짓 음성 오류'를 잘 저지른다. 또 한 사람은 매사 소심하고 꼼꼼하며 작은 일에도 잘 놀라서 '거짓 양성 오류'를 잘 저지른다.

어느 날 그들은 태어나서 처음으로 사자를 만났다. 첫 번째 사람은 '사자는 큰 고양이야. 그리고 너무 귀여워'라고 생각했다. 그리고 그냥 계속 걸어갔다. 두 번째 사람은 '사자는 너무 무서워. 잡아먹히면 안 돼'라고 생각했다. 그 결과 첫 번째 사람은 잡아먹히고 두 번째 사람은 살아남아 유전자를 후대에 계속 퍼뜨렸을 것이다. 이런 식으로 오랜 시간이 흘러 인간의 유전자에는 항상 위험을 감지하려는 방향으로 진화했을 것이다. 이런 심리는 오늘날에도 인간의 마음속에 뿌리 깊숙이 남아서 갖가지 두려움을 야기한다.

하지만 이 본능의 본질을 잘 이해하고, 더 이상 걱정할 필요가 없음을 알았을 때, 사람은 누구나 힘들어할 수 있음을 깨달았을 때, 우리의 마음은 자연히 편안해질 수 있다.

통계와 맞춤 서비스

○

키워드: 베이즈 정리

베이즈 통계학을 기억하라

오늘날 IT업계에서 가장 인기 있는 화제는 단연 AI와 머신러닝이다. 게다가 수많은 맞춤형 제품에서도 널리 응용되고 있다. 이 머신러닝에는 확률통계 이론이 숨어 있다. 따라서 '베이즈'라는 사람의 이름을 빼놓고 갈 수 없다.

토머스 베이즈Thomas Bayes는 뉴턴과 동시대를 살았던 영국의 수학자다. 그의 아이디어는 시대를 앞서갔지만 살아생전에는 인정받지 못했다. 최근 컴퓨터와 인터넷 기술이 비약적으로 발전하면서 베이즈 통계학이 큰 주목을 받기 시작했다. 아울러 베이즈주의자Baysian와 빈도주의자Frequentist 사이의 논쟁도 한층 가열되고 있다.

그의 아이디어를 이해하기에 앞서 다음 예를 먼저 살펴보자.

앞에서 우리는 병원 검진에서 '거짓 양성' 판정의 오류를 범할 수 있다고 말했다. 그럼 이런 오진 확률은 어느 정도일까?

어떤 사람이 병원에 가서 질병 선별검사를 받았다. 통계에 따르면 검사기기의 '거짓 양성' 오진 확률은 0.1%라고 한다. 다시 말해 정상인을 환자로 오진할 확률이 약 0.1%라는 뜻이다. 만약 지금 샤오밍이 질병 검사를 받았는데 검사기기가 '양성'이라고 판정한다면? 샤오밍이 진짜 환자일 확률이 99.9%일까? 틀렸다! 그럼 이제부터 제대로 된 확률을 계산해보자.

예를 들어 이 질병은 1만 명당 10명꼴로 실제로 발병한다고 가정하자. 그럼 9,990명의 정상인과 10명의 확진 환자가 있는 셈이다. 이제부터 이 9,990명을 집중적으로 살펴보자.

앞에서 이 검사기기의 오진율은 0.1%라고 말했다. 다시 말해 정상인 9,990명 가운데 9.99명에게는 오진을 할 수 있다는 말이다. 편의상 이를 10명이라고 하자. 10명은 병에 걸리지 않았는데도 양성이라고 판정될 수 있다. 이 기기가 '거짓 음성'으로 판정할 확률(다시 말해 환자인데 이를 찾아내지 못하고 정상인으로 판정하는 것)도 마찬가지라면, 진짜 환자 10명은 제대로 판정할 수 있다.

따라서 이 기기는 20명을 환자라고 판정한다. 이 20명 가운데 10명은 오진이고, 나머지 10명은 진짜 환자다. 따라서 오판율은 50%인 셈이다!

여기에서 말한 질병은 사실 오늘날의 에이즈 검사다. 병원에서 실제 사용하는 질병검사가 사실은 이렇게 부정확하다. 설마 장난 삼아 검진하는 걸까?

그는 예술가일까?

가령 여러분이 어떤 파티에 참석했다고 가정해보자. 그때 한 지인이 당신에게 새 친구를 소개했는데 그는 머리를 기른 남학생이었다. 당신은 상상해본다. 이 남학생이 예술가일 확률이 얼마일까? 통계학에서는 이런 문제를 '조건부확률'이라고 한다. 즉 어떤 조건이 주어진 상황에서 어떤 사건이 일어날 확률을 구하는 문제다. 이 문제의 경우 주어진 조건은 '남학생인데 머리를 길렀다'이다.

조건부확률은 고등학교 수학 시간에 배우지만 여기에서 다시 다뤄보도록 하자. 먼저 '이 새 친구는 예술가다'를 사건 A, 그리고 '남학생이 머리를 길렀다'를 사건 B라고 하자. 그럼 이 문제는 사건 B가 이미 사실이라고 할 때 사건 A가 발생할 확률을 구하는 문제가 된다. 이를 식으로 표시하면 'P(A|B)'가 된다.

베이즈는 이 조건부확률을 구하는 유명한 공식을 발견했다.

$$P(A|B) = \frac{P(B|A)P(A)}{P(B)}$$

여기에서 P(A)와 P(B)는 사건 A와 사건 B가 단독으로 일어날 확률이다. 또 P(B|A)는 사건 A가 일어났다는 전제 하에 사건 B가 일어날 확률을 뜻한다.

이 공식은 무척 흥미로운데 다음 몇 가지 사실을 보여준다.

첫째, 분모의 P(B)는 '남학생이 머리를 길렀을' 확률을 나타낸다. 이 값이 클수록 조건부확률은 낮아진다. 즉, 만약 '남학생이 머리를 길렀을' 확률이 원래부터 높았다면 그가 예술가일 확률은 매우 낮다는 뜻이다. 극단적으로 모든 남학생이 머리를 기른다면 머리를 길렀다고 누군가가 예술가라는 말은 결코 신뢰할 수 없게 된다.

둘째, 분자에 있는 P(A)는 이 새 친구가 순전히 예술가일 확률을 나타낸다. 이는 사람마다 다를 수 있다. 만약 여러분이 원래부터 예술가 집단에 속해 있다면 누구를 만나든 그가 예술가일 확률은 당연히 대단히 높다.

셋째, 분자에 있는 P(B|A)는 매우 이상한 값이다. 이 값은 만약 이 새 친구가 예술가라고 가정할 때 그가 머리를 길렀을 확률을 나타낸다. 우리는 예술가 중에 머리를 기르지 않는 사람이 많다는 사실을 알고 있다. 이는 사람들의 과거 경험 등 다양한 요소와 관련되어 있기 때문. P(B|A)의 크기 역시 조건부확률의 크기에 영향을 준다.

혹시 눈치 챘는가? 이 새 친구가 예술가일 확률을 결정하는 요소는 매우 많다. 더구나 '주관적'인 요소도 많다. 이게 바로 베이즈주의자들이 제시한 이론의 핵심이다. 즉 '확률은 맞춤화할 수 있다'라는 주장인 것이다.

바꿔 말해서 누군가가 머리를 기른 남학생을 만났을 때 그가 예술가일 확률은 사람마다 다 다를 수 있다는 뜻이다. 똑같은 사건인데도 사람에 따라서는 더 많은 맞춤형 요소를 고려해야만 비로소 정확한 확률을 계산할 수 있는 것이다.

그렇다면 이를 IT제품에 응용하면 어떻게 될까? 한 사람의 과거 구매 행위, 과거의 독서 행위, 과거의 SNS 행위 등 모두가 매우 중요하다. 이 사람의 과거 행동 데이터들이 이 사람이 미래에 행동을 할 확률을 결정하기 때문이다. 그리고 오늘날 IT업계에서는 이런 데이터와 관련 솔루션을 이용하여 매우 다양한 '추천 엔진 알고리즘'을 만들어냈다.

미래의 의료

질병 검진으로 돌아가보자. 만약 베이즈의 이론을 이해했다면 이 문제를 해결할 방안도 찾을 수 있을 것이다.

사실 이 문제의 해결 방법은 간단하다. 단 한 차례 검진만으로 충분하다. 양성으로 판정된 20명을 대상으로 한 번 더 검진하면 된다. 이때 또 다시 양성 판정이 난다면 실제로 질병에 걸려 있을 확률이 대단히 높다. 만약 관심이 있다면 실제로 계산해봐도 좋을 것이다.

사실 부정확한 검진은 의료계의 유일한 문제는 아니다. 또 다른 심각한 문제는 약물이 쓸모가 없는 경우다. 이는 현재의 의료 연구가 아직도 정보혁명 이전 단계에 머물러 있기 때문이다. 검진은 모두 '평균적인 사람'을 대상으로 실시되고 있으니 말이다.

신약 개발의 경우, 실험군이 위약을 복용한 대조군보다 확실히 효과가 있다고 판정되었고(가령 30%의 효과) 또 독성도 없다면, 이 신약을 허가하는 방식으로 이루어진다. 하지만 문제는 이 30%에 있다. 마치 게임에서처럼 모든 사람의 건강 수치를 30% 회복시켜준다는 뜻은 아니라, 30%만 완치되고 나머지 70%에게는 여전히 효과가 없다는 뜻일 가능성이 높다. 미국에서 가장 흔한 처방약의 경우 절반 이상의 사람에게는 아무런 효과가 없다고 한다. 그럼 그 약을 먹고 어떻게 건강을 회복했을까? 아마도 우리 몸 안의 자체 면역체계가 매우 훌륭하게 작동해서 스스로 완치되었을 가능성이 높다.

이 문제를 해결할 실마리가 바로 실리콘밸리의 최대 핫이슈인 '맞춤형 의료' 솔루션이다. 먼저 모든 사람의 과거 데이터를 아주 어렸을 때부터 추적한다. 그리고 효율적인 임상의료진단 데이터 모델을 구축한다. 그리고 데이터를 전송하고 이를 토대로 확률을 계산한다. 그러면 그 사람이 걸린 질병을 정확하게 진단할 수 있다. 더 이상 예전처럼 병원에 가서 오랫동안 줄을 설 필요가 없다. 가까운 미래에 곧 현실화할 전망이다.

아무리 숫자를 싫어하더라도 숫자의 강력한 힘에 굴복할 수밖에 없다. 데이터는 모든 것의 기반이기 때문이다.

데이터를 점유한다는 건 커다란 보물창고의 발견에 비유할 수 있다. 이번 수업에서 설명한 중요한 개념들은 당신이 더 빨리, 더 효과적으로 데이터를 이용해 장대한 세계의 대문을 여는 열쇠가 되어줄 것이다.

표면적인 현상에 휘둘리지 않고 '침묵하는 다수'에 주목할 수 있고, 현재의 감정에 좌우되지 않고 과거를 객관적으로 바라볼 수 있다. 결과 자체에 흔들리지 않고 행동과 과정의 중요성을 분석할 수 있다. 나아가 모든 뉴스를 더 이성적으로, 더 냉정하게 바라볼 수 있으며, 언론플레이에 놀아나지 않게 된다. 고객을 더 잘 이해하고 고객의 욕구를 더 잘 충족시킬 수 있다. 좀 더 현명하게 제품의 모양과 방향성을 결정할 수 있고 미지의 리스크도 상쇄시킬 수 있다.

당신 업무의 중점 사항과 핵심이 무엇인지 즉시, 명확히 발견할 수 있다. 드러난 현실과 그 안에 숨은 진실 사이에서 헤매지 않고, 가장 진실한 정보를 얻을 수 있게 돕는다.

이 모두는 단지 데이터 관련 기본 통계학 원리를 객관적으로 보기만 해도 가능해진다. 당신과, 나아가 당신 제품과 회사를 발전시키는 데 데이터를 적극적으로 활용해보자.

창업 정신을 가지고 일해야 살아남는다

이번 수업에서는 실리콘밸리 사람들이 일하는 방식에 대해 알아보려고 한다.
실리콘밸리 사람들이 가장 신봉하는 문화는 무엇일까? 바로 '창업'이다.
'창업'은 단순한 하나의 단어가 아니라 일종의 문화다. 동시에 종교이자
직업정신이다. 실리콘밸리는 누구든지 하루아침에 이름을 날릴 수도 있고
반대로 소리 없이 사라질 수도 있는 그런 곳이었다. 그렇기 때문에
수많은 창업자가 이곳으로 몰려들었다. 성공이냐 실패냐에 관계없이
그들은 누구나 실리콘밸리 사람들의 존경의 대상이었다.
창업을 시도하든 혹은 조직 내에서 일하든, 그들 모두는 언제 어디서나
도전하는 즐거움, 실패의 쓴맛을 기꺼이 맛보려는 적극적인 '창업 정신'을
가지고 도전적으로 일한다. 그렇다면 창업 정신은 어떻게 키울 수 있고,
또 자기 자신을 어떻게 관리할 수 있을지 여러 기업들의
성공 및 실패 사례를 통해 알아보겠다.

넷플릭스,
너희는 너무 직설적이야!

키워드: 높은 수준의 자유

말할 자유를 보장하는 넷플릭스

2017년 6월, 실리콘밸리에 둥지를 튼 지 22년이 된 장수기업인 야후는 버라이즌Verizon에 45억 달러에 매각되었다. 1995년 탄생한 IT업계의 선구자 야후는 검색엔진으로 시작해 구글과 더불어 전 세계 시장을 양분해왔으며 시가총액이 한때 1,000억 달러를 넘기도 했다. 야후는 인터넷에 무료서비스 방식의 수익모델을 확산시킨 장본인이다. 즉 고객에게는 무료로 서비스를 제공하고, 업체에게는 돈을 받고, 광고를 통해 큰돈을 버는 방식이다. 이런 수익모델은 그 후 실리콘밸리의 양대인터넷 거두가 된 구글과 페이스북에도 지대한 영향을 끼쳤다. 실제로 2018년 말까지 이 두 기업의 최대 수익원은 광고였다.

하지만 야후는 모바일과 사업조정 작업에서 실패했다. 더구나 야후의 기업문화는 실리콘밸리의 다른 일류 기업들과 사뭇 달랐다. 아마 이것이 결국 문을 닫게 된 원인 중 하나일지도 모른다.

야후에서 데이터분석팀을 이끌었던 에릭 콜슨Eric Colson은 넷플릭스로 이직했는데, 문화충격 때문에 한동안 적응하지 못했다고 고백했다.

콜슨은 이직하자마자 넷플릭스와 야후의 기업문화 차이를 금방 눈치챘다. 예를 들어 일선 현장의 직원이 회의장에서 그에게 대놓고 비판하기도 했고 서슴없이 의견을 개진하기도 했다.

가령 이런 식이다.

"에릭, 당신은 소통 능력이 부족한 듯합니다. 한참을 얘기했는데 요점이 뭔지 모르겠어요."

이런 직설화법에 콜슨은 크게 당황했다. 그리고 기분이 나빠졌다. '그래? 나도 너희에게 불만 많아.' 이런 마음이었다. 야후에 있을 때는 달랐다. 상대방의 감정이 상하지 않도록 빙 돌려 간접적인 화법을 구사하곤 했다. 심지어 부하직원이 실수하면 포용하고 방어해주기까지 했다.

하지만 그는 곧 이런 직설화법이 넷플릭스의 독특한 기업문화란 사실을 깨달았다. 이곳에서는 직급에 상관없이 직원이 서로 허심탄회하게 의견을 교환하는 방식이 매우 중요했다. 그 자리에서 대놓고 문제를 제시하고, '흠'을 잡되, 뒤에서 사람들과 욕을 하거나 선동을 해서는 안 된다. 이것이야말로 가장 효과적이고 비용도 가장 적게 드는 소통 방식이다. 더 나아가 이른바 '사내 정치'를 차단하는 데도 아주 효과적이다. 이런 기업문화의 차이를 파악하자 콜슨은 새로운 문화에 무난히 적응하고 녹아들 수 있었다. 그리고 데이터 분석가에서 시작한 지 불과 3년 만에 데이터 및 프로그램 부문 부사장 자리에 오를 수 있었다.

중국에는 아직 넷플릭스가 잘 알려져 있지 않다(2020년 현재 넷플릭스는 중국에 공식적으로 서비스되고 있지 않다. - 옮긴이). 그저 미국 드라마 제작업체 정도로만 알고 있는 사람이 많다. 그러다 2013년 넷플릭스 오리지널 시리즈 〈하우스 오브 카드House of Cards〉가 세계적으로 히트하면서 중국인들에게 깊이 각인되었다.

넷플릭스는 실리콘밸리에 있는 세계 최고의 기업이다. 2018년 한 해에도 여러 차례 《이코노미스트》 잡지 표지를 장식했을 정도다. 미국 주식시장은 넷플릭스를 다른 시가총액 상위 네 개 업체와 묶어서 '팡 FAANG'이라고 부른다. 이들은 각각 페이스북, 아마존, 애플, 넷플릭스, 구글이다. 2018년 넷플릭스의 시가총액은 한때 1,500억 달러를 돌파했고, 심지어 미국 거대 콘텐츠 기업인 디즈니를 추월한 적도 있다.

넷플릭스는 세계 최대의 온라인 미디어 플랫폼으로 중국의 '아이치', 'QQ 라이브', '유쿠' 등에 해당한다. 하지만 넷플릭스의 수익모델은 중국 동영상 미디어 플랫폼의 그것과는 확연한 차이를 보인다. 중국 기업의 수익모델은 SVOD(Subscription Video On Demand: 정액제 주문형 비디오)와 AVOD(Advertising Video On Demand, 광고 기반 주문형 비디오)의 혼합형이다. 반면 넷플릭스는 유료 구독 방식, 즉 SVOD만을 고집한다. 2018년 3분기 말 넷플릭스의 전 세계 가입자 수는 1억 3,700만 명으로 동영상 구독형 플랫폼 1위를 굳건히 지키고 있다.

이런 막강한 전투력은 어디에서 왔을까? 넷플릭스의 전 CTO(Chief

Talent Officer, 인사담당 최고책임자)인 패티 맥코드Patty McCord는 자신의 저서《파워풀: 넷플릭스 성장의 비결Powerful: Building a Culture of Freedom and Responsibility》에서 이렇게 말했다.

"넷플릭스는 21세기형 기업문화를 앞세워 전투를 하고 있으며, 그들은 20세기의 발전모델인 짜증나고 복잡한 인재관리 시스템을 완전히 벗어던졌다. 아울러 넷플릭스는 모든 일선직원이 관리자에 도전할 수 있으며 아무런 제약 없이 관리자들의 의견에 반박할 수 있기를 희망한다. 관리자들 역시 솔선수범하고 적극적으로 그런 도전을 받아들이며 지속적으로 소통해야 할 것이다. 그리고 이런 문화가 전체 조직의 효율성을 높이고 융통성과 창의성을 추진한다."

직원들이 스스로 자신의 의견을 말할 수 있도록 독려하는 문화가 창의적인 아이디어를 발현시키는 핵심 원동력이라는 뜻이다. 유명한 일화 하나를 소개하겠다. 요즘에도 많은 인터넷 플랫폼은 온라인 드라마를 방영할 때 기존의 방식대로 '주말 방송'을 편성한다. 예를 들어 주말에는 드라마 2회분을 방영해서 가입자들이 더 많이 시청할 수 있게 하는 식이다. 하지만 넷플릭스는 〈하우스 오브 카드〉를 방영하면서 전편을 한꺼번에 업로드하는 독창적인 방식을 취했다. 목적은 아주 단순했다. 시청자들에게 쾌감과 만족감을 주기 위해서였다.

물론 이런 방식은 리스크가 있었다. 가입자들이 해당 프로그램을 구독해서 시청하고 나면 곧장 탈퇴할 수도 있었으니까. 그럼 전체 가입자 수에 타격을 줄 수도 있다. 하지만 이것이 오히려 회사 전체에 '양질의 원작 콘텐츠를 지속적으로 생산하라'는 동기를 부여했다.

이 '한꺼번에 전편을 방영하는' 방식은 원래 말단직원이 내놓은 아이디어였다. 그런데 CEO가 이를 수용했다. 그리고 지금까지도 이 방식은 이어지고 있다.

모두가 용감하게 자신의 의견을 펼칠 수 있는 환경을 조성하기 위해, 넷플릭스는 회의장에서 '시작, 중지, 계속 Start, Stop and Continue' 훈련을 자주 실시한다. 이는 심지어 일대일 회의에서도 수행할 수 있다. 방식은 다음과 같다. 한 사람이 다른 사람의 최근 일정 기간의 업무 실적을 평가한 후 의견을 말한다. 가령 이 점은 좋았으므로 계속하고, 또 이 점은 안 좋았으므로 중단하고, 또 이 부분은 예전에 시도하지 않았으니까 지금 해도 좋다고 말하는 식이다. 이런 훈련은 팀 전체 회의 때도 시행할 수 있다. 물론 평가 대상은 팀원 전체의 최근 업무 실적이다.

당연한 말이지만 '직설화법'이 아무렇게나 말해도 상관없다는 뜻은 결코 아니다. 오히려 문제점과 요점을 명확히 지적하는 것이 이 직설화법의 핵심이다. 오늘날 실리콘밸리에서 유행하는 구체적인 소통 기법인 비폭력대화는 다섯 번째 수업에서 구체적으로 설명하겠다.

넷플릭스의 개방적인 소통 역시 다른 실리콘밸리 기업들이 수없이 벤치마킹했다. 넷플릭스의 창업자 겸 CEO인 리드 헤이스팅스 Wilmot Reed Hastings Jr. 는 2009년에 이미 기업문화와 구조에 관한 보고서를 PPT 형식으로 인터넷에 공개한 바 있다. 사람들은 이를 '실리콘밸리의 핵심 문건'이라고 평가하며 앞다퉈 구독하고 다운로드했는데 누적 조회수가 1,500만 뷰를 넘었다. 넷플릭스의 기업문화는 상당히 독특한 면이 있다. 하지만 기업 전체의 운영 철학은 여전히 모든 실리콘밸리 IT기업들로부터 존경받고 꾸준히 벤치마킹의 대상이 되고 있다. 한 마디로 말해 전 직원에게 충분한 자유를 제공하자는 것이다. 여기에는 일선 직원이 관리자급 임원에게 거리낌 없이 의견을 개진할 자유도 포함된다.

높은 자유를 보장하는 이유

실리콘밸리의 일류 IT기업에 다니는 사람들은 누구든지 원기 왕성하고 활력이 넘치게 일하고 있다. 실제로 나는 여기에서 그 어느 누구에게서도 "왜 이렇게 죽도록 일해? 우린 그냥 월급쟁이 아냐?"라는 소극적이고 수동적인 발언을 단 한 번도 들어본 적이 없다. 그 이유는 뭘까? 실리콘밸리의 대기업에 몸담고 있지만 모든 사람은 언젠가 이곳을 박차고 나가 자기만의 사업을 하고 싶다는 창업의 열망을 늘 품고 있기 때문이다. 사실 모든 우수한 프로젝트의 탄생 과정은 사람들 각자가 직접 창업하는 과정과 똑같다. 이 모든 과정을 실리콘밸리에서는 '부화hatching'라고 부른다.

회사는 인력, 기술, 법무, 특허, 시장, 물류 등 각종 자원을 직원들이 원하는 만큼 최대한 지원한다. 또 수평적인 조직구조를 만들어 일선 직원이 언제든지 자유롭게 상사에게 보고하도록 함으로써 소통의 효율을 극대화한다. 물론 회사가 직원들에게 충분히 높은 수준의 자유를 제공하고 직원을 신뢰하는 것이 가장 중요하다.

나는 실리콘밸리가 직원들에게 제공하는 이런 업무상의 자유는 '상향식bottom up' 경영철학과 '권한 내려놓기'에서 비롯되었다고 생각한다. 관리자층은 전체적인 방향만 지휘할 뿐, 팀 전체가 구체적으로 무엇을 하고, 어떻게 하고, 어떻게 기준을 정할 것인지 등은 모두 일선 직원이 관리자에게 보고하는 상향식 방식을 취한다. 물론 이런 보고 및 결정 과정 역시 다른 업계보다 훨씬 더 단순하다.

예를 들어 온라인 전자상거래 플랫폼의 경우 관리자층은 큰 틀의 결정만 내린다. 예를 들어 회사의 올해 모바일 배치 방향을 결정한다. 그러면 다른 각 팀은 이 큰 방향을 중심으로 제안서를 제출한다. 마케팅팀은 모바일 SNS 플랫폼에 더 많은 마케팅 예산을 투입해야 한다고 제안할 수 있고, 개발팀은 시장의 다른 동종제품을 분석하여 차별화 전략을 제시할 수 있으며, 프로그래머들은 현재 업계에서 가장 널리 쓰이는 최고의 프로그램 실행 솔루션을 개발하고 채택하려고 할 수 있다.

사실 이런 시스템은 자유시장 경제 원리에 매우 충실하다. 가령 어떤 상품의 평균가격은 시장에서 각각의 거래가 끝난 후 모든 정보를 취합해 결정하며 관리자층에서 일방적으로 지시하는 일은 결코 없다. 이는 비단 실리콘밸리에서만 통용되는 원리는 아니다. 예를 들어 과학계에서 현재 주목받는 어떤 구체적인 연구 주제는 누군가가 일방적으로 결정하여 하달한 것이 아니라, 전체 학술계가 자유롭게 연구하고, 논문을 발표하고, 학술회의에 참가해 교류한 결과 상향식으로 종합하여 최종 결정된 것이다.

이뿐만이 아니다. 실리콘밸리의 기업들은 복지 면에서도 직원들의 자유를 최대한 보장한다. 넷플릭스와 우버 등은 직원들에게 매년 무제한 유급휴가를 제공하며 전 직원은 언제든지 휴가를 쓸 수 있다. 또 많은 기업은 직원이 출장을 갈 때 비용에 관한 그 어떤 제한도 두지 않으며 원하는 만큼 무제한 제공한다. 물론 전제조건은 있다. 각자가 알아서 판단하여 회사에게 현명한 결정을 요청하면 된다. 이쯤에서 이런 의문이 들 수 있다. 그럼 직원들은 매일 출근하지 않아도 되는 거야? 출장 갈 때 거액의 출장비를 신청해도 돼? 하지만 걱정할 필요는 없다. 이런 사태는 실제로 벌어지지 않으니까 말이다. 직원들의 연간 실제 휴가 일수는 평균 10일을 넘지 않는다. 출장비도 어느 누구 하나 마음대로 펑펑 쓰지 않는다. 나의 경우도 마찬가지다. 출장 갈 때마다 하룻밤에 수천 달러나 되는 고급호텔에 투숙할 수도 있지만 그럴 필요성을 느끼지 않는다. 그래서 매번 200달러가 조금 넘는 호텔에 묵곤 한다.

실리콘밸리는 왜 이런 방식을 취할까? 바로 우수한 인재를 붙잡아두기 위해서다. 물론 실리콘밸리의 복지와 급여는 우수하다. 특히 급여 수준은 경쟁력이 매우 높으며 금전적인 인센티브 제도도 훌륭히 잘 갖춰져 있다. 이건 기본 중의 기본이다. 하지만 실리콘밸리는 더 나아가 직원들 각자에게 성취감을 불어넣어준다. 즉 창업정신으로 무장한 직원들에게 업무상 성공을 거두어 성취감을 느끼게 만드는 것이야말로 최고의 보상이다. 뛰어난 동료들과 함께 우아하고 또 합법적으로 전 세계에 영향력 있는 일을 완수한다는 건 사람들을 매료시키기에 충분하다. 물론 이 때문에 실리콘밸리 기업들 역시 인재들에게 점점 더 높은 수준의 능력을 요구하고 있다. 그들이 원하는 인재는 이미 업계의 정상급 인재 아니면 참신한 대졸신입 직원이다. 후자의 경우 완전한 백지상태에서 업무 방식, 직업적 존중, 장인정신 등을 새롭게 가르친다.

이렇게 높은 수준의 자유를 보장하기 때문에 직원들은 각자의 능력을 마음껏 발휘할 수 있고, 중요한 결정에서 권한을 얻을 수 있으며, 이 권한을 이용해 자신의 운명을 결정할 수 있다. 그 결과 기업 전체의 창의성과 활력이 크게 높아진다.

사실 이는 실리콘밸리만의 특수한 상황은 아니다. 중국의 우수한 IT 기업들도 이미 이런 경영철학을 받아들이고 있다. 예를 들어 화웨이는 '대포 소리를 듣는 자가 곧 지휘자'라는 전략을 제시했고, 알리바바는 '변화의 포용이 곧 핵심 경쟁력'이란 전략을 제시했다. 텐센트는 '용감히 책임을 지고 새로운 미션과 도전을 자발적으로 추구하는 정신'을 강조했다. 실리콘밸리의 경영철학과 일맥상통한다.

만약 당신이 신입사원이라면 내가 앞에서 얘기한 이런 기업문화나 조직구조가 당신과는 무관하고 너무 동떨어진 얘기라고 생각해서는 안 된다. 나는 당신이 현재 속해 있는 업계의 법칙을 이해한 후 점차 자신의 마인드를 바꿔나가라고 조언하고 싶다. 또 창업정신과 주인의식을 갖고 용감히 일어서서 더 많은 도전을 받아들이고 이를 성공시키기를 희망한다. 인생의 가장 찬란하고 가장 즐거운 젊은 시절을 그냥 헛되게 보내서는 결코 안 될 것이다.

아마존이 여전히 웃는 이유

○

키워드: 실패에 대한 관용

쓴맛을 경험한 아마존

먼저 아마존 실리콘밸리 팀의 이야기부터 시작해보겠다.

2004년 10월, 아마존은 소규모 하드웨어 개발팀 '랩126 Lab 126'을 만들었다. 이 랩은 실리콘밸리의 중심부인 팰로앨토 시에 있다. 126이란 숫자도 흥미롭다. 1은 알파벳 첫 번째 글자 A를, 26은 알파벳 마지막 글자로 Z를 가리킨다. 따라서 이 둘을 결합한 126은 '처음부터 끝까지', '시종일관'을 뜻한다. 이는 아마존 로고의 아이디어와도 일맥상통하는 부분이 있다. 실제로 아마존 로고 하단부의 웃는 얼굴을 보면 아마존의 A에서 Z를 연결한 모습을 띠고 있다.

창업 초기부터 랩126은 아마존의 비전인 '읽는 즐거움의 향상'을 위해 노력하고 있으며, 지금은 직원 수천 명에 달하는 대형 혁신 및 R&D 팀으로 성장했다. 랩126이 최초로 출시한 하드웨어 킨들^{Kindle} 역시 아마존의 대표상품이다. 랩126은 2007년 11월, 3년여의 노력 끝에 최초의 전차책 리더기 킨들을 출시했고, 아울러 9만 권에 달하는 전자도서도 함께 선보였다. 출시한 지 불과 5시간 반 만에 킨들은 모든 라인에서 매진되었다. 이후 속속 업그레이드 버전을 선보였는데 이들 모두 시장의 찬사를 받았다. 그 결과 아마존은 개인용 전자책 시장 개척에 적극적으로 뛰어들 수 있었다.

하지만 랩126이 항상 꽃길만 걸어온 것은 아니다.

2014년 6월, 아마존은 스마트폰인 파이어폰^{Fire Phone}을 정식 발표했다. 폭스콘^{Foxconn}이 OEM 방식으로 생산하고 미국, 영국, 독일에서 발매했다. 하지만 파이어폰은 발표 직후 언론으로부터 '완벽한 실패작'이라는 혹평을 받았다. 고객들은 '한 번 보면 잊힌다', '평범하고 전혀 흥미롭지 못하다'와 같은 어휘를 동원해 깎아내렸고 평점 역시 별 3개에도 미치지 못했다. 출시 한 달 만에 아마존은 파이어폰의 사업자 약정가를 200달러에서 거의 공짜나 다름없는 99센트로 낮췄다. 파이어폰은 기능 면에서 볼 때 전혀 흠잡을 데가 없었다. 그렇다고 딱히 매력적인 기능도 없었다. 유일하게 눈길을 사로잡은 기능은 아마도 '다이내믹 퍼스펙티브^{Dynamic Perspective}' 정도일 것이다. 스마트폰 화면을 여러 각도에서 보면 다양한 3D 효과를 보여주는 기능이다.

파이어폰은 지극히 평범하고 매력이 부족한 핸드폰이다. 그래서 구글, 애플, 삼성과 같은 이 분야 선두주자들과 경쟁하기 어렵고 이 치열한 시장에서 살아남기 어려워 보였다. 반년쯤 지난 2014년 12월, 아마존의 CEO 제프 베조스Jeff Bezos는 미국 비즈니스 및 뉴스 웹사이트 비즈니스 인사이더Business Insider의 이그니션Ignition 컨퍼런스에서 지난 3분기에만 파이어폰이 아마존에 1억 7,000만 달러의 손실을 입혔다고 발표했다. 그는 여전히 파이어폰을 신뢰한다고 말했지만, 반년쯤 지난 2015년 여름에 스마트폰 사업을 공식 종료했다.

언론에서는 아마존이 수억 달러의 손실로 침울해 있다고 보도했지만 정작 베조스는 아무렇지도 않았다. 심지어 이런 노력은 충분히 가치 있었다고 의미를 부여했다. 사실 아마존은 이 대형 도박을 위해 이미 수억 달러를 투자한 상태였다. 하지만 바로 이렇게 과감하게 실패를 포용하는 자세 덕분에 아마존은 훗날 아마존 웹 서비스Amazon Web Services의 클라우드, 아마존 프라임 멤버십Amazon Prime Membership 등 다른 프로젝트에서 대박을 터뜨릴 수 있었다.

사실 파이어폰의 실패는 훗날 많은 프로젝트 성공의 밑거름이 되었다. 만약 파이어폰 단계에서 축적된 터치스크린 하드웨어의 개발, 공급라인, 생산 경험 등이 없었다면 훗날 에코(아마존에서 출시한 스마트 스피커. - 옮긴이)도 성공하기 어려웠을 것이다. 또 파이어폰에 사용된 운영체제 파이어 OSFire OS도 헛되이 사장시키지 않았다. 비록 파이어폰은 생산 중단되었지만 파이어 OS는 훗날 아마존의 스마트 하드웨어 설비의 OS로 채택되었다. 오늘날 아마존은 이런 소중한 경험을 바탕으로 스마트홈과 사물인터넷 분야로 사업 영역을 확대하고 있다.

이런 성공의 원천은 바로 '실패를 포용할 줄 아는 힘'이다.

실패는 선택이 아닌 필수다

"실리콘밸리에서 실패는 선택이 아닌 필수다."

이는 미국의 월간지《와이어드 Wired》가 실리콘밸리의 '실패를 포용하는 문화'를 높이 평가하면서 한 말이다. 투자자나 대학교수, 기업 CEO와 일반 직원에 이르기까지 실패에 대한 관용은 실리콘밸리에서 일하고 있는 모든 사람의 세포 속에 깊이 침투해 있다. 이곳 사람들은 혁신 마인드가 있는가, 과감한 도전정신이 있는가, 노력하다가 실패하는 것을 두려워하지 않느냐를 매우 중요시한다. 심지어 실패는 축하할 만한 자랑거리라고 인식한다.

실리콘밸리에서는 심지어 해마다 '페일콘 Failcon'을 개최하기도 한다. 말 그대로 '실패자 대회'다. 여기에서는 각 분야에서 창업에 도전했다 실패한 사람들을 초청해 각자의 경험을 발표하고 공유한다. 이때 실패 정도가 약하면 영향력이나 파급력도 크지 않으므로 아예 연단에 오를 기회조차 주어지지 않는다. 가령 2009년 연단에 오른 사람은 페이팔 Paypal의 공동 창업자인 맥스 레브친 Max Levchin이었다. 그는 페이팔을 세계적인 간편결제 플랫폼으로 성장시키기까지 무수한 실패를 경험했다. 그는 이렇게 말했다.

"실패요? 내일 당장이라도 실패할 수 있죠. 그래도 저는 신경 안 쓰니다. 심지어 지금 이 순간에도 실패하고 있는지 모를 일이죠."

이 말은 그의 긍정적인 마인드를 잘 보여준다. 심지어 그는 사람들에게 어떤 일을 처음 시도할 때는 '이건 마이너스 다섯 번째 시도야'라고 마인드 컨트롤을 하면서 앞으로 더 많이 시도하고 더 많이 실패할 기회를 자신에게 부여하라고 조언했다. 페일콘을 통해 사람들은 선발주자들의 소중한 경험과 교훈을 얻을 수 있었고, 그 후 유사한 문제가 생겼을 때 '실패 사례' 데이터베이스를 검색함으로써 똑같은 전철을 밟지 않을 수 있게 되었다.

아마존이 선정한 '인생필독서 100선'의 하나인《실리콘밸리의 역사 A History of Silicon Valley》의 지은이 피에로 스카루피 Piero Scaruffi 역시 이 책에서 역시 동일한 의견을 피력했다. 그는 실리콘밸리의 독특한 혁신 유전자를 설명하면서 실리콘밸리의 특징은 바로 '실패를 포용하는 문화'라고 지적했다. 스카루피는 이탈리아에서 태어났는데, 유럽인은 어떤 일을 하다가 실패했다면 그건 진짜 실패이고 본인은 실패자가 되었다고 인식하지만 실리콘밸리는 다르다고 그는 이야기한다. 만약 누군가에게 "당신은 벌써 세 번째로 실패했군요."라고 말한다면 그는 이렇게 반응할 것이다. "아 그런가요? 제가 벌써 세 번이나 실패했나요? 정말 대단하지 않습니까?"

노벨경제학상 수상자 크리스토퍼 피사리데스 Christopher A. Pissarides는 2016년 중국에서 한 강연에서 다른 지역이 실리콘밸리를 따라잡으려면 세 가지 조건을 갖춰야 하는데 그중 하나가 바로 '실패를 포용하는 문화'라고 말했다. 나머지 두 조건인 과학과 교육 인프라, 금융서비스도 물론 중요하지만 이 세 번째 조건은 충족시키기가 매우 어렵다. 가령 일본은 IT분야의 선진국이고 세계 최고 수준의 금융 시스템을 갖추고 있다. 하지만 일본에는 세계 최고 수준의 토종 IT기업이 없다. 여러 요인이 있겠지만 실패를 포용하지 않는 문화가 그중 하나일 것이다. 실제로 여러 뉴스나 영상물을 보면 일본에서는 자신의 실수로 회사에 엄청난 경제적 손실을 끼쳤을 때 부끄러워 머리를 들지 못하거나 심지어 극단적인 선택을 하는 경우가 자주 등장한다. 이렇게 실패를 포용하지 않는 문화가 만연하다 보니 사람들은 리스크를 회피하고 창업도 외면한다. 중국의 경우 실패를 포용하는 정도가 이보다는 높지만 여전히 부족한 상태다. 요즘도 중국의 부모들은 젊은 자녀에게 대도시에 나아가 도전할 기회를 거의 주지 않는 편이다. 불과 몇 년의 시간만 허락하고 만약 일이 잘 안 풀린다 싶으면 가차 없이 고향으로 불러들인다.

실리콘밸리의 이런 도전을 격려하는 문화, 실패를 두려워하지 않는 문화야말로 전체 실리콘밸리 사람들이 과감히 창업을 하고 그래서 세계 최강의 창업 생태계를 만들 수 있었던 원동력이다. 오늘날 실리콘밸리에는 1만여 개에 달하는 스타트업 기업이 활약하고 있다. 2015년부터 실리콘밸리 지역의 물가와 생활비 부담이 해마다 늘어나면서 스타트업 숫자도 조금 감소했다. 하지만 세계 최고 수준의 스타트업들은 여전히 실리콘밸리를 선택하고 있다. 이처럼 실리콘밸리 사람들은 누구나 창업을 두려워하지 않고 용감하게 창업에 뛰어든다.

물론 스타트업에만 해당하는 얘기는 아니다. 대기업 역시 실패를 두려워하지 않고 혁신을 독려하는 건 마찬가지다. 앞에서 얘기한 아마존의 사례가 대표적이다. 나 역시 이를 절감한 적이 있다. 앞의 두 번째 수업의 '통계학도 모르면서 일을 하려 했다니'에서 고백했던 나의 흑역사를 기억하는가? 신입사원 시절에 통계학을 잘 몰라 웃음거리가 되었고, 제품에 문제가 생기는 바람에 많은 고객이 이 제품을 사용할 수 없었다. 그 문제가 생겼을 때 나의 직속 상사가 나에게 했던 첫마디는 질책이나 비난이 아니었다. 그 대신 서둘러 원인을 파악하고 문제점을 발견하라는 지시였다. 나중에 문제 해결에 성공하자 그는 관련 직능 부서의 직원을 전부 불러 모았고, 나에게 실패담을 소개하고 노하우를 공유하는 자리까지 마련해주었다. 이 자리에서 나는 그 문제를 어떻게 발견했고 어떻게 해결했는지 자세히 설명했다.

실리콘밸리는 왜 이렇게 실패를 쉽게 수용할까? 이를 이해하려면 실리콘밸리의 초창기 역사로 거슬러올라가야 할지도 모른다. 미국 역사는 동부 지역에서 시작했다. 자본가와 정치인은 이미 동부를 장악하고 있었다. 그때부터 샌프란시스코는 실의에 빠진 사람, 망상에 빠진 사람, 파산한 기업인, 홈리스 등의 낙원이 되었다. 이곳은 그들을 받아들였고 그들이 새로운 사업을 성공시킬 수 있는 약속의 땅이 되었다. 설령 실패한다 해도 부모는 전혀 그 사실을 알 수 없다. 이웃도 이를 신경 쓰지 않는다. 오늘날까지도 샌프란시스코는 미국에서 가장 개방적이고 포용적인 도시로 남아 있다. 이곳은 미국 성소수자 단체들의 아지트다. 심지어 부랑자를 가장 많이 받아들이고 복지 수준이 가장 뛰어난 도시기도 하다. 이런 포용적인 자세는 사람들의 일시적인 실패도 더 자연스럽게 받아들인다.

만약 여러분이 실리콘밸리에서 일한 지 얼마 안 되었다면 동료들로부터 "실패하는 법을 배워라. 하지만 배우는 데 실패하지 말아라.Learn to fail, but not fail to learn."라는 말을 귀에 못이 박히도록 들을 것이다. '실패하는 법을 배워라'란 말은 실패했을 때 이를 인정하고 겸허하게 받아들이라는 뜻이다. 또 '배우는 데 실패하지 말아라'란 실패했을 때 그것을 실패로만 넘기지 말고 반드시 원인을 파악하고 교훈을 얻어서 나중에 다시 도전하라는 뜻이다.

실리콘밸리에는 '일찍 실패하고 자주 실패하라Fail early and fail often'란 말도 유행하고 있다. 개인이든 기업이든 이른 시기에 실패할수록 비용이 적게 든다. 어떤 제품이 열혈 애호가가 몇천 명에 불과한 초창기에 문제점이나 부족한 점을 발견하고 제때에 이를 수정하면, 나중에 고객이 크게 늘어난 후에는 고객을 잃어버릴 위험이 그다지 높지 않게 된다.

'자주 실패하라'란 말은 업무 또는 창업의 방식이다. 즉 자주 실패해보고 그 과정을 통해 기업 스스로는 물론 제품을 최고 수준으로 업그레이드해야 한다는 뜻이다. 이제부터 실패 사례를 자세히 소개하도록 하겠다.

빌 게이츠를
반면교사로 삼아라

○

키워드: 린 스타트업, MVP

마이크로소프트의 성공과 실패

먼저 소프트웨어 기업의 신제품 연구개발 과정부터 살펴보자. 가령 마이크로소프트는 어떻게 윈도를 탄생시켰을까? 아주 간단하다. 빌 게이츠 같은 관리자층이 업계 상황 판도를 분석한 후 향후 몇 년간의 제품 청사진을 결정한다. 그리고 업계 최고의 기술진과 경영진을 불러 모은 뒤, 수년간 비공개로 프로그래밍을 하여 기술적 난관을 극복한다. 성공하면 시장에 출시한다. 그럼 출시와 동시에 폭발적인 호응을 일으키고 언론에서도 대대적으로 홍보한다. 고객들도 크게 반긴다. 그리고 시장을 점령하는 데 성공한다.

이런 방식은 약 30년 전까지만 해도 유효했다.

1995년 8월 24일, 마이크로소프트의 획기적인 OS 제품인 윈도95가 출시되었다. 이 제품을 만들기 위해 마이크로소프트는 연구개발에만 무려 3년을 투자했다. 윈도95는 세계 최초로 GUI(Graphical User Interface, 그래픽 사용자 인터페이스)를 완벽하게 구현했다. 이 기능은 강력하고 안정적이며 실용적이었다. 이로써 마이크로소프트는 GUI OS 시장을 석권할 수 있었다. 그들은 윈도의 대표적인 기능을 대거 선보였다. 가령 시작버튼과 제어판 등이다. 또 전설적인 록그룹 롤링스톤스The Rolling Stones의 'Start Me Up'에서 따온 윈도95의 광고 로고송은 수천만 가정에 널리 울려 퍼졌다. 심지어 컴퓨터가 없는 집에서도 이 노래에 이끌려 컴퓨터를 구입하기도 했다고 한다.

윈도가 개척한 그래픽 OS 시대는 이때부터 본격적으로 시작되었다. 마이크로소프트는 그 후에도 동일한 방식으로 후속 OS를 개발하고 발표했다. 가령 3년 후에 출시한 윈도98, 또 각각 1년의 시간을 투자해 개발한 윈도ME, 윈도XP 등이 그랬다.

하지만 이어 내놓은 윈도 비스타Window Vista는 엄청난 벽에 부딪쳤다.

중국의 스타트업 지원 센터 '창신궁창'의 창업자 리카이푸(李開復)는 자서전《최상의 자신을 만들어라(世界因你不同)》에서 이렇게 회고했다.

"윈도 비스타는 연구개발에만 꼬박 5년이 소요되었다. 그 기간은 역경의 연속이었다. 각 R&D팀과 프로그래머들의 사기는 저하되었고 고통받고 있었다. 빌 게이츠가 이번 신규 버전에 거는 기대가 대단했기 때문이었다. 그는 윈도 비스타를 통해 세 가지 목표를 실현하려고 했다. 즉 리눅스 등 다른 OS와, 오라클 등 다른 데이터베이스와, 구글 등 다른 기업과 경쟁해서 이기는 것이었다."

하지만 이 세 가지 목표를 실현하기 위해 개발팀이 직면한 기술적 난관은 엄청났다. 더구나 연관된 비즈니스 인증도 전례 없이 너무 많았다. 많은 책임자들이 기술적 어려움을 호소할 정도였다. 물론 개발팀은 이를 악물고 이 난관을 하나둘씩 헤쳐 나갔고 드디어 윈도 비스타 개발에 성공했다. 하지만 문제는 이 제품을 세상에 발표한 이후에 불거졌다.

윈도 비스타가 출시되자 마이크로소프트의 명성은 하루아침에 곤두박질쳤다. 시스템이 너무 방대해서 속도가 너무 느렸던 것이 문제였다. 더구나 하드웨어 호환성도 너무 떨어졌다. 출시 18개월이 지났을 때 윈도 비스타 설치율은 겨우 8.8%에 불과했다. 심지어 윈도XP로 '다운그레이드'하며 다음에 나올 윈도7을 기다리는 사람도 적지 않았다.

마이크로소프트의 이런 신제품 개발 방식을 실리콘밸리에서는 흔히 '로켓 발사식'이라고 부른다. 전체 과정이 마치 로켓 개발 과정과 비슷하기 때문이다. 수많은 기술전문가가 평소에는 나타나지 않고, 세상과 격리된 채 비밀리에 연구하고, 어느 날 갑자기 신형 로켓 발사에 성공했다고 뉴스에 대문짝만하게 보도되는 식이다.

이런 방식은 두 가지 큰 문제점을 안고 있다. 첫 번째는 연구개발 주기가 너무 길다. 짧으면 1년, 길면 5년이나 된다. 그래서 개발팀은 장기전에 대비해야 하는 부담을 떠안는다. 둘째 개발 기간이 길기 때문에 제품에 어떤 기능을 담아야 하는지 사전에 예측해야 한다. 만약에 고객의 실제 욕구를 예측하는 데 실패한다면? 애써 개발한 제품을 고객이 찾지 않는다면? 너무 늦게 개발되었다면? 그럼 이 기업은 막대한 손실을 입게 된다.

따라서 이런 개발방식은 오늘날에는 어울리지 않는다.

발 빠르지만 자본이 부족하다면, MVP를 만들어라

반면 오늘날 실리콘밸리에서 연구개발 수단으로 주목받는 방식이 바로 '린 스타트업Lean Startup'이다. 이 단어는 실리콘밸리의 기업가 에릭 라이스Eric Ries가 처음 사용했다. 그가 출판한 동명의 저서도《뉴욕 타임스》등 많은 언론에 크게 보도되었다.

'린 스타트업'의 핵심내용을 한 마디로 요약하면 '빠른 세대교체'와 '빠른 시도'다. 전체 창업 과정 또는 전체 신제품 개발 과정은 끊임없이 스스로 배우고 자신의 아이디어를 검증하는 과정이어야 한다. 스타트업을 차리겠다고 결심하고 고객의 수요도 예측했다면, 가장 먼저 최소의 비용으로 가장 단순한 시제품을 만들어 시장에 선보여야 한다. 이어서 시장의 반응을 취합한다. 그리고 이 반응에 근거하여 제품을 향상시키든지 아니면 아예 포기해야 한다.

여기에서 말한 가장 단순한 시제품을 실리콘밸리에서는 보통 'MVP'라고 부른다. 처음 이 말을 들으면 NBA 프로농구의 MVP 선수라고 착각할 수도 있다. 하지만 이 말은 'Minimum Viable Product(성공 가능한 최소한의 제품)'의 약칭이다. 즉 시장에 출시하여 검증을 통과한 가장 기본적 형태의 버전 1.0 제품이다.

MVP라는 단어에서 알 수 있듯이 충족시켜야 할 조건은 두 가지다. 첫째, '최소한minimum'이란 가장 기본적이고 가장 적은 기능만 있으면 충분하다는 뜻이다. 화려한 기능은 아무 의미도 없다. MVP를 제작하는 기본 취지는 당신의 아이디어를 고객에게 검증받기 위함이다. 따라서 가장 핵심적인 기능만 있다면 검증을 통과할 수 있다. 또 최소한의 비용을 투입해 검증을 해야 한다는 뜻도 내포하고 있다. 둘째, '성공 가능한viable'이란 무엇이 가장 핵심적인 기능인지 파악해서 이를 남겨두라는 뜻이다.

위챗을 예로 들어 설명해보겠다. 2011년 1월 위챗이 첫선을 보였다. 만약 당신이 위챗 개발자라면 어떤 기능을 가장 먼저 지원하겠는가? 먼저 제품 포지셔닝을 결정해야 한다. 그 당시 위챗의 포지셔닝은 아주 단순했다. SMS나 MMS를 대신할 툴과 가까운 지인 간 채팅 툴의 개발이었다. 그래서 '가까운 지인 간 채팅 툴'을 핵심 기능으로 선정했고, 이때 MVP는 채팅 기능만 지원하는 제품이면 충분했다.

위챗의 1.0버전은 지금 봐도 위챗의 MVP다. 1.0버전은 몇 가지 간단한 기능밖에는 지원하지 않았다. 즉 주소록 가져오기, 문자 및 그림 정보 보내기, 위챗 닉네임과 프사 바꾸기 기능이 전부였다. 이 기능만으로도 최초의 아이디어를 검증하기에는 충분했다. 가령 수신 차단, 음성 메시지, 음성채팅, 영상채팅, 이모티콘 등 다른 복잡한 기능은 그 이후 버전에서 차례차례 추가되었다. 모멘트와 모바일결제는 훨씬 더 나중에 등장했다.

MVP 버전을 시장에 출시하면 보통 두 가지 결과가 나온다. 첫째, 아무도 이 제품을 사용하지 않는다. 이 제품을 설치하는 사람도 거의 없다. 이런 경우라면 차라리 이 아이디어를 포기하는 편이 낫다. 둘째, 고객들도 어느 정도 좋아하고 고객층도 확보된 경우다. 이 경우 적어도 핵심 기능만큼은 검증에 통과했다고 판단할 수 있다. 만약 두 번째 경우라면 서둘러 세대교체에 집중해야 한다.

세대교체 과정에서 먼저 각 기능에 대한 욕구 가설을 세워야 한다. 즉 고객이 구체적으로 원하는 기능이 무엇인지 가설을 명확히 세워야 한다. 이어서 최소의 비용으로 이 기능을 개발해 빠르게 테스트한 뒤 가설이 맞았는지 여부를 검증해야 한다. 만약 가설이 맞았다면 시장에 정식 출시할 수 있지만, 반대로 가설이 틀렸다면 출시해서는 안 된다. 이때 개발팀은 이 과정에서 경험과 교훈을 축적하여 후속 버전업에 대비해야 한다.

이런 린 스타트업 방식의 장점은 분명하다. 설령 제품이 실패했더라도 손실이 매우 적다는 점이다. 윈도 비스타의 경우, 빌 게이츠가 자신의 3대 목표를 하나씩 사전에 테스트했다면 개발팀에게 5년이란 시간을 투자하도록 하지 않았을 것이다.

린 스타트업은 비단 창업에만 적용되지는 않는다. 오히려 일종의 '패러다임' 혹은 '사고방식'이라고 봐야 한다. 즉 새로운 제품을 시도할 때마다 모든 자원을 투입할 필요는 없다. 최소 비용만 투입해서 자신의 아이디어를 하나씩 검증하고 빠르게 세대교체를 이뤄나가면 어느새 목적지에 도달할 수 있다.

애플도 피하지 못한 난관

○

키워드: 캐즘 이론

애플의 실패작

이번에는 애플의 실패담에 관해 얘기해보겠다.

애플이라고 하면 우리는 '대단한 기업', '세기의 제품' 등 긍정적인 이미지를 먼저 떠올린다. 하지만 애플이 잘 나가기 시작한 때는 스티브 잡스가 1997년 복귀한 이후부터였다. 그전까지 애플의 전반적인 실적은 형편없었다. 그중에서 가장 대표적인 실패작이 바로 '뉴턴 메시지패드 Newton MessagePad'였다.

이 제품은 1993년 출시되었다. 이 책을 읽는 당신이 알기나 할까 모르겠다. 이 제품은 실리콘밸리에서 실패작의 대명사로 통한다. 실제로 미국의 월간 IT 잡지인 《와이어드》는 2008년에 '애플 역사상 최악의 실패'로 선정하기도 했다. 뉴턴 메시지패드는 사실 오늘날 모바일 스마트폰의 초기 형태로서, 애플이 PC를 재포지셔닝하여 개발한 제품이다. 이는 세계 최초의 PDA 제품으로, PDA^{Personal Digital Assistant}란 말 역시 애플이 처음 만들었다. 마치 오늘날 애플이 아이패드를 만들며 Pad란 단어를 처음 사용했듯이, PDA란 말도 애플이 처음 사용한 이후 업계에 널리 통용되었다.

뉴턴 메시지패드는 사실 매우 고급제품이었다. 자체 OS도 있었고 필기인식도 지원했다. 그때가 1993년이란 점에 주목해야 한다. 중국에는 삐삐도 많이 보급되지 않았을 때였다. 지원하는 기능도 많았다. 가령 주소록 저장 기능, 회의 때 메모하는 기능, 자료 저장 및 검색 기능이 대표적이다. 출시 초기에는 엄청난 인기를 끌었다.

하지만 출시 후 판매량은 저조했다. 판매량은 어느 이상을 넘지 못하고 정체되었고 주류시장에 편입되지 못했다. 결국 이 제품은 물론 심지어 회사도 사라질 위기에 처했다. 보조금까지 지원했지만 최초의 예상 판매목표치에 항상 못 미쳤다. 1997년 스티브 잡스는 애플에 복귀하자마자 이 제품을 중단시켰다.

뉴턴 메시지패드는 왜 실패했을까? 너무 시대를 앞서갔기 때문이다. 기술이 너무 뛰어나 고객의 수요가 이에 따르지 못했다. 마치 애플이 이 제품에 사용한 광고카피인 "이게 도대체 뭐야?"와 같은 상황이 연출되었다. 사람들은 이 제품이 도대체 어디에 어떻게 사용하는 것인지 전혀 인식하지 못했다.

사실 1993년 출시 첫 해의 판매량은 12만 대로 그럭저럭 선방한 편이었다. 각 언론에서 앞다퉈 보도했고 기술 역시 뛰어났다. 열렬한 마니아층의 응원도 받았다. 하지만 그 후에 왜 판매량이 정체되고 더 이상 늘어나지 않았을까?

이런 현상을 '캐즘chasm에 빠졌다'라고 표현한다. 여기에서 비롯된 이론이 '캐즘 이론'이다. '캐즘'이란 원래 지질학 용어로 지층이 이동하면서 생긴, 깊고 넓어서 건너기 힘든 골을 뜻한다. 즉, 제품을 고객이 받아들이기까지 넘어야 하는 '침체기'를 가리킨다.

하이테크 제품이 피해갈 수 없는 난관

캐즘 이론은 실리콘밸리의 경영컨설턴트 제프리 무어Jeffrey Moore 가《제프리 무어의 캐즘 마케팅Crossing the Chasm》에서 처음 제시했다. 제프리 무어는 이 이론으로 '전 세계 가장 영향력 있는 사상가 50인'에 선정되기도 했다. 또 이 책 역시《포브스》지가 뽑은 '가장 영향력 있는 비즈니스 서적 20권'에 선정되었다.

캐즘 이론에 따르면 하드웨어든 모바일 앱이든 관계없이 모든 과학기술 제품은 출시 후 보급 단계에서 다음 두 시기를 거친다. 초기 시장 Early Market과 주류 시장Mainstream Market이다. 전자의 시장점유율은 15%, 후자는 85%다. 그런데 이 두 시장 사이에는 넘기 어려운 깊은 골짜기, 즉 '캐즘'이 존재한다. 만약 어떤 제품이 일정 시간 내에 이 캐즘을 건너지 못해 주류시장에 편입되지 못하면 곧 시장에서 서서히 잊히고 결국 퇴출된다. 따라서 캐즘을 뛰어넘느냐 여부는 어떤 제품의 최종 성공 여부를 가늠하는 핵심 기준이다.

가령 중국판 페이스북이라 불렸던 '교내망'은 학생들이 주 고객인 초기 시장에서 성공했다. 하지만 후속 포지셔닝에 실패해 고객층을 확대하지 못했고 모바일 인터넷 붐에도 효과적으로 올라타지 못했다. 그 결과 캐즘을 뛰어넘는 데 성공한 페이스북 등과는 달리 주류시장에 진입하는 데 실패했고, 2018년 말 '런런왕'에 2,000만 달러라는 헐값에 인수되고 말았다.

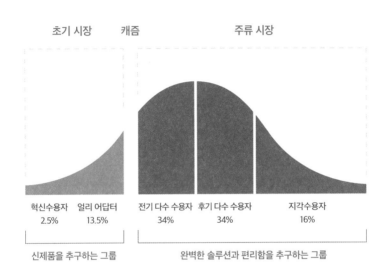

두 시장에 속한 고객은 다시 총 5개 세부시장으로 구분할 수 있다. 초기시장의 경우 혁신수용자Innovators와 얼리 어답터Early Adopter로, 주류 시장은 조기 다수 수용자Early Majority, 후기 다수 수용자Late Majority, 지각수용자Laggards로 나눌 수 있다. 이를 그래프로 그려보면 종을 거꾸로 엎어놓은 형태로서 정규분포와 비슷한 모양이 된다. 따라서 신제품이 해야 할 일은 각 세부 시장을 공략하여 전체 시장을 장악하는 것이다.

각 세부시장별로 대중의 욕구와 고민은 서로 다르다.

혁신수용자는 신제품에 열광하는 집단으로, 최신 하이테크 제품을 쓰는 것 자체를 매우 멋지다고 생각한다. 따라서 이 제품이 실제로 어떤 용도에 쓰이는지는 그들에게 중요하지 않다. 최신 제품이기만 하면, 값이 아무리 비싸도, 가성비가 아무리 떨어져도, 그들은 기꺼이 지갑을 열려고 한다. 예를 들어 테슬라가 가장 처음에 출시한 스포츠카는 가격이 매우 비쌌다. 하지만 전기차 기술에 열광하는 일부 소비자는 그것을 구입했다.

얼리 어답터도 신기술에 무척 열광한다. 하지만 이 제품이 확실한 용도가 있을 때에만 구입한다. 예를 들어 과거 모바일 간편결제가 처음 붐이 일기 시작했을 때, 얼리 어답터들은 오프라인 매장에서 실제로 결제하고 편리함을 체험한 뒤에야 비로소 위챗페이와 알리페이를 깔아서 사용하기 시작했다.

후기 다수 수용자는 흔히 말하는 '기계치'에 해당한다. 그들은 신제품의 다양한 기능을 연구하는 것 자체를 귀찮아한다. 그래서 어쩔 수 없는 상황에 몰려야만 비로소 사용을 시작한다. 가령 최근 들어서야 SNS를 시작했다면 아마 이 부류에 속할 가능성이 높다.

만약 어떤 제품이 각 세부시장을 점진적으로 공략하고 싶다면 해당 세부시장에 속하는 고객이 원하는 기능과 특성을 만들어 선보여야 한다.

아이팟의 성공과 실패

계속해서 애플의 사례를 살펴보자. 애플은 2001년에 신제품 아이팟을 개발해 확실한 재도약의 기반을 만들었다. 애플은 약 5년의 시간을 투자해 mp3 플레이어의 주류시장을 공략하는 데 성공했다. 이들의 비결은 무엇이었을까?

아이팟은 스티브 잡스가 애플에 복귀한 후 처음 선보인 성공작이다. 이 제품의 엄청난 성공 덕분에 애플은 개인용 모바일 IT기기 분야에서 앞서갈 수 있었고, 모바일 콘텐츠 유료 서비스라는 새로운 수익모델도 개발할 수 있었다. 또 아이팟을 개발하는 기간에 축적된 경험은 훗날 아이폰이란 대히트 제품의 밑거름이 되었다.

2001년 10월 23일, 스티브 잡스는 애플 본사에서 1세대 아이팟을 공개했다. 크기는 트럼프카드 만했고, 흑백 모니터였으며, '주머니 속 노래 1,000곡1,000 songs in your pocket'이라는 광고 카피를 전면에 내세웠다. 물론 이 아이팟에도 문제는 있었다. 맥Mac하고만 연동된다는 점이었다. 그 당시는 말할 것도 없고 지금도 맥 사용자는 많지 않다. 더군다나 가격은 399달러로 너무 비쌌다. 이 제품은 '혁신수용자'들을 겨냥해 개발한 제품이 분명했다. 이들은 단지 멋있어 보여서 애플을 좋아했고 그저 스티브 잡스가 좋은 사람들이었다. 출시 한 달 동안 아이팟은 12만 5,000대가 팔렸다.

2002년 7월, 애플은 뉴욕 맥월드Macworld 대회에서 2세대 아이팟을 공개했다. 아울러 윈도 기반의 아이튠즈iTunes도 함께 공개했다. 이제 수많은 윈도 사용자들도 아이팟을 쓸 수 있게 된 것이다. 이로써 초기 시장이 활짝 열렸다.

하지만 여전히 두 가지 핵심문제가 해결되지 않았다. 첫째, 고객들이 노래를 다운받을 마땅한 장소가 없었다. 둘째, 여전히 너무 비쌌다. 이두 핵심문제를 해결하지 못하면 아이팟이 아무리 하드웨어 기능이 뛰어나도 캐즘을 뛰어넘을 수 없었다.

2003년 4월, 3세대 아이팟이 발표되었다. 가볍고 얇은 디자인에 주력했고 아이팟의 상징인 원반모양의 디자인은 그대로 유지했다. 가장 큰 변화는 아이튠즈의 온라인 뮤직 스토어가 함께 발표되었다는 점이다! 이처럼 애플은 '온라인 음악 구매'라는 혁신적인 콘텐츠 소비 모델을 만들었다. 중국의 온라인 콘텐츠 소비가 2013년 이후에야 비로소 급증하기 시작했음을 감안할 때 애플은 이보다 10년이나 앞선 것이다. 그 당시 정품 노래 1곡은 99센트로 무척 저렴했다. 더구나 CD를 사서 거기에 음원을 구울 필요도 없어서 무척 편리했다. 온라인 뮤직스토어는 오픈 첫날에만 100만여 곡을 팔았다. 전기 다수 수용자는 아이팟이 정말로 편리하다는 걸 깨달았고 기꺼이 애플의 포로가 되었다. 이제 남은 문제는 가격뿐이었다. 그 당시의 아이팟은 가장 저렴한 모델도 299달러나 했다. 같은 시기에 중국에서 만든 보통의 mp3 플레이어는 겨우 몇백 위안에 불과했다.

2005년 1월 11일, 플래시 메모리를 사용한 아이팟 셔플iPod Shuffle이 출시되었다. 이 제품은 디자인도 스마트하게 바꿨고 스크린도 없앴다. 무게도 가벼워졌고 크기도 껌 봉지 정도로 작아졌다. 무엇보다 소비자를 기쁘게 한 것은 역시 가격이었다. 최저가가 99달러였다! 그리고 1년 뒤에는 69달러까지 낮아졌다. 이로써 애플은 후기 다수 수용자 시장도 완전히 장악했다. 이런 성공을 바탕으로 2006년 한 해에만 3,940만 개를, 2008년에는 5,480만 개를 판매했다.

아이팟이 사상 유례없는 대히트를 치고 있던 2007년, 전 세계가 주목하는 아이폰iPhone이 탄생했다. 그 후의 아이폰은 아이팟과 유사한 과정을 밟았다. 최초의 아이폰은 혁신수용자 시장을 개척했다. 아이폰 3GS는 얼리 어답터를 사로잡았고, 아이폰4는 레티나 디스플레이 기술 등 다양한 혁신을 통해 전기 다수 수용자 시장을 돌파했다. 아이폰5S는 가격이 비교적 저렴한 실속형 모델로 애플이 후기 다수 수용자 시장을 장악하는 데 기여했다.

이번 장에서 다룬 캐즘 이론을 통해, 각 세부 시장에 속한 소비자들이 해당 제품 기능에 대해 갖고 있는 욕구가 다 다르다는 사실을 알았다. 그럼 이제부터 제품의 각 세부 단계에서 그에 맞는 전략을 수립하고 수행해야 한다. 가령 초기에 시장에 출시한 제품의 경우 많은 기능을 제외해도 된다. 전기 다수 수용자를 대상으로 한 제품에 기능이 너무 많으면 오히려 전체 주기가 길어질 수 있기 때문이다. 반면 후기 다수 수용자를 대상으로 한 시장에서는 목표와 대상을 명확히 하고 차례차례 그들의 다양한 욕구를 충족시켜나가야 한다.

혹시 앞에서 말한 내용이 마케팅 담당자나 제품 매니저에게만 해당한다고 생각할지도 모르겠다. '나는 프로그래머인데 이런 내용까지 알아야 돼?' 하고 말이다. 답은 당연히 '예스'다. 기술업무 역시 이러한 저울질이 필요하다. 예를 들어 API Application Programming Interpace를 개발 중이라고 하자. 해야 할 일도 많고 넘어야 할 관문도 많다. 그럼 어떻게 취사선택해야 할까? 만약 초기라면 인터페이스를 좀 더 복잡하게 디자인해야 한다. 어차피 초기에는 주요 고객이 대기업의 전문 고객들이고 그들은 제품개발 노하우도 많다. 하지만 후기로 갈수록 소규모, 심지어 개인 개발자들도 뛰어들 것이다. 따라서 이들에게 사용의 편의를 제공할 수 있도록, 시스템을 사용하기 쉽고 튼튼하게 만들어야 한다. 이처럼 제품의 시장 출시 및 수용 과정을 이해하는 것은 모두에게 큰 도움이 된다.

인텔과 구글이 모두 사용하는
목표관리법

○

키워드: OKR

인텔에서 탄생한 목표관리법

목표를 세우고 자유와 용기와 패기까지 갖췄다면 이제부터는 목표 관리의 도구가 필요하다. 마치 알람시계가 매일 아침 우리를 깨우듯이 효율적인 목표 관리법은 개인 또는 팀이 설정한 목표를 더 빠르게 달성할 수 있도록 도와준다.

오늘날 실리콘밸리에서 가장 널리 통용되는 목표 관리법은 OKR이다. OKR은 Objectives and Key Results의 약칭으로 '목표 및 핵심 결과' 정도로 번역할 수 있다. OKR을 처음 도입한 사람은 인텔의 전 CEO인 앤디 그로브Andy S. Grove였다. 그 후 벤처투자자 존 도어John Doerr가 구글에 투자하면서 이 시스템을 구글에 도입했다. 그 결과 지금은 실리콘밸리 전체에 널리 활용되고 있다. 2018년에 존 도어는 OKR을 체계화한 저서《OKR: 전설적인 벤처투자자가 구글에 전해준 성공 방식^{Measure What Matters}》을 출간했으며, 이 책은 빌 게이츠, 고든 무어 등에게 호평을 받았다.

OKR은 회사, 팀, 개인 가릴 것 없이 모든 층위의 조직에 다 적용할 수 있다. 그렇다면 OKR과 기존 업계에 유행하는 KPI 사이에는 어떠한 결정적인 차이점이 있을까?

KPI는 하향식^{top down} 결정의 산물이다. 즉 관리자층에서 지시를 내리고 각 부서에서는 판매량, 구독자수 등 각각의 지표를 달성해야 한다. 또 KPI는 결과를 더 중요시한다. 만약 누군가 목표를 달성하지 못한다면 연말 보너스를 공제하는 등 상응하는 처벌이 뒤따른다.

반면 OKR은 실리콘밸리의 스타트업 정신을 완벽하게 대변하고 있다. 앞에서 가장 중요한 점이 '자유'라고 말한 바 있다. 다시 말해 무엇을 할지는 직원들 스스로 결정하게 해야 한다. 따라서 이에 해당하는 관리법 역시 상향식^{bottom up}으로 결정해야 마땅하다. 이것이 바로 OKR이다. 또한 설령 OKR을 달성하지 못했다 해도 상당한 기간 동안 아무런 비판을 받지 않는다. 한 마디로 KPI와 OKR을 비교하면 KPI는 '나에게 시키는 것'이고 OKR은 '내가 알아서 하는 것'이다.

OKR은 구글, 인텔, 아마존 등 실리콘밸리의 일류 IT기업은 물론이고 젊은 스타트업들도 앞다퉈 도입하고 있다. 특히 20~30대 젊은 직원들은 OKR을 무척 선호한다. 왜냐하면 OKR은 자유를 상징하고 더욱 미래지향적인 관리 방식이기 때문이다.

구체적인 OKR 실행법

그럼 어떻게 OKR을 설정할까? 간단하다. 하나의 '목표'를 설정하고 이 목표를 대상으로 구체적인 '핵심 결과'를 내놓으면 된다. 여기에는 주의사항이 몇 가지 있다.

첫째, 모든 사람의 OKR은 완전히 공개되고 투명해야 한다. 이는 마치 우리가 공개 약속을 하고 이것이 제대로 지켜지고 있는지 사회와 여론이 감시하는 시스템과 같다. 예를 들어 구글에서는 CEO인 선다 피차이Sundar Pichai를 포함한 모든 구성원의 OKR을 각 개인 홈페이지에서 찾을 수 있으며 수시로 업데이트된다. 이렇게 하면 현재 내 업무의 핵심사항이 무엇이지 모두가 쉽게 파악할 수 있다. 소통에 따른 비용 역시 최소화할 수 있다.

둘째, 목표는 반드시 명확하고 대표성을 띠어야 한다. 각 팀은 하나에서 많으면 세 개 정도의 목표만 가지며 지나치게 많아서는 안 된다. OKR의 목적은 불필요한 부분을 과감히 제거하여 모두에게 '등대'와 같은 역할을 하는 것이기 때문이다. 가령 스타트업의 경우 지나치게 많은 목표를 설정하는 경향이 있다. 그러다 보면 구인, 시장조사, 코딩 등 한 사람이 해야 할 업무량이 지나치게 많다. 설정한 목표가 너무 많으면 OKR의 효과가 사라진다. 예를 들어 록밴드 U2의 리드보컬 보노는 공익기관 '원ONE'을 설립했는데 이 기관이 설정한 목표는 오직 한 가지뿐이었다. 바로 세계 최빈국이 채무위기에서 벗어날 수 있도록 돕자는 것이었다.

셋째, 핵심 결과는 수치화하고 달성 가능해야 하며, 감성적인 지표를 설정해서는 안 된다. 예를 들어 '내년에 우리는 지금보다 더 행복해집시다'와 같은 지표는 핵심 결과로 삼기에 부적합하다.

이제부터 대기업의 사례를 예로 들어 설명해보겠다.

가령 유튜브의 동영상 추천팀이라면, 고객이 관심 있는 동영상 콘텐츠를 더 쉽고 더 많이 찾을 수 있게 만드는 것을 목표로 설정할 수 있다. 이 경우 이 팀의 핵심 결과는 다음 세 가지다. (1) 고객의 일일 평균 시청시간을 10% 증가시킨다. (2) '당신이 좋아할 만한 동영상' 제품 구역의 클릭 비율을 20% 증가시킨다. (3) '싫어할 것 같은' 영상을 추천할 비율을 20% 감소시킨다.

아마존 물류기획팀이라면 더 빠르고 더 편리한 제품 배송을 목표로 설정할 수 있다. 이 경우 이 팀의 핵심결과는 다음 세 가지다. (1) 주문 접수에서 배송까지 소요되는 시간을 10% 줄인다. (2) 마지막 1마일의 배송에 소요되는 시간을 20% 줄인다. (3) 배송된 제품의 파손으로 인한 클레임 건수를 5% 감소시킨다.

OKR은 정기적인 사후 점검도 중요시한다. 가령 격분기로 1회씩 점검하는 식이다. 점검 때는 각자의 목표달성 상황에 따라 점수를 매기는데 통상 0~1점 사이의 값이다. 여기에서 강조할 점이 한 가지 있다. 존 도어가 자신의 저서에서도 밝혔듯이, 매번 1점 만점을 받아야만 우수한 것은 결코 아니다. 실리콘밸리의 문화는 자기 자신에 대한 도전을 매우 중요시한다. 따라서 스스로에게 '도전적인' 목표를 설정해야 한다. 만약 항상 만점을 받은 사람이 있다면 이는 최초 목표를 너무 낮게 설정했다는 뜻이다. 통상적으로 처음 세운 목표에서 0.6~0.7점을 받았다면 아주 훌륭하다고 평가할 수 있다. 래리 페이지는 이를 '처음에 화성에 가겠다는 목표를 세우면 적어도 달까지는 갈 수 있다'라고 비유했다. 이처럼 목표는 다소 거창하게 세워도 무방하다.

반대로 점수가 0.4 미만으로 나왔다면 이는 문제가 있다는 뜻이다. 가령 프로젝트를 계획대로 추진하지 않았거나 외부의 저항을 받았을 가능성이 있다. 이때 이 프로젝트를 계속 추진할지 아니면 자원을 다른 곳에 투입할지를 따져봐야 한다.

사실 OKR은 업무뿐 아니라 우리의 일상생활 곳곳에도 응용할 수 있다. 실제로 나는 2018년 내 위챗 공중 계정인 〈Han의 실리콘밸리 성장기〉를 오픈하면서 OKR을 적용하여 작은 목표를 세워두었다. 목표는 내 계정의 영향력 높이기였고, 핵심 결과는 1년 안에 52편의 글쓰기였다. 평균 매주 1편꼴이다. 또 모든 글의 맨 마지막에 이 작은 목표를 강조함으로써 사람들이 내가 약속을 잘 지키고 있는지 파악할 수 있게 했다. 나 자신과의 약속을 대중에게 투명하게 공개한 셈이다. 2018년이 끝났을 때 나는 총 42편의 글을 썼다. 점수는 0.8점이었다. 이는 내가 설정한 목표가 적절했음을 뜻한다. 나는 지금도 계속 전진하고 있으며 스스로 만족하고 있다.

또 다이어트 성공을 목표로 삼을 수도 있다. 이 경우 핵심 결과는 매주 3회 헬스장에 가고, 매주 5일 건강하게 먹으며, 야식을 단 하루도 먹지 않고, 체중을 30% 줄여 1년간 유지하는 것으로 설정할 수 있다.

마지막으로 실리콘밸리에서 유행하는 말을 하나 들려주겠다. 바로

'생각은 쉽지만 실천은 어렵다Ideas are easy; execution is everything'다. OKR은 단지 도구에 불과하다. 바람직한 마인드를 갖고 치열하게 노력해서 목표를 달성해야 한다. 그래야만 OKR은 최상의 효과를 가져다줄 것이다.

사람들은 누구나 실리콘밸리의 창업 분위기를 동경한다. 실리콘밸리의 높은 수준의 급여, 사무실마다 가득한 온갖 종류의 간식과 음료, 출장 갈 때마다 비즈니스 클래스와 5성급 호텔을 이용한다며 부러워한다. 혹시 그곳에서 일하는 사람들은 우리와는 동떨어진 무슨 별세계에서 살고 있다고 생각하는가? 그 비밀을 이해하고 있는가?

물론 겉보기에는 무척 화려해 보인다. 하지만 이 모두는 치열한 도전정신의 산물이다.

실리콘밸리의 창업정신은 도대체 무엇인가? 바로 높은 수준의 '자유'다. 혁신과 발전을 가로막는 모든 문제를 의심할 수 있고, 누구든지 질문할 권리와 생각을 자유롭게 표현할 길이 보장되는 분위기다. 이를 통해 유능한 인재들이 자유를 최대한 누리고 더 많은 혁신을 창조할 수 있도록 만든다.

이러한 자유를 바탕으로 실패를 포용하고, 실패를 두려워하지 않으며, 실패를 통해 경험을 쌓고, 영리하게 실패를 테스트하는 과정은 모두 성공을 잉태하는 인큐베이터이다. 다양한 실패를 통해 빠른 세대교체와 빠른 시도가 가능해지고, 결과적으로 모든 기회를 포착하여 시대의 흐름을 따라가고 나아가 흐름을 주도할 수 있으니까 말이다. 그런 분위기에서 나온 제품을 항상 건강하고 젊을 수밖에 없다.

OKR은 실리콘밸리의 일하는 방식, 창업정신을 더 잘 이해할 수 있도록 도울 것이다. 목표란 위에서 받아오는 것이 아니라 자기 자신이 직접 세우는 것, 이것이

야말로 기존의 전통적인 기업과 실리콘밸리 IT기업들의 차이점을 설명하기에 충

분할 것이다.

확장하려거든 이렇게 하라

확장의 속도와 상한선은 미래에 대한 우리의 예측을 결정한다.
만약 무한한 가능성이 엿보인다면 얼마나 흥분될까? 이처럼 우리는
노력하는 과정에서 확장 여부를 예측해보는 것이 매우 중요하다.
효율적인 운용과 긍정적 마인드도 중요하지만 확장 가능성이 높은 길을
선택하는 일이야말로 목표 달성, 더 나아가 목표 초과달성을 위한 지름길이다.

확장을 위해서
꼭 이해해야 하는 것

키워드: 한계효용 체감의 법칙

배달앱과 영화앱, 당신의 선택은?

가령 당신이 두 가지 핵심 앱을 운영하는 기업의 CEO라고 해보자. 하나는 배달앱이고 또 하나는 영화티켓 예매앱이다. 두 앱의 제품 매니저는 당신에게 각각 100만 위안의 홍보비를 청구하면서 모두 자기 앱이 고객에게 더 많은 효용을 제공한다고 주장했다.

배달앱을 전담하는 제품 매니저는 먹는 것은 인간의 기본적인 생존 욕구이고, 배에서 꼬르륵 소리가 날 때 핸드폰을 클릭해 음식을 주문하면 밖에 나가지 않고도 식사를 해결할 수 있으니, 고객에게 최고의 행복감을 줄 수 있다고 주장했다.

영화티켓 예매앱을 담당하는 제품 매니저는 정신적 만족이야말로 최고의 욕구이고, 인테리어가 훌륭한 영화관에 들어가 제작진의 땀과 노력으로 만든 훌륭한 문화상품을 소비할 수 있게 도와주며, 나아가 사람들과 교류도 할 수 있으니 이것이야말로 더 높은 차원의 행복이라는 논리를 폈다.

둘 중에 어느 앱이 고객에게 더 큰 행복과 만족감을 줄까? 그리고 그걸 어떻게 결정할까?

이 문제에 답하려면 먼저 '한계'의 개념을 이해해야 한다.

'한계marginal'라는 개념은 오스트리아 학파의 경제학자들이 처음 도입했는데 그 후 다양한 상황에 광범위하게 활용되면서 지금은 누구나 아는 상식이 되었다. 이 한계 개념 덕분에 경제학은 비로소 더 '과학적'인 방향으로 발전할 수 있었다. 우리가 더 높은 차원에서 오늘날의 IT 산업을 이해할 수 있었던 원동력도 역시 한계 개념 덕분이다.

이번 장에서는 한계에 관해 집중적으로 설명하겠다.

한계의 의미

한계는 간단히 말해서 '새로운 증가량이 가져온 새로운 증가량'이라고 정의할 수 있다. 무슨 뜻일까?

예를 들어보자. 아파트 단지 내에서 영업하는 마트가 있다. 마트는 매일 도매상에서 물건을 들여온다. 가령 들여오는 제품이 마라맛 인스턴트 쌀국수라고 하자. 이 단지의 주민은 대부분 젊은 직장인이어서 맵고 자극적인 맛을 찾는 사람이 많기 때문이다. 이때 마라 쌀국수 한 개를 더 들여올 때마다 그만큼 돈을 더 지불해야 하는데 이 돈을 '한계비용'이라고 한다. 또 마라 쌀국수 한 개가 더 팔릴 때마다 그만큼 돈을 더 벌게 되는데 이 돈을 '한계수입'이라고 한다. 젊은 직장인들은 퇴근 후 집에 오면서 마트에 들러 마라 쌀국수를 사간다. 마라 쌀국수를 먹은 그들의 행복감은 늘어나는데 이때 증가한 행복감을 가리켜 '한계효용'이라고 한다.

이제 한계의 개념을 이해했다면 앞에서 말한 문제로 되돌아가자.

배가 고픈 당신은 배달된 음식 1인분을 먹었고, 그때의 행복감은 매우 크게 증가한다. 만약 이때 누군가 당신에게 1인분을 더 시켜준다면? 그때도 여전히 배가 고픈 상태였기 때문에 그 음식도 다 먹어치울 수 있을 것이다. 행복감 역시 증가했다. 하지만 이때의 행복감은 최초 1인분을 먹었을 때만큼 늘지는 않는다. 만약 3인분째, 4인분째, 5인분째 음식을 추가로 시켜준다면? 다 먹을 수 있을까? 먹을 수 있을지는 몰라도 행복감은 결코 늘지 않는다. 오히려 줄어든다.

이제 더 이상 도저히 먹을 수 없는 지경이 되었다. 그런데 주머니에는 여전히 돈이 남아 있다. 시간도 충분하다. 이때 스스로에게 물어보자. 이 돈으로 무엇을 하면 내 행복감이 늘어날까? 친구랑 영화를 보면서 데이트를 할 수도 있다. 왜냐하면 이때는 영화 한 편을 볼 때의 행복감이 음식 1인분을 추가로 먹을 때보다 훨씬 더 크기 때문이다. 영화도 마찬가지다. 아무리 유명하고 재미있는 영화라 해도 한 번이나 두 번 볼 때까지는 그럭저럭 괜찮다. 어차피 행복감은 증가할 테니까. 하지만 같은 영화를 20번, 30번 본다면? 심지어 강제로 50번 보게 한다면 그 때는 짜증이 나서 미쳐버릴지도 모른다.

이처럼 행복감의 증가량은 같은 서비스의 횟수가 늘어날수록 오히려 떨어지는 경향을 보인다. 다른 말로 하면 '투입이 늘어날수록 효용의 증가량은 점점 낮아진다'이다. 이것이 바로 '한계효용 체감의 법칙'이다. 투자한 비용이 늘어날수록 얻는 수익의 증가량은 점점 낮아진다는 법칙이다.

그 이유는 어떤 재화나 서비스에 대한 인간의 욕구는 한계가 있기 때문이다. 배달 음식을 먹는 것은 사실 위장의 한계에 도전하는 일이고, 영화 관람은 인내심의 한계에 대한 도전이다. 따라서 배달음식 1인분과 영화 1편 중 어느 것이 사람에게 더 큰 행복감을 주느냐는 식으로 '단순 무식하게' 질문해서는 안 된다. 사람마다 욕구가 시시각각 변하기 때문이다.

한계까지 해내기 어려운 이유

이 한계의 법칙은 우리 일상생활 곳곳에서 아주 흔하게 볼 수 있다. 학창시절의 기억을 떠올려보자.

어떤 과목이든 조금만 공부하면 60~70점 받기란 사실 그다지 어렵지 않다. 핵심 내용은 확실히 이해하고, 아주 어려운 문제나 지나치게 상세한 내용은 건너뛰면 그 정도 점수는 나온다. 하지만 80~90점을 받고 싶다면? 시간과 노력을 들여 아주 어려운 문제까지도 정복해야 한다. 이때 쓴 시간은 아마 핵심 내용을 이해하는 데 들인 시간과 맞먹을 것이다. 한 걸음 더 나아가 100점을 받기로 결심했다면? 이젠 정말로 어렵다. 모든 지식과 상세한 내용을 모조리 완벽하게 이해하고 암기해야 한다. 시험 시간에도 결코 방심해서는 안 된다. 심지어 운도 따라줘야 한다.

여기에도 한계효용 체감의 법칙이 작동하고 있다. 처음에 어느 정도 시간을 투자하면 60점은 금방 받을 수 있다. 그다음에는 많은 시간을 추가로 투입해야 겨우 20점 상승이라는 효용을 얻는다. 뒤로 갈수록 노력에 비해 효용은 잘 늘어나지 않는다. 또 100점 만점을 받고 나면 그 이후의 효용은 아예 0이다.

따라서 어떤 일이든 제대로 해내려면 비용이 든다. 이때의 비용은 '어느 정도', '그럭저럭'의 수준까지 해낼 때보다 훨씬 많이 든다.

이런 예시도 있다. 돈이 많을수록 더 행복해질까? 사실 대다수 사람은 부자가 되는 꿈을 꾸고 부자가 되려고 노력하지만, 안타깝게도 한계효용 체감의 법칙은 여기에도 적용된다.

미국의 한 통계에 따르면 1957년부터 2005년까지 개인의 연간소득은 9,000달러에서 2만 8,000달러로 급증했다고 한다. 하지만 같은 기간에 행복감은 전혀 증가하지 않았다. 이 기간에 자기가 매우 행복하다고 느낀 사람은 줄곧 30% 선을 유지했다. 행복학의 대가인 미국의 심리학자 에드 디너 Ed Diener는 수백만 명의 부자를 인터뷰한 후 부자의 행복감은 일반 사람과 별 차이가 없다는 사실을 발견했다. 빌 게이츠 같은 IT산업의 거물들이 막대한 부를 축적한 후 아낌없는 기부를 통해 성취감을 추구하는 이유를 이해할 수 있다.

흔히 노력한 만큼 보상을 받는다고 한다. 하지만 현실에서 이 말은 틀릴 때가 많다. 오히려 자신의 상황에 맞게 노력의 방향을 바꿔갈 필요가 있다. 만약 내가 어떤 분야에서 큰 성공을 거뒀다면, 그 이상 노력해봤자 한계효용은 더 이상 늘어나지 않는다. 따라서 이때는 다른 분야에 눈을 돌리는 것도 고려해볼 만하다.

한계의 개념을 이해했으니, 이제부터는 IT산업 기저에 깔린 경제학 법칙을 알아보도록 하자.

IT업계가 '핫'한
근본 원리

◦

키워드: 규모의 경제, 네트워크효과

IT업계 종사자가 반드시 알아야 할 경제학 원리

사실 나는 아주 괜찮은 제조업 관련 소프트웨어 회사에 들어갈 기회가 있었다. 하지만 나중에 실리콘밸리의 기업에서 합격 소식을 듣고는 별 깊은 고민도 하지 않은 채 후자를 선택했다. 그때는 아직 학생 때여서 그냥 완전히 감으로만 결정했다. 제조업의 발전 속도는 IT보다 느리니까 IT업계로 가면 기회가 훨씬 더 많을 거라고 막연하게만 생각했다. 그럼 IT가 이렇게 핫한 근본적인 원인은 무엇일까?

어느 날 나는 회사의 대선배들과 얘기하면서 나중에 창업을 하면 어떤 일을 하고 싶냐고 물어본 적이 있었다. 그때 나는 "IT 일을 그만두면 아주 멋진 카페를 차릴 생각입니다."라고 말했다.

그러자 그들은 깜짝 놀랐다.

"뭐? 자넨 지금 하이테크 업계에 종사하면서 나중에 전통산업으로 돌아가겠다고? 다시 생각해보는 게 어때? 물론 자네가 하겠다는 카페가 뭔가 정말로 특별한 점이 있다면 모르지만."

나중에 그들과 자주 대화하면서 비로소 내가 IT산업의 기저에 깔린 경제학 원리를 모르고 있었다는 사실을 깨달았다.

이제부터 모든 IT업계 종사자들이 알아야 할 경제학 원리를 소개하겠다. 하나는 '규모의 경제economy of scale', 또 하나는 '네트워크효과network effect'다. 이 두 원리만 알면 필요한 거의 모든 핵심 사항을 이해할 수 있을 것이다.

산업시대의 특징: 규모의 경제

우리는 살아가면서 자연스럽게 터득하는 하나의 상식이 있다. 바로 물건을 많이 살수록 값이 싸진다는 원리다. 가령 옷 도매시장에 가서 후드티 100벌을 사면, 매장에서 1벌씩 살 때보다 단가가 낮다. 또 공장에 가서 물건을 대량으로 떼어올 수 있다면 단가는 더 낮아진다. 그 이유는 뭘까?

그 이유는 공장의 비용이 고정비용과 변동비용으로 구성되어 있기 때문이다. 옷 한 벌을 생산하려면 우선 산업용 자동재봉기를 구입해서 배치해야 한다. 이때 재봉기를 구입하는 돈은 고정비용인데 일반적으로 가격이 매우 비싸다. 하지만 그 후 옷 1벌을 생산할 때마다 이 비용은 균등하게 분할된다. 변동비용은 가령 원단 구입비나 인건비 등이다.

이 비용은 옷을 많이 생산할수록 함께 늘어난다.

만약 생산규모를 늘리면 어떤 일이 벌어질까? 변동비용은 계속 늘어나지만 고정비용은 늘지 않는다. 그럼 옷 1벌당 고정비용을 계산하면? 점점 감소한다는 사실을 알 수 있다.

앞에서 설명한 '한계'의 개념을 적용하면 '한계비용 체감'이라고 정리할 수 있다. 이것이 바로 '규모의 경제'다. 즉 일정한 범위 내에서 생산규모가 늘어날수록 비용은 낮아지는 현상이다.

사실 단순한 이치다. 어차피 이런 값비싼 설비를 구입했으니 옷을 더 많이 생산하는 것이다. 그래봤자 비용은 그다지 늘지 않으니 말이다.

규모의 경제는 전통적인 제조업 분야에서 일관되게 추구했던 방식이다. 그래서 제조업 기업들은 가급적 규모를 키웠고, 대량생산·대량판매·대량소비를 핵심 경영철학으로 삼았다. 이렇게 하면 한계비용이 점점 줄어들고 기업의 수익은 반대로 점점 늘어나기 때문이다. 어떻게든 비용을 줄이고 규모를 확대하기 위해 애썼다.

포드 자동차가 컨베이어 조립 시스템을 만들고, 도요타 자동차가 린 Lean 생산방식을 발명한 것도 바로 이런 맥락에서였다. 또 전 세계 항공업계가 대형 컨테이너를 도입하고, 국제산업계가 국제화 표준을 제정하기 시작한 것 역시 마찬가지다. 도요타의 방식은 다섯 번째 수업에서 더 자세히 소개할 예정이다.

자동화를 통한 대량생산은 산업혁명을 가능케 한 핵심 경쟁력이었다. 그 결과 공장은 기존은 가내수공업을 가뿐하게 압도할 수 있었다.

그런데 인터넷이 출현하면서 규모의 경제는 점점 더 작아지고 있다.

다시 말해 한계비용은 더 이상 규모가 커질수록 감소하는 식으로 단순하지 않게 되었다. 심지어 한계비용이 거의 영^{zero}에 가깝게 급감하는 상황도 발생한다.

예를 들어 사람들에게 뉴스를 더 많이 전달하고 싶다면 어떻게 해야 할까? 과거에는 신문사가 신문 1부를 더 찍어내야 했으므로 발행부수가 늘어날수록 한계비용은 줄어들어 거의 인쇄비용에 수렴했다. 하지만 인터넷시대가 되면서 포털사이트는 네티즌들에게 뉴스 콘텐츠를 한 차례 더 노출하면 그만이다. 그럼 수많은 네티즌이 언제든지 읽을 수 있다. 이 때 한 사람이 추가로 뉴스를 읽을 때의 비용은 사실상 0에 가깝다.

영화나 예능, 또는 지금 읽고 있는 책 같은 지적재산권 관련 제품도 마찬가지다. 만약 이 책을 온라인에서 발매한다면, 최초 1권을 제작하기만 하면 그 후에는 거의 0에 가까운 비용으로 더 많은 독자에게 판매할 수 있다.

물론 인터넷을 정상적으로 운용하기 위해서는 서버비, 인건비, 유지비 등 매년 비용이 든다. 하지만 IT업계의 한계비용이 전통산업의 경우보다 훨씬 낮다는 점만은 분명하다.

정보시대의 특징: 네트워크효과

규모효과 이외에 현대 IT산업을 탄생시킨 또 다른 핵심 요소는 바로 '네트워크효과'다.

학교 다닐 때 다들 볼펜을 사용해봤을 것이다. 볼펜 한 자루 가격은 얼마가 적당할까? 1,000원 정도? 좋다. 그럼 볼펜 판매량이 100자루가 되었다면? 그래도 한 개에 1,000원이 적당하다고 생각할 것이다. 그럼 판매량이 1억 자루가 되었다면? 여전히 1,000원이 적당하다고 여긴다. 볼펜을 사용하는 사람 수가 늘었는데도 볼펜 가격은 그만큼 올라가지 않는다. 경제학에서는 이런 볼펜과 같은 제품을 '네트워크효과'가 없는 제품이라고 말한다.

반대로 네트워크효과가 있는 제품은 고객 수가 늘어날수록 제품 가격도 함께 늘어난다. 대표적인 상품이 언어다. 어떤 언어를 사용하는 사람이 많을수록 그 언어의 가치도 커진다. 가령 전 세계에서 사용 인구가 가장 많은 중국어, 그리고 영어가 그 예다. 하지만 인구가 적은 유럽 국가의 경우 자국 언어만 배워서는 부족하다. 글로벌화 시대에 지구촌 경제와 연결되려면 그 나라는 영어를 꼭 배워야 한다. 가령 인구가 30만 명에 불과한 아이슬란드의 경우, 공식 언어는 아이슬란드어지만 이 나라 국민의 영어 구사능력은 전 세계 최고 수준이다. 거의 모든 사람이 영어로 의사소통이 가능하다.

오늘날 네트워크효과가 가장 뛰어난 제품은 다름 아닌 IT제품이다. 가령 중국의 위챗, 웨이보, 미국의 페이스북, 트위터 등 전 세계에 가장 영향력 있는 제품은 예외 없이 네트워크효과를 갖고 있다.

위챗을 예로 들어보자. 위챗은 어떻게 중국인이 가장 즐겨 사용하는 채팅앱이 되었을까? 사용 인구가 충분히 많기 때문이다. 연인, 가족, 동료 등 연락하고 싶은 사람들이 대부분 위챗을 사용하기 때문이다. 세상에는 다양한 종류의 채팅앱이 있다. 홍콩이나 대만에서는 라인이 인기가 있다. 하지만 중국인의 인간관계망에서 라인을 사용하는 사람은 많지 않다. 따라서 중국인들은 라인의 가치가 높지 않다고 판단한다. 이것이 바로 네트워크효과의 핵심이다. 즉 고객이 많을수록 가치도 높아진다.

타오바오 역시 네트워크효과를 보인다. 타오바오에서 판매자가 늘어날수록 판매되는 제품의 종류도 늘어나며, 구매자는 자신에게 적합한 싸고 질 좋은 제품을 발견할 가능성이 높아진다. 그리고 타오바오에서 구매자가 늘어날수록 판매자들은 제품 판매량이 늘어날 것으로 기대하며 타오바오에 더 많이 들어오는 선순환이 생기는 것이다.

TCP/IP나 OS 같은 가장 기본적인 핵심 기술에서도 이 네트워크효과는 마찬가지로 적용된다. 마이크로소프트의 윈도, 애플의 iOS, 구글의 안드로이드 등이 모두 여기에 해당한다. 어떤 OS의 고객 수가 늘어날수록 이 플랫폼을 기반으로 소프트웨어를 개발하는 사람도 늘어난다. 그럼 고객은 이 플랫폼이 더욱 편리하고 실용적이라고 생각하고 그 OS의 가치도 높다고 생각한다. 그 결과 이 OS의 고객은 더 많아진다.

사실 이 네트워크효과가 가장 먼저 주목받은 때는 1908년 미국이 전화 서비스를 보급할 때로 거슬러 올라간다. 그 당시 미국의 전화 운영업체 AT&T의 사장 시어도어 베일Theodore Vail은 네트워크효과를 정확하게 인지한 사람이다. 그는 타 전화회사 지분인수 등을 통해 경쟁자들을 AT&T로 흡수해 망을 넓혔다. 주주들에게 제출한 연간보고서에서 그는 이렇게 말했다.

"동일 지역에 두 개의 전화 시스템을 구축한다면 결코 오래갈 수 없다. 하지만 만약 사람들이 한 시스템만으로 원하는 모든 사람과 연락을 취할 수 있다는 사실을 깨닫는다면, 전화기 두 대를 살 사람은 아무도 없을 것이다."

더 나아가 그는 당시로서는 매우 혁명적인 사실을 발표했는데, 전화 시스템은 기술 그 자체가 아니라 더 많은 고객을 확보할 때 가치가 높아진다는 점이었다. 다시 말해서 고객을 많이 확보하고 있는 네트워크는 설령 유사한 기술이나 새로운 기술이 출현한다 해도 쉽게 시장에서 퇴출되지 않는다는 뜻이다.

지금 관점에서 봐도 그의 말은 정확하다. 어떤 제품에 네트워크효과가 발생하면 동종의 다른 제품은 엄청난 혁신이 이루어지지 않는 이상 이 제품을 이기기 힘들다. 가령 웨이보는 이미 수많은 스타들이 가입해 활동하고 있고 그들을 따르는 팬층도 매우 두텁다. 따라서 어떤 새로운 플랫폼이 출현하여 스타와 팬들을 '빼앗아' 오려고 해도 그들의 마음을 돌리기는 쉽지 않다. 가령 어떤 스타가 먼저 플랫폼을 갈아타더라도 새 플랫폼에는 팬들이 없을 것이고, 반대로 팬들이 플랫폼을 옮겨봤자 딱히 볼 만한 콘텐츠가 없을 테니까 말이다.

시어도어 베일이 네트워크효과를 언급하고 72년이 지난 후, 스리콤 3Com의 창업자이자 이더넷Ethernet 표준을 창안한 밥 메트칼프Bob Metcalfe는 '메트칼프의 법칙'을 제시했다. 그는 네트워크효과 제품의 가치를 최초로 수치화했다. 그의 이론은 다음과 같다. 네트워크가 확장되면 그 구축 비용은 이용자수에 비례해 선형적으로 증가하지만, 그 네트워크의 가치는 이용자수의 제곱에 비례하여 기하급수적으로 증가한다는 것. 가령 어떤 제품의 고객 수가 2배 증가한다면 제품의 가치는 4배로 증가한다. 이처럼 고객 수는 매우 중요하다.

실제로 주식시장을 살펴보면 이 관계가 대체로 성립한다는 사실을 알 수 있다. 2016년 5월, 페이스북의 시가총액은 3,400억 달러였고 트위터는 불과 100억 달러에 불과했다. 약 34배 차이가 난다. 그런데 고객수를 비교하면 페이스북은 트위터의 6배 정도였다. 6의 제곱은 36이므로 이는 34에 근접하는 수치다.

그렇다면 제품의 시가총액이 왜 주로 1위 기업과 2위 기업이 압도적인지 자연스럽게 이해할 수 있을 것이다. 3위 기업부터 고객 수가 급격히 감소하기 때문이다. 가령 1위 기업의 10분의 1에 불과할 수도 있다. 그럼 이 기업의 실제 가치는 1위 기업의 100분의 1에 불과하다. 현재 중국의 모바일 간편결제 시장은 위챗페이와 알리페이가 거의 독점하고 있는데, 바로 이런 이유 때문이다.

이 절의 내용을 요약하면 다음과 같다.

IT산업의 한계비용은 매우 낮다. 사실상 추가비용 없이 새로운 고객을 유치할 수 있다. 또 더 많은 고객이 들어오면 네트워크효과가 작동하여 해당 제품의 가치를 더 빨리 증가시킨다.

성장 패턴을 이해하면
'갈 길'이 보인다

○

키워드: 로그형 성장, 기하급수형 성장, 무어의 법칙

가장 기본적인 성장 곡선

아주 간단한 수학 문제 하나를 풀어보자. 여기에 암탉 한 마리가 있는데 매일 달걀 한 개씩 낳는다고 하자. 그럼 1년 후에 모두 몇 개의 달걀을 낳을까? 아주 간단하다. 답은 365개다.

그럼 이번에는 아주 유명한 어린이용 수학 문제를 내보겠다. 샤오밍과 샤오화는 서로 1,000km 떨어져 있는데 서로 마주보고 이동한다. 샤오밍은 차를 타고 매일 300km를 전진하고, 샤오화는 오토바이를 타고 매일 100km를 전진한다. 두 사람은 며칠 후에 만날까? 역시 간단한 문제다. 1,000÷(300+100)이므로 정답은 2.5일이다.

달걀의 숫자나 이동한 거리 구하기는 가장 기본적인 성장곡선인 '선형 성장'에 해당한다.

이른바 '선형 성장Linear Growth'이란 현재의 실적이 과거의 실적과 동일한 방식으로 발생하는 성장패턴을 말한다. 가령 앞에서 말한 암탉은 과거에도 알을 하나씩 낳았고 지금도 변함없이 하나씩 알을 낳는다. 수학적으로 선형성장 그래프는 1차 함수 그래프, 즉 직선이다. 그리고 이 성장의 속도는 직선의 기울기에 의해 결정된다.

일상생활에서 선형 성장은 가장 직관적으로 느낄 수 있는 성장모델이다. 가령 지하철역 근처 포장마차에서 매일 100개의 토스트를 팔았다면 한 달에 3,000개를 팔 수 있을 것이다. 또 매일 오후 스타벅스에 가서 커피를 한 잔씩 마셨다면 한 달에 총 30잔을 마시게 된다.

이 선형성장 방식은 너무 직관적이고 단순해서 사람들은 어떤 일을 할 때 선형 성장을 당연하게 받아들이고, 미래에 대한 예측도 이 선형성장 모델을 적용하는 경향이 강하다. 하지만 실제로는 선형성장 관계가 성립하지 않는 케이스가 굉장히 많다. 왜냐하면 현실에서는 과거에 발생한 일이나 과거에 이루어진 성장이 현재의 성장에 지대한 영향을 끼치는 경우가 많기 때문이다.

이번 장에서는 우리 일상생활과 IT산업에서 자주 만나게 되는 네 가지 서로 다른 성장 패턴을 설명하겠다.

선형 성장은 이미 설명했다. 또 다른 하나는 앞에서 말한 네트워크효과의 가치 성장이다. 이를 그래프로 그리면 2차 함수 곡선이 된다. 이런 성장패턴을 '거듭제곱형 성장power growth'이라고 부른다.

이제부터 선형 성장과 거듭제곱형 성장 이외에 나머지 두 가지 패턴을 살펴보자.

처음에는 쉽지만 점점 더 어려워지는

다음의 성장곡선을 살펴보자.

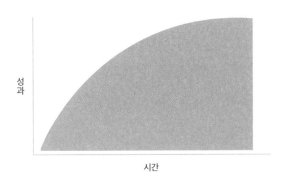

X축은 시간을 나타내고 Y축은 성과를 나타낸다. 그래프에서 알 수 있듯이 이 곡선은 처음에는 매우 빠르게 성장했지만 곧 정체기를 맞이한다. 그 후로는 동일한 노력을 기울여도 동일한 성장을 얻지 못한다. 앞에서 소개한 '한계'의 개념이 떠오르지 않는가? 이 곡선은 '한계효용 체감의 법칙'이 무엇인지 완벽하게 설명하고 있다. 같은 시간을 투자해도 효용의 증가량은 점점 낮아진다. 이런 성장패턴을 '로그형 성장logarithmic growth'이라고 한다.

일상생활에서도 이런 로그형 성장의 예를 얼마든지 찾아볼 수 있다. 가령 많은 기술이나 기능의 경우 이런 로그형 성장 패턴을 보인다. 가장 대표적인 사례가 다이어트다. 다이어트 경험이 있는 사람은 누구나 체험했을 것이다. 처음 시작 후 1~2주 동안은 적게 먹고 많이 운동하면 살이 금방 빠진다. 하지만 곧 정체기가 찾아오고 아무리 애써도 잘 빠지지 않는다. 왜 그럴까? 다이어트 초기에 감소한 체중은 사실 대부분 수분이기 때문이고, 이보다 더 중요한 원인은 우리 몸이 에너지 소모 패턴을 자동 조절하기 때문이다. 갑자기 칼로리 섭취량이 줄어들면 우리 몸은 이를 위기로 인식하고 기초대사량을 줄이는 방식으로 대응한다. 따라서 운동량을 늘리고 더 과학적인 식이요법을 동원해야만 이런 정체기에서 벗어날 수 있다.

스포츠도 마찬가지다. 처음에는 기술을 익히기 쉽지만 뒤로 갈수록 어려워진다. 만약 올림픽에서 메달을 딸 수 있을 정도의 최정상 선수라면 단순히 기술로 승부하는 차원을 이미 넘어섰다. 이제부터는 건강 솔루션, 전문 의료진, 심리 건강, 경기상황의 과학적 조정 등 다양한 요소를 동원해야만 세계 정상을 노릴 수 있다.

또 다른 대표적인 예가 외국어 습득이다. 처음에는 일상회화나 기초단어만 외워도 외국인과 기초적인 대화가 가능해진다. 나도 대학교 시절 독일 교환학생 프로그램에 참가했다. 독일 학교에서 마련한 어학코스에서 공부했는데, 전혀 기초가 없던 내가 불과 한 달 만에 자기소개와 음식 주문 등이 가능해졌던 것이다. 하지만 그 뒤에는 어려운 단어를 암기하고, 그 나라의 문화와 역사, 전통도 공부해야 한다. 공부의 난도는 점점 높아지지만 공부한 만큼 실력은 오르지 않는다. '한계효용 체감의 법칙'이 나타난 것이다.

어떤 기능에 매력을 느끼고 그걸 배워야겠다고 마음먹어 도전하면 분명히 어느 순간 정체기가 찾아올 것이다. 이때 절대로 포기해서는 안 된다. 한 가지를 기억하자. 모든 문제는 '변별력'을 높이기 위해 이른바 '킬링 문제'를 출제한다는 사실을 말이다.

가령 수능 만점이 150점이라고 할 때, 110점을 받기는 상대적으로 쉽지만 130점까지 올리기는 매우 어렵다. 모두들 이 20점을 올리기 위해 목숨 걸고 공부한다. 실리콘밸리 프로그래머 면접에는 알고리즘 문제가 반드시 출제되는데, 이때 수능의 '킬링 문제'와 마찬가지로 매우 까다로운 알고리즘 문제가 꼭 나온다. 도전자들은 대부분 프로그래밍의 달인이지만 이런 고난도 알고리즘 문제를 모두 풀 수 있는 건 아니다. 이런 문제를 출제하는 의도는 무엇일까? 바로 변별력을 높여 제대로 된 인재를 선발하기 위해서다.

그럼 어떻게 대처해야 할까? 한 가지 노하우를 알려주고 싶다. 바로 '목표 쪼개기'다. 하나의 큰 목표를 여러 개의 작은 목표로 분해한 다음 순차적으로 달성해나가는 것이다. 이렇게 작은 목표를 하나씩 이뤄나가면 스스로도 발전하는 모습이 보이기 때문에 마음이 한결 가벼워지고 심적 부담도 덜 수 있으며 성취감도 얻을 수 있다. 가령 '투르 드 프랑스 Tours de France' 우승은 모든 사이클 선수의 로망인데, 영국의 팀 스카이 Team Sky는 과거 이 대회 우승을 차지한 적이 없었다. 하지만 새로 부임한 코치는 팀을 맡자마자 큰 목표를 작은 목표로 세분화하는 새 훈련법을 도입했다. 그는 전체 성적을 얼마만큼 올리겠다는 큰 목표를 버렸다. 대신 타이어 품질 제고, 선수 수면의 질 향상, 선수 영양상태 개선 등 세부사항에 중점을 두었다. 이런 노력은 결코 헛되지 않았고, 마침내 팀 스카이는 투르 드 프랑스 대회에서 우승을 거머쥘 수 있었다.

뒤로 갈수록 좋은 시절이 찾아오는

그 유명한 체스판 이야기를 기억하는가? 어느 나라의 왕이 한 수학자에게 상을 내렸다. 수학자는 체스판 하나를 가득 채울 만큼의 쌀을 달라고 말했다. 다만 한 가지 단서가 있었다. 첫 번째 칸에 쌀 한 톨을 놓고, 두 번째 칸에 두 톨을 놓고, 세 번째 칸에는 네 톨을 놓아야 한다. 즉, 앞칸의 두 배만큼의 쌀을 뒤칸에 놓는 방식으로 쌀의 양을 늘려간다. 그 결과 어떻게 되었을까? 처음 몇 칸에는 쌀을 금방 채울 수 있었다. 하지만 마지막에는 이 나라 곳간의 쌀을 전부 실어와도 부족했다.

방금 전에 살펴봤듯이 처음에는 금방 성장하다가 뒤로 갈수록 정체되는 성장패턴과 달리, 이 경우는 처음에는 성장속도가 느리지만 나중에는 급격하게 빨라진다. 이것이 바로 또 다른 매우 전형적인 성장패턴인 '기하급수형 성장exponential growth' 또는 '지수형 성장'이다. 다음 곡선은 지수함수 그래프다.

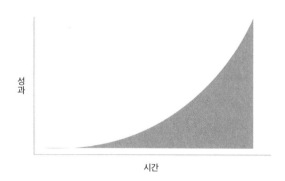

그래프에서 알 수 있듯이 처음 시작 후 상당 기간 동안은 아무리 많

이 투자해도 곡선은 그다지 증가하지 않는다. 하지만 곡선의 상승속도는 급격히 빨라지며 뒤로 갈수록 성장속도는 더욱 빨라진다. 로그형 성장이 정체기를 맞이하는 것과 달리 기하급수형 성장은 상한선이 없다.

현실 세계에서 가장 흔하게 볼 수 있는 예가 바로 복리 계산법이다. 직접 계산해보자.

가령 원금이 100원이고 복리 연이율은 10%라고 하자. 그럼 1년 뒤이 돈은 110원이 된다. 복리는 '이자가 원금에 포함되어 다시 이자가 붙는' 계산 방식이다. 따라서 2년 뒤에는 $100 \times 1.1 \times 1.1 = 121$원이 된다. n년이 지나면 원리합계는 100×1.1^n원이 된다.

그럼 원금 100원으로 수익이 최초로 100%를 달성할 때까지, 즉 원리합계가 200원이 될 때까지는 얼마의 시간이 걸릴까? 약 8년이 걸린다. 두 번째로 100% 증가하여 원리합계가 300원이 될 때까지는 얼마의 시간이 더 걸릴까? 그때는 추가로 4년밖에 걸리지 않는다. 400원이될 때까지는 약 3년, 500원이 될 때까지는 2년밖에 걸리지 않는다. 25년이 지나면 원리합계는 최초 원금의 10배 넘게 불어난다. 반면 선형성장 방식인 단리로 계산한다면? 25년 후에는 $100 + 100 \times 0.1 \times 25 = 350$원에 불과하다.

이게 바로 복리의 힘이다. 처음에는 느리지만 뒤로 갈수록 증가속도가 빨라지고 나중에는 가파르게 증가한다.

이밖에도 기하급수형 성장 패턴을 보이는 예는 많다. 이들은 처음에는 성장 속도가 느리지만 어느 날 장애물이나 관문을 넘어서면 그 후로는 상황이 급격히 나아지고 가파르게 발전하기 시작한다.

대표적인 사례가 과학기술의 발전이다. 처음 시작할 때 전체 과학 분야는 마치 황량한 사막과도 같다. 사람들은 아무리 연구하고 노력해도 방향을 찾지 못하는 듯 보인다. 하지만 어느 날 갑자기 누군가가 수많은 시도 끝에 단 한 차례 성공한다. 가령 필라멘트를 발명한 에디슨처럼 말이다. 다시 시간이 흘러 사람들은 신기술을 상용화하는 과정에서 수많은 어려움을 겪는다. 정책규제, 소비자의 외면, 초기제품의 품질 불량, 높은 원가 등 원인은 다양하다. 하지만 어느 날 개발한 상품이 시장에서 큰 호응을 받고 인기를 끈다. 그리고 폭발적인 성장세를 보인다.

IT산업계에는 아주 유명한 기하급수형 성장 사례가 있다. 바로 '무어의 법칙Moore's Law'이다. 이 법칙에 따르면 과학기술과 시장이 발전하면서 18~24개월마다 메모리칩의 성능이 두 배로 향상되고 가격은 절반으로 하락한다. 무어의 법칙은 최근 반 세기 동안 계속 적중했다.

개인 차원에서도 이런 성장 패턴은 많이 찾아볼 수 있다. 위챗 공중계정과 같은 SNS에 글쓰기, 틱톡에서 스타 되기, 빌리빌리(중국의 UCC 웹페이지. - 옮긴이)에 업로드하기 등이다. 나 역시 위챗에서 〈Han의 실리콘밸리 성장기〉를 운영하면서 처음에는 아무도 알아봐주는 사람이 없어서 힘들었고 겨우 친구 몇 명만 관심을 보였다. 하지만 서서히 영향력을 보이기 시작했다. 팔로워수가 늘어날수록 그들이 내 포스팅을 퍼 나르는 속도도 빨라졌고, 그 결과 새 글을 포스팅하면 전보다 훨씬 더 많은 사람들이 내 글을 읽었다. 처음 1,000명의 팔로워를 모으는 데는 두 달 정도 걸렸지만, 나중에는 2만 명에서 21,000명으로 똑같은 1,000명을 늘리는 데 겨우 며칠밖에 걸리지 않았다.

따라서 만약 내가 하려는 일이 기하급수형 성장패턴을 보인다는 사실을 인식한다면 처음부터 포기하지 않을 수 있다. 일정 시간의 힘겨운 시기를 지나고, 아무런 성과 없이 노력과 투자만 하는 시기를 버텨낸다면, 언젠가 폭발적으로 성장하는 그날을 맞이할 수 있다. 실제로 대기업들은 대부분 훨씬 더 높은 전략 비전을 세우고 기업 구성원들의 눈높이를 한껏 높인다. 결코 눈앞의 성과에 안주하거나 절망하지 않고 더 먼 미래를 바라보도록 유도한다.

네 종류의 성장 곡선

이제 정리할 시간이다. 이번 절에서는 네 가지 성장 패턴 곡선을 살펴봤다. 가령 우리가 먹는 소금의 양은 선형 성장 패턴을 보인다. 왜냐하면 우리가 섭취하는 나트륨의 양은 매일 거의 일정하며 큰 변동을 보이지 않기 때문이다. 우리의 뇌 용량은 거듭제곱형 성장 패턴을 보인다. 뉴런 사이의 연결이 네트워크효과를 보이기 때문이다. 어떤 기술을 배운다면 그 실력은 로그형 성장 패턴을 보이고, IT분야 사업은 기하급수형 성장 패턴을 보일 것이다.

이를 수학 공식을 사용해 정리해보자. 시간을 x, 가치를 y라고 할 때 (단, a는 상수) 우리는 다음의 공식을 얻는다.

선형 성장: $y=ax$ 거듭제곱형 성장: $y=xa$

로그형 성장: $y=a(logx)$ 기하급수형 성장: $y=ax$

이 네 곡선을 평면에 함께 그리면 각각의 차이를 좀 더 분명히 파악할 수 있다. 처음에 로그형 성장곡선이 가장 빠르게 증가한다. 하지만 기하급수형 성장 곡선이 서서히 엄청난 위력을 발휘한다. 따라서 기하급수형 성장은 오늘날 많은 IT기업이 추구하는 성장 패턴이다. 그리고 다른 우수한 기업들 역시 이런 속도로 성장하고 있다.

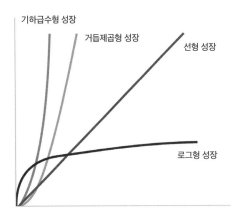

이 장을 통해 당신이 지금 선택한 일이 어떤 성장 패턴을 보이는지 객관적으로 파악하기를 바란다. 그것이 나의 가장 큰 바람이다. 가령 가장 전통적인 식당이나 창의성이 전혀 없는 호프집을 열기로 했다면, 그 가게는 기껏해야 선형 성장밖에 기대할 수 없다는 점을 받아들여야 한다. 오랜 시간이 흘러도 당신의 소득은 첨단산업에 종사하는 사람처럼 늘지 않는다. 이게 지극히 정상이고 객관적인 법칙이다.

중국인이라면 어렸을 때 부모의 강요로 원주율 소수점 아래 100자리까지 외운 경험이 많을 것이다. 가족 모임이나 친지들이 모였을 때 자랑하기 좋기 때문이다. 사람들은 어릴 적부터 이런 능력을 보이는 걸로 봐서 나중에 큰 인물이 되겠다고 칭찬하기에 바쁘다. 하지만 꼭 그렇지도 않다. 공부는 로그형 성장을 하기 때문이다. 이뿐만이 아니다. 각종 예술이나 바둑 등 기능을 겨루는 분야 역시 대부분 로그형 성장 패턴을 보인다. 처음에는 빠른 성장을 보이며 '신동'이나 '천재' 소리를 듣지만 나중에 정말로 세계 정상급 고수가 되기는 매우 어렵다.

만약 학술연구에 투신하기로 결심했다면 처음 일정 기간 '배고플' 각오를 해야 한다. 어느 정도 뛰어난 성과를 거둘 때까지 계속 말이다. 사실 학술 연구의 본질을 이해하지 못한 채 석사나 박사 과정을 밟는 사람이 많다. 하지만 연구란 길고 지루한 '기하급수형 성장' 과정이다. 그 결과 대학을 졸업하고 5년쯤 지나면, 졸업 후 곧바로 IT기업에 들어가 일한 사람의 재산이 박사과정을 밟는 동기들보다 훨씬 많아진다. 그렇다고 연구를 포기한다면? 그래프에서 알 수 있듯이 기하급수형 성장패턴의 초기에 포기하면 막대한 손실을 입게 된다.

따라서 일시적으로 일이 안 풀린다고 해서 자포자기하거나 화를 내서는 안 된다. 장기적인 안목을 갖고 내 분야 그리고 스스로가 추구하는 성장 패턴을 객관적으로 평가하는 것이 현명하다. 어차피 스스로 선택한 일이라면 그 일의 객관적 성장 패턴을 존중해야 한다. 로그형 성장 패턴의 초기에 자만하고 우쭐하지 말고, 기하급수형 성장 패턴의 초기에 쉽게 포기하지 말아야 한다. 더구나 이 세상 모든 일이 선형성장 패턴대로 움직인다는 순진한 생각도 버려야 한다.

구글은 어떻게
노키아를 무너뜨렸나

키워드: EXO

도로 상황 빅데이터 쟁탈전

요즘 도로 운전할 때는 자연스럽게 스마트폰을 꺼내 실시간 도로 상황을 확인한다. 어느 길은 막히고, 어디는 돌아가야 하는지 등등. 그런데 이런 정보는 어디에서 얻었는지 생각해본 적이 있는가? 그럼 시간을 2007년으로 되돌려보자.

그 당시 노키아는 아주 잘 나갔었다. 매년 여러 모델의 신형 핸드폰을 시장에 출시했고 직접 개발한 운영체제 심비안Symbian도 크게 각광받았다. 2.5G 핸드폰을 사용하며 가끔씩 긴 문자를 보내고 인트라넷에 들어가는 대학생들은 불과 11년 뒤에 치열한 5G 경쟁 시대가 오리라고는 상상도 하지 못했을 것이다. 하지만 바로 그해 스티브 잡스는 아이폰을 발표했다. 모바일 설비의 역사가 새롭게 쓰이고 있었지만 그 당시에는 아무도 이를 눈치 채지 못했다.

방대한 시장을 점유하고 있던 노키아 역시 미래에는 스마트 기기가 대세가 될 것이라고 예측하고 이를 준비했다. 스마트 드라이빙Smart Driving도 그중의 하나다. 노키아의 관리자층에서는 '앞으로 사람들이 핸드폰으로 실시간 도로 상황을 확인할 수 있으면 좋겠다'라고 생각했다. 그래서 자연스럽게 도로 데이터를 수집하는 방법을 연구했다. 데이터를 어떻게 수집해야 할까? 노키아는 직접 도로에서 수집하는 방식을 생각했다.

그래서 아이폰이 발표되고 2개월 후, 노키아는 81억 달러를 들여 미국 시카고에 본부를 둔 나브텍Navteq을 인수했다. 이 회사는 그 당시 로드 센서 분야에서 가장 앞서 있었다. 유럽에서만 13개 국가, 35개 도시, 총 40만 Km의 도로에서 그들의 로드 센서가 이용되고 있었다. 노키아는 이번 인수로 전 세계 모든 도로의 데이터를 손에 넣을 수 있다고 확신했다.

하지만 그 판단은 틀렸다.

거의 비슷한 시기에 무명에 가까웠던 웨이즈Waze라는 스타트업이 이스라엘에서 출현했다. 이 회사 역시 도로 정보를 수집한다. 하지만 방식은 전혀 달랐다. 바로 핸드폰을 이용해 이 거대한 틈새시장을 공략했다. 그들의 전략은 고객 자신의 핸드폰에 장착된 GPS를 이용해 직접 데이터를 수집하는 방식이었다. 동시에 고객이 자발적으로 전송하는 데이터도 활용한다. 가령 고객은 어느 곳이 막히고, 어디에 사고가 났으며, 심지어 어디에서 경찰 단속이 이루어지는지를 스마트폰을 이용해 자발적으로 웨이즈에 보냈다.

게임은 웨이즈의 완승으로 끝났다. 겨우 2년 만에 웨이즈의 도로 정보량은 나브텍을 추월했고, 다시 4년 뒤에는 나브텍의 10배 이상 앞섰다. 시간은 이미 2013년에 접어들었다.

2013년 6월, 구글은 11억 달러에 웨이즈를 인수했다. 웨이즈는 출범 초기에 직원 수가 100명도 채 안 되고 심지어 도로 정보를 수집하기 위한 하드웨어 자산도 전혀 없는 무명의 스타트업이었다. 하지만 점차 성장해 고객 수를 5,000만 명으로 불렸고, 고객 수가 지속적으로 증가해 조만간 두 배인 1억 명에 도달할 것으로 예측되는 상황이었다. 웨이즈를 인수한 후 구글은 지도 및 현지화 업무 분야에서 비약적으로 발전했다. 오늘날 구글맵은 전 세계 고객 수 1위, 서비스 지역 수 1위를 달리고 있다.

3개월 후, 마이크로소프트는 50억 달러에 노키아의 핸드폰 업무를 인수했고, 22억 달러를 추가로 들여 노키아의 모든 특허기술을 사들였다. 이처럼 노키아는 2007년 당시 자신들이 나브텍을 인수했던 자금보다 약 10억 달러 적은 헐값에 팔리며 역사의 뒤안길로 사라졌다.

이처럼 구글은 지리 데이터 제공업체를 인수함으로써 노키아에 완승을 거두었다. 그 심층적 원인은 바로 두 회사의 성장 전략의 차이에 있었다. 즉 두 회사는 서로 다른 '시대'를 대변한다고 말할 수 있다.

노키아가 인수한 나브텍은 가장 전형적인 선형 성장 패턴을 추구했다. 실제 도로에 가서 센서를 설치하는 방식은 한계비용이 너무 크고,

확장 속도에서 큰 제약을 받을 수밖에 없다. 예를 들어 x원을 투입했을 때 증가속도가 y라면, 10x원을 투입했을 때 증가속도는 10y에 불과하다. 이런 속도는 너무 느리다. 반면 웨이즈는 실물자산의 투입 과정이 전혀 없었다. 그 대신 고객이 그들의 앱을 깔기만 하면 자동적으로 '걸어 다니는 도로 위의 센서'가 되었다. 따라서 웨이즈의 경우 신규 데이터를 얻는 데 드는 한계비용이 사실상 제로였다. 게다가 웨이즈는 운도 따랐다. 그 무렵 전 세계 스마트 모바일 설비가 비약적으로 발전했기 때문이다. 그 결과 웨이즈는 기하급수형 성장패턴을 보이며 폭발적으로 성장할 수 있었다.

정보화시대에 선형 성장 패턴은 기하급수형 성장 패턴을 결코 이길 수 없다.

웨이즈나 구글처럼 사업에서 기하급수형 성장을 실현한 기업을 실리콘벨리에서는 기하급수 기업, 줄여서 EXO라고 부른다. 이는 살림 이스마일Salim Ismail이 2014년에 출간한《기하급수 시대가 온다Exponential Organizations》라는 책에서 처음 도입한 개념이다. 그는 이 책으로 수많은 상을 수상했다. 그가 내린 정의에 따르면 EXO의 매출과 영향력은 동종 기업보다 최소한 10배 이상 크다.

이제부터 몇몇 EXO의 사례를 살펴보겠다.

EXO의 전형적인 케이스

먼저 소개할 기업은 깃허브Github다. 소프트웨어 프로그래머들에게는 영향력이 매우 큰 오픈소스 개발 플랫폼이다. 2018년 10월 기준 깃허브는 전 세계 3,100만 명의 고객과 5,700만 건 이상의 소프트웨어 프로젝트를 수행 및 관리하고 있어서 가히 세계 최대 규모의 오픈소스 플랫폼이라고 할 수 있다. 깃허브가 기하급수형 성장을 실현할 수 있었던 원동력은 매우 많다. 그중 가장 핵심적인 원동력은 보통 혼자서 하는 코딩작업을 마치 SNS 활동처럼 바꿨다는 데 있다.

가령 누구든지 깃허브에 자기가 만든 프로그램의 전체 오픈소스를 공개할 수 있다. 그럼 세계 각지의 프로그래머들이 달려들어 이를 검증할 수 있다. 이때 더 중요한 점이 있다. 만약 그 오픈소스에 개선할 부분이 있다고 판단하면 누구든지 그것을 마음대로 고쳐서 다시 올릴 수 있다. 또다시 관심 있는 모든 사람이 달려들어 온라인상에서 이렇게 수정한 코드가 적절한지, 문제는 없는지 자유롭게 토론하고 의견을 교환한다. 이렇게 SNS처럼 운영되는 방식 덕분에 깃허브는 페이스북이나 위챗처럼 한순간에 네트워크효과를 얻을 수 있었다. 아울러 모든 소모임에 높은 수준의 자유를 보장한다. 그 덕분에 깃허브는 운영 비용도 최소화할 수 있었다. 지금도 전 세계 거의 모든 핵심적인 오픈소스는 깃허브에서 얻을 수 있다.

이처럼 SNS의 힘은 강력하다. 자연스럽게 이런 SNS의 속성을 기업 내에 접목하려는 아이디어가 속속 출현했다. 그 결과 기업 내부교류를 지원하는 각종 SNS 제품이 등장했다. 대표적인 사례로는 실리콘밸리에서 탄생하여 나중에 마이크로소프트에 12억 달러에 인수된 야머 Yammer, 세일즈포스 Salesforce 산하의 채터 Chatter, 중국의 딩토크, 위챗 등이 있다.

미국의 시장 리서치 기구인 포레스터Forrester가 실시한 연구조사 결과에 따르면, 기업 SNS 소프트웨어인 야머를 사용한 지 불과 4개월 만에 어떤 회사의 투자회수율이 265%나 증가했다고 한다. 그 원인을 분석한 결과 기업 차원의 SNS 소프트웨어는 기업 내부의 투명성과 소통을 증진시키고, 나아가 조직 내부의 정보 지체를 막아주어 네트워크효과를 강화했기 때문이었다. 덕분에 이 SNS 제품들도 '기하급수형 성장'을 달성하며 고객 수와 수익 등이 급성장했다. 가령 채터의 고객 수는 론칭 후 불과 18개월 만에 6배 가까이 증가했다.

또 다른 사례는 세계 최대 숙박공유 사이트인 에어비앤비다. 이 회사는 실물 부동산 자산은 보유하고 있지 않다. 하지만 우수한 플랫폼과 매우 낮은 한계비용을 무기 삼아 공유경제 분야에서 놀라운 '기하급수형 성장'을 달성했다. 2009년의 마지막 날에 에어비앤비를 이용한 숙박 예약 건수는 1,400건이었지만, 불과 8년 만인 2017년 마지막 날의 숙박 예약은 무려 300만 건에 달했다. 2018년 말 기준 이 회사의 추정 가치는 300억 달러 이상이다.

뿐만 아니라 많은 전통기업도 기하급수형 성장 패턴으로 전환을 서두르고 있다. 가령 종이 매체 시대에 성장한 기성 언론사는 아직도 과거의 낡은 취재 및 편집 방식을 통해 뉴스를 제작하고 이를 포털사이트에 공급하는 방식을 취하고 있다. 이 경우 뉴스 한 편의 한계비용은 거의 제로일지언정 이런 방식으로는 네트워크효과를 전혀 기대할 수 없다. 기하급수형 성장은 말할 것도 없다.

영국의 유력 일간지인 《가디언》은 기하급수형 성장 패턴으로 전환에 성공한 대표 사례로 꼽힌다. 《가디언》은 콘텐츠 제작을 사회 전체에 개방했고, 그 결과 우수한 콘텐츠 생산량이 비약적으로 증가했다. 그중 가장 유명한 2009년도의 사례를 소개하겠다. 영국정부는 200만 페이지에 달하는 의회 의원 경비 지출 보고서를 대중에 공개했다. 만약 '선형성장' 마인드로 이 200만 페이지의 보고서를 뒤져서 그 가운데 가치 있는 뉴스를 발굴하려면, 모르긴 몰라도 편집실 전체가 꼬박 몇 개월 동안 잠도 못 자고 매달려야 했을 것이다. 하지만 《가디언》은 혁신적인 아이디어를 떠올렸다. 모든 독자들을 참여시켜 함께 이 보고서를 읽고 중요한 내용이나 뉴스거리를 찾도록 한 것이다. 그러자 효과는 분명하게 나타났다. 불과 사흘 만에 독자들이 분석한 분량이 전체 보고서의 20% 이상에 달했다.

중국 언론 플랫폼 역시 사회 전체에 개방하여 가치 있는 콘텐츠를 공동 제작하고 문자 콘텐츠의 가치를 '기하급수형'으로 확대하는 것을 성장전략으로 삼고 있다. 위챗 공중 계정, 뉴스앱 진르터우탸오, 바이두의 바이자하오 등이 이런 식으로 패러다임을 전환했다.

어떻게 하면 EXO로 탈바꿈할 수 있을까? 살림 이스마일은 자신의 저서 《기하급수 시대가 온다》에서 이에 관한 제언을 했다. 관심 있는 독자는 이 책을 꼭 읽어보기를 권한다.

유튜브와 인스타그램,
그들은 왜 초심을 바꿨나

○

키워드: 그로스 해킹, 아하 모멘트

그들은 심지어 이런 짓도 했다

2005년 4월, 자베드 카림Jawed Karim은 'Me at the zoo'라는 영상을 유튜브에 올렸다. 자베드 카림은 유튜브의 공동 창업주 가운데 한 명이다. 지금도 사람들은 이 영상에 댓글을 남겨 역사적인 유튜브의 시작을 기념한다. 그런데 혹시, 유튜브가 '온라인 데이트용 SNS'였다는 사실을 알고 있는가?

초기 창업자인 자베드 카림, 체드 헐리, 스티브 첸은 2005년 2월 유튜브를 개설하고, 어떻게 해야 사람들이 유튜브에 영상을 올릴지를 고민했다. 유튜브 이용자가 자신의 동영상을 타인과 공유할 만한 동기가 필요하다고 판단했다.

그래서 이들은 온라인 데이팅 서비스를 제공하자고 결정했다. 고객은 짝을 선택할 권한이 전혀 없고 시스템이 알아서 자동으로 매칭시켜주는 식이었다.

하지만 그 당시 사람들은 이를 외면했다. 어느 누구도 유튜브에서 짝을 찾으려고 하지 않았다. 다급해진 유튜브의 창업자들은 벼룩시장 사이트들에 영상을 올리기도 했고, 동영상을 올리는 여성 고객에게는 건당 20달러씩 지급하는 이벤트도 진행했다. 하지만 사람들은 여전히 영상 올리기를 주저했다.

그 후 유튜브는 고객의 행위 관련 데이터를 분석했다. 그 결과, 그들이 혁신적인 아이디어라고 생각했던 데이트 서비스가 사실은 그렇지 않다는 사실을 발견했다. 절대다수가 데이트용 동영상을 올리는 데 부끄러움을 가지고 있었던 것. 결국 이들은 온라인 데이팅 서비스를 포기하고, 일상생활을 공유하기 위한 동영상으로의 패러다임 전환과 빠르고 편리하게 영상을 올릴 수 있는 구조에 집중해 오늘날의 유튜브를 만들었다.

이들은 처음 떠올린 아이디어가 자기 생각엔 최고의 서비스라고 생각되어도, 그게 아니라고 판단했다면 주저 없이 그만둘 수 있는 용기를 가지고 있었다. 그 결과 유튜브는 기하급수형 성장을 맞이했다. 처음에는 아무도 알아주지 않는 소형 사이트였지만 불과 1년 만에 알렉사 랭킹(랭킹 사이트 alexa.com에서 제공하는 방문자수 순위. - 옮긴이) 5위의 초대형 사이트로 급성장했다. 2006년 7월 유튜브의 일일 시청건수는 1억 건 이상을 돌파했으며, 그해 10월 구글은 직원 수 68명에 불과한 유튜브를 16억 5,000만 달러에 인수했다.

아예 초심을 바꾼 또 다른 사이트로는 더 포인트 The Point 가 있다. 2007년 1월, 앤드류 메이슨 Andrew Mason 은 시카고대학교를 막 졸업했다. 대학교 시절 메이슨은 인턴 생활을 했는데 그의 우수한 인턴 성적을 눈여겨본 사장 에릭 레프코프스키 Eric Lefkofsky 는 이 젊은 청년에게 투자하기로 결심했다.

더 포인트는 처음에 SNS로 출발했으며, 사람들을 모아 공익활동이나 기부활동 등을 펼치는 사업을 기획했다. 하지만 그 무렵 페이스북이 무서운 속도로 성장하고 있었고, 그들이 목표로 했던 사회활동 등은 페이스북의 '이벤트' 기능을 통해 거의 완벽하게 실현할 수 있었다.

그러자 더 포인트는 아무도 찾지 않게 되었고 곧 문을 닫을 지경이 되었다. 메이슨 역시 레프코프스키에게서 받은 투자금을 돌려주려고 생각했다. 그런데 메이슨은 데이터를 심층 분석한 결과 더 포인트에서 가장 인기 있는 이벤트가 '공동구매'라는 사실을 발견했다. 그래서 초심을 과감히 버리고 소셜 커머스 회사로 탈바꿈했다. 회사 이름도 '그루폰 Groupon'으로 바꿨다.

리포지셔닝을 단행하자 그루폰에도 기회가 찾아왔다. 그리고 기하급수형 성장을 달성했다. 불과 1년 반 만에 직원 수도 10여 명에서 400명으로 늘었고, 기업가치는 10억 달러에 달했다. 2011년 11월 나스닥에 상장했는데 IPO 규모가 IT기업 가운데 구글에 이어 두 번째였다.

또 비슷한 사례로 버븐 Burbn 이라는 SNS 앱을 들 수 있다. 2010년 초 구글에서 나와 스타트업을 차린 프로그래머 케빈 시스트롬 Kevin Systrom

은 몇 달간의 노력 끝에 버븐이라는 SNS 앱을 시장에 출시했다.

버븐은 GPS 기반 SNS 앱이었다. 기본 로직은 다음과 같다. 고객이 어떤 지역에서 '체크인'을 하고 그 지점에서 실행할 계획, 이벤트, 사진을 공유하는 것이다. 지금 이 기능은 대다수 SNS 앱이 수용하고 있다. 가령 틱톡은 사진이나 동영상 등을 보낼 때 GPS 기능을 지원한다. 하지만 당시는 모바일 인터넷 초창기여서 이 기능을 사용하기가 너무 복잡했다. 고객도 이 앱의 모든 기능을 사용하기 어려워했고 곧 이를 외면하게 되었다. 가장 핵심 기능이라 여겼던 지역 체크인 기능도 거의 찾은 사람이 없었다.

구글 출신인 케빈 시스트롬은 데이터 분석 능력이 탁월했다. 그는 오랜 노력 끝에 비록 이 앱은 사용이 복잡하고 어려웠지만 그래도 한 가지 기능만큼은 고객들이 반복해서 즐겨 사용했다는 사실을 발견했다. 바로 '사진 보내기' 기능이었다. 이를 통해 그는 사람들이 멋진 지역에 가면 거의 무조건적으로 GPS 위치를 첨부한 멋진 사진을 친구와 지인에게 보낸다는 사실을 깨달았다. 요즘 관점에서 보면 지극히 당연한 얘기지만 그 당시에는 이런 욕구가 충분히 파악되지 못했다.

케빈 시스트롬은 패러다임을 완전히 바꾸기로 했다. 복잡한 기능을 전부 없애고 사진 기능과 댓글, 좋아요, 필터 등 일부 기능만 남겼다. 2010년 10월, 그는 완전히 새로운 SNS 앱인 인스타그램Instagram을 출시했다. 인스타그램은 출시되자마자 대박을 터뜨렸다. 그리고 1년 반 후인 2012년 4월, 페이스북에 10억 달러에 인수되었다. 당시 고객 수는 4억 명에 달했다. 인수되기 전의 직원 수는 불과 13명이었다.

흥미진진하고 감동적인 이런 창업 스토리에는 어떤 공통점이 있을까? 바로 창업자들의 업무 스타일이다. 그들은 먼저 저비용으로 자신의 최초 아이디어를 시장에 선보였다. 이어 데이터 분석을 통해 제품의 문제점을 파악했고 제품의 핵심 가치를 발굴했다. 그리고 과감하게 전략을 수정했다. 그 결과 대박을 터뜨리며 비약적인 '기하급수형 성장'을 실현할 수 있었다.

이런 업무 방식은 이미 실리콘밸리에 광범위하게 받아들여졌고 널리 통용되고 있다. 이런 일련의 업무 방식을 '그로스 해킹 Growth Hacking'이라고 부른다.

해킹의 두 가지 의미

'그로스 해킹'이란 실리콘밸리에서 최근 가장 널리 유행하고 신봉하는 성장 수단의 대명사다.

그로스 해킹은 '그로스 Growth'와 '해킹 Hacking'의 합성어다. 첫 번째 단어인 '그로스'는 '제품의 빠른 성장'이라는 이 방식의 목적을 강조한 말이다. 나는 이 말의 핵심이 두 번째 단어인 '해킹'에 있다고 생각한다. 이는 실리콘밸리 전체의 프로그래머 문화를 대변하기도 한다. 바로 '빠르게', '고효율', '저비용' 문화다.

나는 이 해킹이란 단어에 두 가지 함의가 있다고 생각한다.

첫 번째는 방법상의 교묘함이다. 아주 교묘하고 스마트하며 참신한 저비용 방식으로 어떤 욕구를 실현하는 행위를 비유적으로 표현한 말이다. 예를 들어 우주인이 탐사선 안에서 쓸 필기구를 만드는 미션을 생각해보자. 우주공간은 무중력 상태이므로 볼펜의 볼이 부드럽게 움직일 수 없다. 따라서 볼펜은 사용하기에 부적합하다. 가령 '그로스 해킹답지 않은' 방법은 무엇이 있을까? 아마도 볼펜 심 안에 인위적으로 압력을 넣는 방법을 연구하고, 동시에 볼펜의 무게 등을 조절할 수 있다. 그 결과 막대한 비용을 들여 우주인용 슈퍼 볼펜을 제작하자는 방안이 나올 것이다. 반면 '그로스 해킹다운' 방법은 무엇이 있을까? 우주인에게 연필을 쓰게 하면 된다.

실제 제품 제작에서 이런 사례는 비일비재하다.

미국의 한 온라인 CRM(Customer Relationship Management의 약자로 우리말로는 '고객관계관리'다. 기업이 고객과 관련된 내외부 자료를 분석해 고객 중심 자원을 극대화하고 이를 토대로 고객특성에 맞게 마케팅을 계획, 지원, 평가한다. 고객데이터의 세분화를 실시하여 신규고객획득, 우수고객 유지, 고객가치증진, 잠재고객 활성화, 평생고객화와 같은 사이클을 통하여 고객을 적극적으로 관리하고 유도한다. - 옮긴이) 소프트웨어인 하이라이즈Highrise 는 메인 페이지에서 회원가입을 하는 고객 수를 증가시키는 프로젝트를 수주했다. 만약 그들이 그로스 해커가 아니었다면 가령 고객을 대상으로 설문조사를 실시하여 회원가입을 꺼리는 이유를 분석하거나, 시간을 좀 들여 위챗의 '원클릭 회원가입' 같은 사이트로 링크시켜 회원가입 절차를 생략하는 방법을 개발했을지 모른다. 하지만 하이라이즈 팀은 그로스해커의 면모를 유감없이 보여주었다. 회원가입 버튼 위의 문구를 '회원가입 후 체험하기'에서 '구매 솔루션과 가격 조회해보기'로 바꾼 것이다. 이렇게 비용이 거의 들지 않는 작은 변화만으로 사이트 전체의 회원가입률이 200%나 증가했다. 나중에 원인을 분석해보니, 고객 입장에서는 '회원가입'을 하는 행위가 '조회'해보는 행위에 비해 심리적 압박이 훨씬 컸기 때문이었다.

또 위챗의 사례를 살펴보자. 위챗은 업데이트 때마다 신규 고객을 늘려야 한다는 압박을 받는다. 특히 위챗5.0은 '카드 추가' 기능을 지원했다. 덕분에 위챗은 기존의 SNS에서 단숨에 생활밀착형 앱으로 발돋움할 수 있었다. 하지만 초창기에는 위챗페이는 말할 것도 없고, 모바일 간편결제 그 자체가 고객들에게는 그다지 매력적이고 합리적인 욕구가 아니었다. 이제는 위챗페이로 거의 모든 쇼핑이 가능해졌다. 이는 위챗페이의 네트워크효과가 형성되었기 때문에 가능한 일이다.

그때 위챗에게는 두 가지 핵심 과제가 놓여 있었다. 하나는 고객들에게 새로운 버전으로 업그레이드를 유도하는 일이고, 또 하나는 카드를 연동시키는 일이었다. 그로스 해커가 아니라면 가령 팝업창을 띄워서 고객에게 강제로 조작하게 만들고, 그렇게 하지 않으면 앱을 사용할 수 없도록 만들 수 있다. 하지만 위챗은 '비행기 게임'을 화면 가득 도배하는 방식과 '위챗 훙바오'를 선물하는 방식을 도입했다. 이런 그로스 해킹 아이디어 덕분에 앞의 두 문제를 깔끔하게 해결했고, 나아가 기하급수형 성장을 실현할 수 있었다.

해킹의 두 번째 함의는 탄탄한 기술이다. 즉 소프트웨어 프로그래머는 튼튼한 기술력을 통해 빠르고 안정적으로 이런 교묘하고 참신한 혁신을 이룰 수 있다.

에어비앤비는 출범 초기에 고객 수가 부족해서 고생했다. 고객들은 이 사이트가 호텔 룸을 단기간 대여하는 서비스를 제공한다는 사실 자체를 몰랐다. 그전에 사람들은 보통 현지정보를 제공하는 크레이그리스트 Craigslist 같은 사이트에 접속해 정보를 검색했다. 이 사이트는 화면에 구인, 중고매매, 숙박과 같은 각종 현지 정보를 제공했다.

한 가지 방안은 에어비앤비의 호텔 정보를 크레이그리스트에 연동시키고 검색은 에어비앤비에서 하도록 유도하는 것이다. 하지만 두 회사는 경쟁관계다. 크레이그리스트가 API를 에어비앤비에 개방하여 두 기업이 사실상 '동업'하는 일은 있을 수 없다. 어쩔 수 없이 에어비앤비의 프로그래머들은 크레이그리스트의 정보 업로드 시스템, 분류시스템, 키워드 검색, 심지어 랭킹 시스템 등을 하나하나 연구할 수밖에 없었다.

끊임없는 연구 끝에 에어비앤비에서 새로 올라온 숙박 정보는 크레이그리스트에도 그대로 연동되도록 만들었다. 나아가 프로그래머들은 검색 및 랭킹을 최적화하여, 에어비앤비의 호텔 리스트가 크레이그리스트에서 최상위권에 노출되도록 만들었다. 그 결과 에어비앤비의 호텔 예약률이 급등했다.

물론 나중에 에어비앤비의 이런 방식은 크레이그리스트에 적발되어 금지 조치를 당했다. 하지만 에어비앤비의 초기 성장에 큰 도움을 준 것만은 분명하다.

유사한 사례로는 각종 추천시스템이 있다. 가령 에어비앤비가 보여주는 '당신이 가고 싶은 도시', 아마존이 보여주는 '당신이 좋아할 만한 상품', 구글 검색창의 키워드 자동완성 기능, 넷플릭스 첫 화면의 '당신이 보고 싶어 하는 드라마' 추천 기능 등이다.

이런 기능을 실현하려면 방대하고 탄탄한 프로그래밍과 정교한 데이터 모델이 뒷받침되어야 한다. 실리콘밸리의 최고 프로그래머들은 그로스 해킹 정신을 통해 이런 혁신을 차례차례 성공시켰다.

아하, 이 앱은 좀 유용한걸?

아직까지도 기억나는 한 장면이 있다. 처음 그 팀에 들어갔을 때 팀의 대선배가 우리에게 그로스 해킹 관련 교육을 시켰다. 첫 번째 장의 PPT는 어떤 그림이었는데 무척 인상 깊었다. 한 손으로 활활 타오르는 모닥불 위에 기름을 붓는 장면이었다.

모닥불이 있어야 기름도 부을 수 있다. 작든 크든 불이 없다면 아무리 기름을 부어도 그냥 바닥에 쏟아질 뿐이다. 다시 말해 먼저 제품 아이디어가 분명하게 수립되어야만 그다음에 확장을 위한 후속 조치를 진행시킬 수 있다.

따라서 최초의 핵심과제는 먼저 우수한 제품을 만들기 위한 '아이디어'를 확립하는 일이다. 이것이 바로 내가 '마음을 담아야 사람을 움직인다'를 이 책의 가장 앞에 배치한 이유다. 제품 자체가 형편없으면 아무리 성장하려고 애써도 무용지물이 된다.

이제부터 앞에서 언급한 유튜브, 그루폰, 인스타그램의 사례를 자세히 복기해보자. 그들이 폭발적 성장기를 맞이한 시기는 고객이 선호하는 제품의 욕구를 발견한 이후부터였다. 그로스 해킹에서, 고객이 제품에 대한 호감을 최초로 표현하는 그 순간을 우리는 '아하 모멘트^{Aha}

Moment'라고 부른다. 즉 고객이 "아하, 원래 이 제품은 이런 의미를 담고 있었구나!"라며 제품의 가치를 발견하는 순간이다. 만약 여러분이 만든 제품에 이런 '아하 모멘트'가 없다면 고객들의 호감을 얻지 못한 제품이다. 물론 처음 예상했던 아하 모멘트가 틀릴 수도 있다. 그러면 제품개발팀은 과감하게 전략을 수정해야 한다.

앞에서 말한 세 가지 사례에서 유튜브 고객의 아하 모멘트는, 보는 사람 입장에서는 자신이 원하는 동영상을 찾았을 때고, 올린 사람 입장에서는 자기가 올린 영상이 누군가에게 호평 받는 순간일 것이다. 그루폰의 아하 모멘트는 고객이 첫 번째 거래를 해서 돈을 아꼈던 순간일 것이다. 인스타그램의 아하 모멘트는 고객이 첫 번째 멋진 사진을 올린 시점일 것이다. 이처럼 제품마다 아하 모멘트는 다 다르기 때문에 각 개발팀 스스로 아하 모멘트를 모색하고 찾아야 한다.

일반적으로 아하 모멘트를 경험하고 나면 고객들은 매우 긍정적이고 좋은 기분을 느낀다. 우리는 바로 이 순간을 이용해야 한다.

예를 들어보자. 비트토렌트 BitTorrent는 파일 공유 소프트웨어다. 전 세계 PC시장이 위축되는 가운데 성장을 지속시키기 위해 2012년 그들은 모바일 앱을 만들었다. 그런데 앱의 다운로드 일별 변동폭이 너무 컸다. 연구 결과 다양한 문제점이 발견되었다. 앱의 다운로드 페이지에 고객이 평점을 매기도록 했는데 그것이 시간순으로 배열되는 점이 문제였다. 새로 작성된 평점은 자동적으로 앞부분에 표시되는데, 상위에 랭크된 평점은 그날 앱의 다운로드량에 지대한 영향을 끼쳤던 것이다. 이제 비트토렌트가 해야 할 일은 분명해졌다. 평점을 전체적으로 높이면 되는 것이다.

나중에 그들은 고객이 최초로 '아하 모멘트'를 경험했을 때 팝업창을 띄워 평점을 매기는 방식으로 바꿨다. 그리고 고객의 아하 모멘트는 바로 고객이 최초로 다운로드를 마쳤을 때였다. 이 전략을 실시한 결과 앱 전체의 평점이 900%나 상승했고 앱 설치율도 급증했다.

가장 빠르게 성장하기 위한 네 가지 절차

그로스 해킹은 총 4단계 순환 절차로 구성된다.

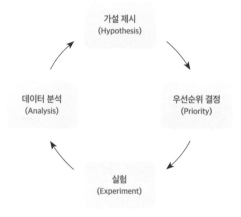

이번 절의 앞부분에서 말한 우수 기업 세 곳(유튜브, 그루폰, 인스타그램)의 사례로 되돌아가자.

이들이 처음 계획했던 제품은 그다지 호응을 얻지 못했다. 하지만 실패한 제품이라고 해서 아무짝에 쓸모도 없다는 뜻은 결코 아니다. 지금 생각해보면 이는 이 세 회사가 초반에 실시한 실험이었다고 볼 수 있다. 초기의 실험이 실패한 후, 세 회사는 대규모의 세밀한 데이터 분석 작업에 돌입했다. 그리고 이 데이터 결과에 근거하여 새로운 제품 가설을 제시했다.

예를 들어 유튜브의 가설은 '사람들은 인터넷에서 동영상을 보고 이를 공유하는 것을 좋아한다. 하지만 동영상을 찍어 자기의 짝을 구하고 싶어 하지는 않는다'였다. 그루폰의 가설은 '사람들은 온라인에서 공동구매를 하여 돈을 아끼고 싶어 한다. 하지만 공동구매를 통해 다른 일을 하고 싶어 하지는 않는다'였다. 인스타그램의 가설은 '사람들은 잘 찍은 사진을 올리고 싶어 한다. 다른 복잡한 기능을 사용하지 못하는 것은 잠시 동안은 받아들일 수 있다'였다. 새로운 가설을 제시하고 나서, 그들은 이 새 가설과 무관한 많은 기능은 과감히 삭제했다. 이것이 바로 우선순위 결정 과정이다. 마지막에 새로 만든 제품을 다시 시장에 출시했다. 그 결과 엄청난 성공을 거두었고 기업은 비약적으로 발전했다.

어떤가? 이들 기업의 성공 스토리는 매우 특별하고 매력적이지 않은가? 단 한 번의 세대교체만으로 큰 성공을 거뒀으니 말이다. 물론 현실은 이 스토리처럼 순탄하지만은 않을 것이다. 제품 전체의 많은 작은 기능도 이처럼 무수히 많은 순환과 세대교체를 통해 비로소 결정되기 때문이다.

그럼 이 4단계 절차 가운데 무엇이 가장 중요할까?

정답은 '데이터 분석' 절차다. 사람들은 그로스 해킹을 '데이터 기반 성장 방식'이라고 부른다는 점에 주목할 필요가 있다. 그만큼 과학적인 데이터 분석이 중요하다는 뜻이다. 이유가 뭘까?

첫째, IT제품은 데이터 수집 면에서 강력한 경쟁력이 있다. 이 때문에 그로스 해킹도 가능해진다. 다른 전통적인 실물 업체들과 비교할 때, 소프트웨어 제품의 데이터 기록 및 수집은 매우 간단하다. 고객이 제품에서 발생시키는 모든 행위, 즉 버튼 클릭하기, 시간 사용, 구매 등은 시스템에 정확하게 기록된다.

우리는 심지어 전체 상품의 각 세부단계에서 고객 이탈률을 파악할 수 있으며, 이에 따라 맞춤형으로 대응할 수 있다. 예를 들어 전자상거래 앱에서 한 사람이 신규 고객으로 전환되는 과정은 다음과 같다.

앱 실행하기 → 회원가입 → 장바구니에 담기 → 쇼핑하기 → 배송된 물건 수령 → 평점 남기기

데이터 분석을 통해 앱을 켠 사람들 중 아주 소수의 사람들만, 가령 0.001%만이 회원가입을 했다는 사실을 파악했다고 가정하자. 이는 회원가입 절차에 개선이 필요하다는 뜻이다. 먼저 심각한 버그가 존재하는지 여부를 조사해야 한다. 가령 고객의 데이터베이스가 잘못 설정되어 서버에 입력되지 않을 수도 있기 때문이다. 이어서 회원가입 절차를 최적화할 수 있는지 살펴봐야 한다. 회원가입 버튼이 눈에 잘 안 띄는 건 아닌지, 회원가입 시 필수입력 사항이 너무 많은 건 아닌지, '원클릭 회원가입' 기능을 지원할 수 있는지 등을 조사한다.

뉴미디어 제품의 경우에도 마찬가지다. 만약 목표가 구독량을 늘리는 것이라면, 핵심사항은 몇 명이나 글을 퍼날랐는지 조사하는 것이다.

이 경우 전체 과정은 다음과 같다.

제목 확인 → 읽기 시작 → 읽기 완료 → 평점 매기기 및 좋아요 누르기 → 퍼 나르기

각 게시글을 대상으로 데이터 분석을 실시하면 자신이 쓴 게시글 가운데 무엇이 인기가 없었는지, 퍼나르기를 적게 한 게시글과 구독량이 적은 게시글은 무엇인지 등도 확인할 수 있다. 이어서 원인을 분석한다. 제목이 부적절했는지, 결론 부분에 퍼나르기를 부추기는 멘트를 안 달아서 그런지 등이다.

새로운 아이디어가 떠오르면, 우리는 이 다양한 아이디어에 우선순위를 매겨야 한다. 이 과정에서도 데이터 분석이 필요하다. 제품의 장기 비전에 부합하는 아이디어와 예상 수익이 높은 아이디어에는 당연히 더 높은 우선순위를 부여한다.

예상 수익은 공식을 이용해 간단히 계산할 수 있다. 즉 '고객 수×전환율 예상치'다. 또한 전환율 예상치를 얼마만큼 높일 수 있는지는 해당 팀의 과거 경험, 업계 전체의 경험을 통해 도출된다. 또 데이터 분석팀의 효과적인 예측도 이에 기여한다.

업무의 우선순위를 결정했다면, 프로그래머는 이 아이디어를 빠르게 제품화하고 테스트를 실시한다. 테스트가 끝나면 테스트 결과에 대해 과학적인 데이터 분석 작업에 돌입한다. 구체적인 테스트 방법, 분석방법, 그리고 데이터 추리에서 필요한 주의사항 등은 이미 앞에서 자세히

설명했다.

데이터 분석이 중요한 이유 둘째, 데이터를 근거로 하면 부서 내의 갈등을 최소화하면서 빠른 세대교체를 단행할 수 있기 때문이다.

제품개발 과정에서 우리는 다양한 갈등을 겪는다. 사람들은 각자 자신의 관점에서 우려스러운 점이나 불만을 얘기한다. 가령 디자이너는 UI가 별로 예쁘지 않다거나 고객에게 최상의 체험기회를 제공할 수 없다고 말할 수 있다. 프로그래머는 서버 용량 문제에 의구심을 나타낼 수 있다. 또 마케팅팀은 이 기능 때문에 고객 이탈률이 높아질 위험이 있다고 경고할 수 있다.

얼핏 보아도 이런 우려는 나름대로 일리가 있다. 하지만 이 모두는 각자의 주관적인 관점에서 말한 일종의 억측에 불과하다. 만약 어떤 버전을 신속히 테스트하여 올바른 데이터를 도출하고, 이 데이터를 근거로 어떤 우려는 기우에 불과하다는 점을 증명하면, 팀 전체의 의견을 빠르게 하나로 통일시킬 수 있다. 그리고 불필요한 논쟁과 내부의 갈등을 피할 수 있다. 그러면 제품은 빠르게 세대교체를 단행할 수 있고 이를 통해 빠른 성장을 실현할 수 있다.

여기에서 강조할 점은 데이터 분석을 전적으로 팀의 데이터분석팀에 맡겨서는 안 된다는 점이다. 그로스 해킹팀의 모든 구성원은, 그가 디자이너든, 제품 매니저든, 프로그래머든, 카피라이터든 직급과 분야에 상관없이 데이터에 대한 감각을 필수적으로 갖고 있어야 한다. 팀원 전체가 아주 민감한 데이터 감각을 갖고 있다면 새로운 아이디어를 짜내고 이를 통해 성장하는 데 아무런 걸림돌도 없을 것이다.

실리콘밸리의 그로스 해킹팀에는 다양한 분야의 인재가 총집합해 함께 일하고 있다. 즉 마케팅은 물론 프로그래머, 디자이너, 카피라이터, 제품 매니저 등 말이다. 이렇게 해야만 이들이 시너지효과를 일으켜 성장의 효율이 극대화되기 때문이다.

일반적으로 실리콘밸리의 그로스 해킹팀은 제품 마케팅 매니저 Product Marketing Manager를 두고 고객의 욕구를 대변한다. 그는 마케팅 관련 다양한 아이디어를 제시한다. 만약 팀 내에 전문 프로그래머나 디자이너가 없다면, 이런 성장 관련 새로운 아이디어는 테스트하고 실현시키기가 매우 어려울 것이다.

또 많은 성장 관련 아이디어는 제품의 기존 기능과 충돌할 가능성이 높다. 하지만 이런 기능은 각각의 제품팀에서 전담한다. 이때 만약 제품 기능을 바꿔야 할 필요성이 제기된다면, 조직 내 소통의 필요성이 크게 높아진다. 만약 제품 매니저가 없다면 매우 어려운 상황이 벌어질 수 있다. 아울러 제품 매니저는 팀이 올바른 방향으로 나갈 수 있도록 콘트롤하고 상부에 보고하는 역할도 수행한다. 카피라이터 역시 매우 중요하다. 고객의 클릭을 유도하는 타이틀이 무엇이지, 어떤 카피가 재미있고 한눈에 와닿는지 파악하는 일은 성장에 있어서 대단히 큰 도움을 준다.

종합하면 그로스 해킹은 실리콘밸리에서 유행하는 제품의 성장을 촉진하는 아주 유용한 수단이다. 참신한 아이디어를, 데이터에 근거해, 탄탄한 기술로 실현하고, 계속 발전해나가는 것.

성장의 끝은
어디까지인가

○

키워드: S자 곡선, 혁신가의 딜레마

하늘 끝까지 도달해야 비로소 끝이다?

나는 업무 중에 'Sky is the limit'라는 말을 자주 듣는다. 직역하면 '하늘이 한계다'지만 의역하면 '하늘 끝까지 도달해야 비로소 끝이다'라고 할 수 있다. 통상 이 말은 어떤 제품이 최초로 성공했을 때 축하파티에서 많이 주고받는다. 이는 마치 '영혼의 닭고기 수프'처럼 제품개발팀 전체를 칭찬하고 독려하는 말로 들린다.

"하늘 끝까지 가는 거야. 아무 걱정하지 마. 우리의 비상(飛翔)을 막을 자는 아무도 없어."

이번 4부에서는 기업의 확장에 관한 많은 얘기를 다뤘다. 그 결과 마치 올바른 방법을 파악하고 노력하기만 하면 자신의 회사가 영원히 계속 확장될 것이란 느낌을 받을 수 있다. 하지만 과연 그렇게 무한대로 확장될 수 있을까? 당연히 그렇지 않다. 확장에도 한계가 있다.

예를 들어 인간의 신체도 한계가 있다. 키나 몸무게도 일정한 한계가 있고 무한정 늘어나지는 않는다. 비단 사람뿐만이 아니다. 지구상의 모든 생물도 유사한 물리학 법칙의 제한을 받는다. 미국의 이론물리학자 제프리 웨스트Geoffrey West는 2018년에 출간한 저서 《스케일 Scale》에서 고질라가 지구상에서 생존할 수 없는 이유를 설명했다. 영화에 나온 설정에 의하면 고질라는 키가 110미터, 몸무게가 2만 톤에 달한다. 무엇보다 다리의 폭이 30미터나 되기 때문에 영화에서처럼 그렇게 민첩하게 움직일 수 없다. 영화의 전체 설정은 비과학적인 허구에 지나지 않는다.

신체도 성장에 제한을 받지만, 개체수 역시 제약을 받는다. 구체적으로 식량의 제약을 받는다. 토머스 맬서스는 그 유명한 책 《인구론》에서 이렇게 말했다.

"인류의 숫자는 이론적으로 기하급수적으로 증가한다. 하지만 토지에서 생산되는 식량이나 각종 자원은 산술급수적으로 증가한다. 따라서 더 증가한 인구는 결국 어떤 방식으로든 사라지게 된다. 인구는 그에 상응하는 농업발전 수준을 넘어설 수 없다."

물론 이 이론은 논란의 여지가 많다. 이 말을 한 것은 '유한성', '한계'를 꼭 마음에 새겨두라는 당부를 하기 위함이다.

이제 우리의 관심사인 IT산업으로 되돌아오자. 사실 어떤 제품의 성장은 기하급수적 성장을 달성한 이후 통상적으로 어떤 정체기를 맞이하며 지속적으로 성장하기 어렵다. 예를 들어 위챗의 중국 고객 수는 중국 전체의 스마트 모바일 기기 숫자가 최대 상한선이다. 또 중국 총인구의 제약도 받을 것이다. 이처럼 인구수에 한계가 있으므로 전체 시장 크기도 상한선이 존재할 수밖에 없다.

만약 어떤 제품의 전체 생명주기를 그래프로 나타내면, 다음과 같은 그림을 얻는다. 그래프는 전체적으로 S자 모양을 띠어서 흔히 'S자 곡선'이라고 부른다. 이 그래프는 유아기, 확장기, 성숙기 이렇게 3개 영역으로 구분한다. 앞의 두 기간은 앞에서 말했듯이 기하급수적 성장패턴을 보인다. 하지만 마지막 단계인 성숙기에 접어들면 이 제품은 이제 한계에 도달한다.

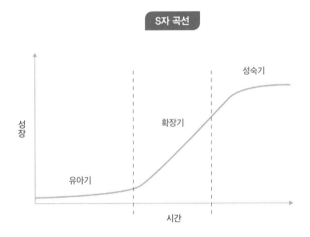

아무리 대단한 제품이라도 결국 정체기를 피할 수 없다. 가령 세상을 완전히 뒤바꾸었던 아이팟조차도 아이폰과 스마트폰이 엄청난 인기를 끌면서 생산량이 정점을 찍었고 성숙기에 접어들었다.

아이팟 연간 생산량 (단위: 백만)

만약 이 한계를 극복하고 싶다면? 오직 혁신밖에 없다. 혁신을 통해 새로운 제품을 연구개발하고, 새로운 수요를 창출하면 된다. 가령 애플이 출시한 아이팟이 아이패드라는 새로운 유형의 제품을 만들어낸 것이 대표적인 사례다. 다른 예로는 그 뒤에 애플이 내놓은 로봇청소기, 쇼트 비디오 SNS 앱, 유료 음악 앱 등이 있다.

대기업이 겪는 어려움

이는 비단 제품만의 문제가 아니다. 한 기업도 정체기에 접어들 수 있다. 회사 규모가 작을 때는 내부의 소통이 매우 원활히 이루어진다. 자본금도 적다. 따라서 수많은 작은 혁신적 아이디어는 아무런 제약 없이 시도해볼 수 있다. 이때 사람과 사람 사이의 연결이 매우 활발하기 때문에 네트워크효과가 최대한도로 발현된다.

하지만 회사가 기하급수적 성장을 실현하고 나면 점점 한계를 만나기 시작한다. 회사 규모가 커질수록 제도는 점차 복잡해지고 정보전달의 효율은 떨어진다. 그 결과 회사 내부의 거래비용transaction cost이 증가하고 심지어 대외협력 시의 거래비용보다도 높아진다. 구글도 과거에 이런 유사한 상황을 겪은 적이 있다. 유럽의 한 팀과 실리콘밸리에 위치한 본사 팀은 똑같은 아이디어를 생각했다. 그런데 이 두 팀은 상당히 오랜 기간 독자적으로 업무를 수행한 후에야 이 사실을 깨달았다. 엄청난 자원이 낭비된 것이다. 이는 노벨경제학상 수상자 로널드 코스Ronald H. Coase가 1937년에 발표한, 경제학 분야에서 매우 중요한 논문인 〈기업의 본질The Nature of the Firm〉에서 언급한 내용이다.

이와 비슷한 내용을 말하는 책으로는 《혁신가의 딜레마The Innovator's Dilemma》가 있다. 저자인 하버드대학교 경영대학원의 클레이튼 크리스텐슨Clayton Christensen 교수는 코닥 등 많은 대기업의 실패사례를 조사한 후, 대기업이 결국 작은 기업에 의해 무너지지는 원인을 분석했다. 그에 따르면 대표적인 원인은 고객들의 압박, 저부가가치 시장에 대한 집착 등이라고 한다.

이제 기업들 앞에 놓인 난제는 해당 기업을 지속 발전시키고 '혁신가의 딜레마'에 빠지지 않게 하는 것이다. 구글이 취한 조치는 '기업 분할'이었다.

2015년 승승장구 중이던 구글은 대대적인 회사 구조조정을 단행하여 새로운 업무 모기업인 알파벳 주식회사Alphabet Inc.를 출범시켰다. 그 핵심은 주력인 IT제품을 제외한 회사들을 알파벳에 편입시키면서 본체 구글의 '군살'을 빼는 것이었다. 알파벳에는 기존의 구글, 캘리코(무병장수를 연구하는 회사. - 옮긴이), 캐피탈G(사모펀드. - 옮긴이), 웨이모어 (소셜 기반 내비게이션 업체. - 옮긴이), 네스트(사물인터넷 업체. - 옮긴이) 등 다른 여러 분야의 회사들이 포함되어 독자적으로 운영된다. 래리 페 이지는 사내 강연에서 이 새 자회사들이 마치 구글 DNA를 가진 세포 처럼 점차 새로운 개체로 성장하고, 마지막에는 모체와 분리되어 생존 하기를 바란다고 말했다.

성장의 초기에는 그로스 해킹을 통해 어떻게 노력해야 기하급수적 성 장을 실현할까를 연구해야 한다. 또한 더 거시적인 관점에서 국면 전체 를 파악하고, 조직과 제품의 지속적인 성장을 달성할 수 있을지를 생각 해야 한다. 이것이 바로 IT업계 종사자들이 반드시 갖춰야 할 능력이다.

확장이란 모든 IT제품이 추구하는 소망이다. 모든 업무는 고객 수의 증가, 사용시간의 확장, 사용 빈도의 확대 등을 목표를 달성하기 위해 수행된다. 그렇다면 '확장'이란 이 큰 주제를 어떤 식으로 정의하고 파악해야 하는가?

첫째, 한계와 한계효용의 의미를 파악해야 한다. 모든 제품은 사용하면 할수록 고객의 만족도가 낮아진다는 사실을 깨달아야 한다. 그래야만 가장 적합한 길을 찾아서 고객의 행복감을 높여줄 수 있다.

둘째, 규모효과와 네트워크효과의 원리를 이해해야 한다. 가장 낮은 규모효과를 이용해 비용을 투입하고 가장 높은 네트워크효과를 얻어야 한다. 이것이 메트칼프의 법칙이 우리에게 알려주는 진리다.

셋째, 선형 성장이라는 '상식'에서 벗어나 기하급수형 성장을 추구해야 한다. 철저히 기초를 다져 기하급수형 성장을 위한 만반의 준비를 갖춰야 한다. 미래를 내다보며 폭발적 성장을 달성할 때까지 꾸준히 노력해야 한다. 이를 위해 인스타그램이나 유튜브처럼 '그로스 해킹' 방식을 사용할 수 있을 것이다.

넷째, 기하급수 성장형 조직을 구축하겠다는 목표를 가져야 한다. 이런 성장을 통해 선형성장 방식을 고수하는 경쟁자를 압도하고 폭발적인 성장을 실현할 수 있다.

다섯째, 성장이 영원히 계속되지는 않는다는 사실을 이해해야 한다. 'S자 곡선'과 '혁신가의 딜레마'는 확장의 한계가 무엇이며 이를 어떻게 헤쳐가야 하는지 수많은 사람에게 교훈을 주고 있다.

일단 기하급수형 성장을 향한 첫걸음을 힘차게 내디뎌보라! 그러면 비로소 확

장의 한계를 체험할 기회도 얻을 수 있을 것이다.

자기 자신을 뛰어넘어라

당신은 업무에서 항상 열정으로 가득한 편인가, 아니면
그럭저럭 적응하고 만족하며 사는 편인가? 어떤 마인드를 가지고 나의
발전을 대할 것인가는 모든 사람 앞에 놓인 실존적 과제다. 분명한 사실은
실리콘밸리 사람들의 자기 수련에는 어떤 특징이 있다는 점이다.
'성장 마인드'가 무엇인지 실리콘밸리 사람들의 화려한 여정을 통해 살펴보자.

그들은 왜 이렇게
필사적으로 노력할까

∘

키워드: 동료 압박, 성장 마인드셋

회사는 쉬어도 우리는 출근한다

어느 날 밤, 샤워를 마친 나는 침실 온도를 조금 낮춘 뒤 불을 끄고 잘 준비를 했다. 그 순간 갑자기 핸드폰이 울렸다.

"아 짜증나. 밤중에 무슨 전화야!"

속으로 이렇게 생각하면서 핸드폰을 켰다. 그런데 핸드폰에 뜬 메시지를 본 순간 나는 좋아서 만세를 부르며 펄쩍 뛰었다.

"최근 실리콘밸리의 공기 질이 나빠져서 회사 측에서는 내일 하루 휴업을 결정했습니다. 만약 재택근무를 원하신다면⋯⋯"

아하! 그런 일이 있었구나. 그 무렵 실리콘밸리 근처에 큰 산불이 나서 엄청난 넓이의 숲을 태웠다. 연기와 재가 바람을 타고 실리콘밸리를 덮쳤고, 초미세먼지와 미세먼지가 각각 기준치를 훌쩍 뛰어넘었다. 그로 인해 눈병이나 인후통 등 이상 증세를 호소하는 사람들이 발생했다.

캘리포니아 주정부는 공립학교에 대해 하루 휴업을 결정했다. 모든 초중고교는 물론 실리콘밸리 북부에 위치한 버클리대학교 등 대학교도 포함되었다. 자녀가 학교에 가지 않으면 집에서 어른이 돌봐야 한다. 따라서 우리 회사 역시 편의를 제공하기 위해 그다음날까지 휴업하기로 결정했던 것이다.

아, 기분 좋다! 사실 다음 날에는 딱히 바쁜 일도 없었던 터라 그렇지 않아도 출근하지 않을 생각이었다. 그래서 나는 기분 좋게 잠자리에 들었다. 다음날 눈을 뜨자 해는 이미 중천에 떠 있었다.

일어나자마자 배가 너무 고팠다. 식사 약속을 잡을 생각으로 회사의 팀 단체채팅방을 켜고 글을 올렸다.

"안녕? 다들 밥은 먹었어?"

그러자 팀원 A가 말했다.

"아직. 회사 구내식당에서 볼까?"

팀원 B도 맞장구쳤다.

"좋지."

시간을 본 나는 순간 멍해졌다. 원래 밖에 나가서 먹자고 할 생각이었는데 구내식당이라니? 그래서 난처함을 무릅쓰고 다시 글을 올렸다.

"응? 오늘 미세먼지 때문에 쉬는 날 아니야? 뭐야? 너희들 오늘도 출근했어?"

그제서야 난 깨달았다. 내가 우리 동료들 사이에서 가장 게으르다는 사실을.

날씨가 나빠도 회사에 가는 이유는? 내게 굳이 그 이유를 꼽아보라면 회사 밥이 정말 맛있기 때문이었다. 실리콘밸리 기업의 구내식당은 최고 수준이다. 구글, 넷플릭스 같은 대기업의 경우 단지 내에 보통 여러 개, 심지어 십여 개의 식당을 운영한다. 문화적 배경이 모두 다른 직원들을 위해 마련된 각국의 요리를 모두 맛볼 수 있다. 한식, 일식, 중식 등 아시아 요리는 물론, 유럽 요리, 카리브해 요리도 있다. 건강식을 원한다면 채식주의자를 위한 식단까지. 물론 무료다!

이런 좋은 복지 혜택에다 이미 다른 지역과는 비교도 안 될 정도로 높은 급여 수준까지, 그 당시에 아직 햇병아리에 불과했던 젊은 프로그래머에게는 이미 과분한 수준이었다. 이런 '소확행'을 누군가에게 말했다간 아주 냉소적인 반응이 돌아올 것이다.

어쨌든 좋다. 실리콘밸리 사람들이 이렇게 죽기 살기로 일하는 이유는 돈이나 복지 혜택 때문이 아니다. 바로 강력한 '동료 압박Peer Pressure' 때문이다.

실리콘밸리의 베테랑들이 전하는 조언

우리는 아주 어렸을 때부터 '다른 집 아이들은 어떻게 하고 다니는지' 보면서 자랐다. 어린 시절의 이런 압박은 사실 부모들이 강제로 시킨 것이다. 그런데 경쟁이 치열한 실리콘밸리에 와보니 모두들 자발적으로 다른 사람들을 살피고 있었다. 내 친구 R이 그 전형적인 케이스다.

R은 '걸어 다니는 모범생'의 대명사다.

그는 내 대학 동기로, 졸업 후 회사에도 함께 들어왔다. 하지만 불과 1년 만에 왕초보에서 팀장 자리에 올라 작은 팀을 이끌게 되었다. 정말 대단한 성취임이 분명하다.

R은 어떻게 이렇게 우수한 걸까? 왜냐하면 그는 죽기 살기로 일하기 때문이다.

대학 후배들이 존경심이 물씬 배어나오는 말투로 자주 그에게 질문하곤 한다.

"선배님, 선배님은 아직도 젊으신데 어떻게 이런 대단한 성공을 거두셨습니까?"

그럼 그는 이렇게 대답한다.

"아, 성공이라고? 성공은 무슨. 사람들이 이제야 내 실력을 인정해준 거지. 좀 비켜줄래? 자습하러 가야 하거든."

나는 아직도 기억이 선하다. 대학 시절 늦은 시간까지 공부에 완전히 몰입하던 그의 모습을 말이다. 그 모습이 마치 차를 후진하는 남자의 모습처럼 멋있게 느껴졌다. 입에는 주차권을 물고, 손으로 운전석을 뒤로 당기고, 몸은 반쯤 뒤로 돌린 채 온 정신을 집중하고, 약간 미간을 찌푸리고, 입으로는 끊임없이 뭔가 중얼거리는 모습 말이다.

프로그래밍 수업에서 과제물을 받으면 R은 항상 일찌감치 끝내곤 했다. 그래야 충분한 시간을 내서 우리에게 참고용으로 보여줄 수 있어서였다. 문제는 이 친구가 매번 과제물의 코드를 보여줘도 나를 포함한 멍청이들은 그걸 완전히 이해하지 못해 추측에 의존해야 한다는 점이었다. 물론 우리는 그의 답이 틀리다고 우기기도 해봤다. 하지만 매번 그의 답은 옳았고 우리의 도발은 항상 실패로 끝났다.

나중에 회사생활을 하게 되었는데 그 친구는 여전히 밤늦게까지 남아 공부하는 습관을 유지했다. 주말에도 예외는 없었다.

"나는 내 인생을 완벽하게 콘트롤하고 싶어."

이것도 그가 직접 한 말이다.

"출근길에 아무 일도 안 하는 건 인생 낭비야. 왜 할 일을 안 해? 우리에겐 두 손이 있잖아?"

또 이런 일화도 기억난다. 언젠가 그는 몇 달을 씨름하며 수만 줄에 달하는 코딩을 끝마쳤다. 하지만 여러 가지 원인이 겹쳐 결국 그 프로젝트는 엎어지고 말았다. 나는 그를 위로했는데 뜻밖에 그는 아주 평온했다.

"괜찮아. 어차피 나도 여기에서 얻은 게 많거든. 그리고 내가 어디가 부족한지도 확실히 파악했어. 그러면 된 거 아냐? 다음번엔 절대로 실수 따윈 하지 않겠어."

만약 당신이 이 친구를 알게 된다면 처음에는 좀 재미없고 거만하게 느껴질지 모른다. 하지만 서서히 그가 엄청 대단하다고 느끼게 된다. 나중에는 자기도 모르게 그를 점점 닮아간다.

사실 동갑내기 친구가 나를 한참 앞서나가는 게 두 눈에 보인다면? 이건 살상력이 어마어마한 무기다. 나 역시 노력하지 않을 수 없다. 천재지변을 뚫고 평소처럼 출근하는 건 기본이고 주말에도 야근을 자청한다. 이런 친구를 곁에 둔다면 나의 인생관, 가치관, 세계관도 자연스럽게 따라 변할 것이다.

이것이 바로 '동료 압박'이 일으킨 걱정과 초조함이다.

훗날 나는 R의 이런 끊임없이 발전하려는 자세가 실리콘밸리에서는 너무나 흔하다는 사실을 발견했다. 심지어 거의 대부분이 이렇게 생각하는 것 같았다. 이곳에서 사람들이 이직하는 이유가 뭘까? 알리바바의 마윈이 말한 "돈을 충분히 안 줘서. 그래서 기분이 나빠서."라는 이유도 물론 있을 수 있다. 하지만 그들이 생각하는 가장 중요한 이유는 바로 '더 이상 새로운 것을 배울 수 없다고 느끼기 때문'이다.

사실 구글 같은 실리콘밸리 대기업에서 팀장들의 가장 중요한 임무는 팀원들의 근무태도에 점수를 매기거나 심지어 감시하는 것이 결코 아니다. 오히려 팀원들의 직업적 성장과 발전을 책임지는 일이다. 예를 들어 어떤 새로운 팀에 들어가면 팀장이 당신에게 멘토를 붙여준다. 그는 당신에게 기술도 가르쳐주고 직장생활도 세심하게 지도할 것이다. 게다가 당신이 직장에서 보여주는 모습을 관찰한 후, 정기적으로 당신을 불러서 이에 관해 다각도로 점검하고 당신이 지속적으로 발전할 수 있도록 코치해준다. 만약 어떤 사람이 자기가 어떤 팀이나 회사에서 더 이상 새로운 것을 배우지 못하고 있다고 느낀다면, 또는 하는 일이 더 이상 도전할 만한 가치가 없다고 느낀다면? 그는 더 높은 목표와 이상을 실현하기 위해 미련 없이 그곳을 떠나 더 큰 곳으로 옮겨갈 것이다.

이와 같이 자기는 더 발전해야 하고, 학습을 통해 끊임없이 발전할 수 있다고 믿는 마인드를, 심리학에서는 성장 마인드셋 Growth Mindset 이라고 부른다.

마인드셋은 매우 중요하다

캐럴 드웩Carol Dweck은 스탠포드대학교의 발전심리학 교수로 실리콘밸리에 상주하고 있다. 그는 다년간의 연구조사를 통해 인간의 마인드셋은 '고정 마인드셋'과 '성장 마인드셋'으로 나눌 수 있다는 결론을 내렸다.

아주 간단한 말로 이 둘을 설명해보겠다. 고정 마인드셋은 '인간의 재능은 변하지 않아. 그러니 노력해도 소용없어.' 식의 마인드다. 성장 마인드셋은 '인간의 재능은 변해. 그러니 노력이 매우 중요해'이다. 핵심 차이는 '고정'과 '성장'이다. 스스로 성장할 수 있다고 믿느냐의 여부에 따라 둘은 확연히 구분된다.

캐럴 드웩의 연구결과에 따르면, 사람은 '성장 마인드셋'을 갖고 일할 때 더 쉽게 발전하고 높은 성과를 낼 가능성이 높다. 내 친구 R이 바로 전형적인 '성장 마인드셋'을 가진 사람이다. 이제부터 이를 자세히 분석해보자.

만약 누군가가 어떤 일에 도전했는데 마지막에 결국 성공을 거뒀다고 하자. 이때 두 부류의 마인드는 하늘과 땅 차이다.

고정 마인드셋 유형은 자기는 능력을 타고났기 때문에 이 성공은 당연한 결과라고 생각한다. 그리고 근거 없는 자신감, 자만에 빠진다. 반면 성장 마인드셋 유형은 이렇게 얻은 성과는 자기가 노력한 결과이며 결코 이것에 안주해서는 안 된다고 생각한다. 그러면서 자기가 어느 부분에서 무엇을 잘했기에 이런 성공을 달성했는지 분석하고, 나아가 이를 그 다음 일에 적극 활용한다. 또한 끊임없이 분석하고 지속적으로 발전해나간다.

예를 들어 당신이 프로그래머라고 해보자. 어느 날 10배의 신규고객을 수용할 수 있도록 시스템을 업그레이드하라는 미션을 받았다. 당신은 소프트웨어 시스템을 새롭게 디자인해서 론칭하는 데 성공했다. 만약 당신이 고정 마인드셋 유형이라면 '나는 대단해. 뭐든지 척척 다 할 수 있어'라고 생각할 것이다. 더 나아가 이렇게 작은 회사에 남은 건 자존심 상하는 일이라며 근거 없는 자부심으로 가득 찬다. 인간관계도 점점 더 나빠진다.

반대로 당신이 성장 마인드셋 유형이라면 이렇게 생각할 것이다.

'정말 잘됐다. 예전에 배운 대기업의 각종 시스템 디자인을 분석하는 기법이 이번 미션을 수행하는 데 아주 요긴했어. 역시 노력한 보람이 있다니까.'

그리고 앞으로도 계속해서 새로운 기술을 배워 자신을 발전시키는 노력을 게을리하지 않는다.

이번엔 당신이 언론사의 에디터라고 해보자. 당신의 미션은 최근 핫이슈를 심층 분석해서 보도하는 일인데, 열심히 노력한 결과 당신이 쓴 글은 조회수 10만 뷰를 기록했다. 만약 당신이 고정 마인드셋 유형이라면 '역시 나는 재능을 타고났어!'라고 생각하며 우쭐해할지도 모른다. 반대로 성장 마인드셋 유형이라면 '예전에 인터넷에서 본 명언들이 이번에 아주 유용했어.' 또는 '이번에 처음으로 10만 뷰를 기록했으니까 앞으로 더 노력해서 훨씬 더 인기 있는 글을 써야지.'라고 생각한다.

내 친구 R은 물론 실리콘밸리 사람 대부분은 '내가 성공했다고? 천만에, 아직 멀었어!'라고 생각한다. 특히 남들이 칭찬할 때 그들은 전혀 아니라고 대답한다. 이런 마인드는 계속해서 발전하고, 끊임없이 새로운 기회를 찾고, 발전을 거듭하여 결국 더 큰 성공을 거두게 만든다.

성공했을 때는 물론 실패했을 때도, 이 두 유형 사람들은 전혀 다른 자세를 보인다.

고정 마인드셋 유형은 스스로 발전할 수 없다고 생각하기 때문에 실패를 자신의 영혼에 대한 모욕으로 받아들인다. 그리고 걸핏하면 엄청나게 크게 화를 낸다. 반면 성장 마인드셋 유형은 자신의 노력이 아직도 부족하다고 느끼고 앞으로 더 열심히 노력하겠다고 다짐한다. 또 반드시 더 잘해낼 수 있다고 마인드컨트롤을 한다. 그리고 실제로 끊임없이 배운다.

역시 앞에서 언급한 예를 살펴보자. 만약 프로그램 개발에 실패했거나 열심히 쓴 글의 반응이 시원찮다면? 고정 마인드셋 유형이라면 자기가 쓸모없는 인간이라고 자책할 것이다. 그리고 심한 좌절감을 느끼며 실의에 빠질지도 모른다. 이어서 팀 동료들이 너무 무능하다고 원망하고 심지어 회사 전체를 비난할 것이다. 더 극단적인 경우는 데이터를 조작하거나 거짓 보고하는 등 수단과 방법을 가리지 않고 실패를 회피하려고 할 수도 있다. 반면 성장 마인드셋 유형이라면 결코 화를 내지 않을 것이다. 오히려 자신의 어느 부분이 잘못인지 파악하고 다음에는 반드시 고치겠다고 다짐할 것이다.

R은 어떻게 했을까? 그는 프로젝트에 실패했을 때 가장 먼저 이번에 무엇을 얻었는지 생각했고, 본인의 실수가 무엇인지 복기했으며, 다음

에는 한층 더 노력해야겠다고 다짐했다고 한다.

이런 차이점의 이면에 어떤 과학적 원리가 숨어 있는지 밝혀내기 위해, 캐럴 드웩은 두 유형 사람들의 뇌파를 분석했다. 그 결과 자신의 잘못이나 실수에 대해 두 유형의 사람들은 뇌파 사진이 전혀 다르게 나타났다. 고정 마인드셋 유형의 뇌파는 자신의 '잘못'에 대해 아무 반응도 보이지 않았고 관련된 뇌 부위도 활성화되지 않았다. 반면 성장 마인드셋 유형의 뇌파는 '잘못'에 반응하는 뇌 부위가 대부분 활성화되었는데, 이는 대뇌가 지금 잘못에 대해 생각하고 그 원인을 복기하고 있다는 뜻이다.

이 세상은 결코 흑백논리가 지배하지 않는다

그럼 자신의 마인드셋을 변화시킬 수 있는 방법은 무엇일까? 캐럴 드웩에 따르면, 고정 마인드셋의 가장 큰 특징은 자신에 대한 지나치게 높은 긍정적 평가다. 그들은 재능을 타고났다고 생각한다. 자신의 능력은 좋거나 나쁘거나 둘 중의 하나라고 여기기 때문에 어떤 일을 하든 그 결과는 좋거나 나쁘거나 둘 중의 하나뿐이라고 생각한다. 결국 자신의 능력을 실제 이상으로 고평가하기 일쑤다. 이에 대해 캐럴 드웩은 세상은 결코 '흑백논리'가 지배하지 않는다고 충고한다.

사실 일상생활에서 개인의 마인드셋 역시 '성장' 혹은 '고정'으로 분명하게 나뉘지 않고 두 종류가 혼재되어 있을 때가 많다. 가령 업무 중에 관리자층의 '충고'를 들었을 때 아마도 성장 마인드셋일 수 있다. 반면 동료나 부하직원의 '불만사항'을 접했을 때는 고정 마인드셋으로 변하기 십상이다. 캐럴 드웩은 이때 너무 두려워하지도, 너무 부끄러워할 필요도 없다고 말한다. 자신이 지금 고정 마인드셋 상태란 점을 인식하는 것 자체가 스스로 바뀌고 향상될 수 있는 첫걸음이기 때문이다.

평소에 갑자기 감정의 기복을 느낀다면, 그때가 바로 고정 마인드셋이 시작되는 시점은 아닌지 관찰해야 한다. 작은 성공을 거두었을 때 그 즉시 희희낙락하면서 SNS에 올려 동네방네 자랑하고 싶을 때, 또는 업무 중에 의심을 사거나 도전을 받아 화가 나 쏘아붙이고 싶어질 때, 그때가 바로 스스로 고정 마인드셋으로 바뀔 가능성이 있는 순간이다. 이는 모든 생물이 가진 자기보호 본능이 작동하기 때문이므로 너무 두려워할 필요가 없다. 이렇게 자신이 고정 마인드셋에 진입했다는 사실을 인식했다면, 그때 해야 할 일은 "괜찮아, 앞으로 더 발전할 수 있어." 라고 자신에게 말해주는 것이다.

많은 경우 '말'만으로도 상황은 크게 개선될 수 있다. 캐럴 드웩은 한 가지 아주 유명한 실험을 했다. 그 결과에 따르면 아이들에게 "너희들은 앞으로 더 발전할 거야."라고만 말해주며 스스로 성장 마인드셋을 기를 수 있도록 했는데, 아이들의 성적은 실제로 올라갔다고 한다.

구체적인 실험 내용은 다음과 같다. 시험을 잘 봐서 아이들을 칭찬할 때는 "너 정말 똑똑하구나!"라고 말해서는 안 되며 반드시 "너 정말 열심히 노력했구나!"라고 말해야 한다. '똑똑함'은 어떤 사람의 내재적 상황을 표현한 말로, 사람들은 이것이 보통 잘 바뀌지 않는다고 인식하기 때문이다. 반면 '노력'이란 어떤 일을 하는 과정을 표현한 말로, '노력은 사람을 발전시키는 데 큰 도움이 된다'라는 사실을 강조하는 효과가 있다.

이런 교육법을 활용한 사례가 있다. 뉴욕의 대표적인 빈민가인 할렘의 성적이 하위권인 어느 유치원에서, 교사는 불과 1년 만에 아이들의 국가수준학업성취도평가 성적을 최상위권으로 끌어올렸다.

어떤가? 아이들에게 노력을 통해 지금 상황을 개선할 수 있다고 말하기만 해도 충분하지 않은가? 따라서 자신에게 고정 마인드셋이 나타났다는 것을 깨닫는 순간, 자신과 소통하고 다독여주고, '화해'하는 법을 배워야 한다.

여기에서 캐럴 드웩은 아주 유용한 '꿀팁'을 제시했다. 바로 고정 마인드셋 상태의 자신에게 이름을 지어주는 것이다. 가령 당신이 아주 싫어하는 스타의 이름을 붙이는 식이다. 그리고 필요할 때마다 그 이름을 큰 소리로 불러 내면의 그를 호출한 뒤 대화를 시도해보자. 아마 큰 도움이 될 것이다.

저명인사들은 이미 시작했다

성장 마인드셋을 장착하면 개인은 물론 기업의 성장에도 큰 도움이 된다. 따라서 미국 과학기술계의 많은 저명인사들은 이를 강력 추천하고 있다.

트위터의 CEO이자 모바일 간편결제 앱 스퀘어^{Square}의 창업자인 잭 도시^{Jack Dorsey}가 대표적인 케이스다. 2018년 말 이 두 기업의 시가총액은 모두 200억 달러에 달했다. 그는 미국의 유명 IT 관련 매체인《버지^{The Verge}》와의 인터뷰에서 성장 마인드셋을 응용하는 법을 강력 추천했다. 또 스스로가 이런 마인드셋을 가졌기 때문에 끊임없이 자신과의 도전을 계속하고 있으며 자신의 한계에서 벗어나기 위해 애쓰고 있다고 말했다.

지금의 잭 도시는 언론과 인터뷰할 때 당당함과 자신감이 넘친다. 하지만 어렸을 때는 무척 수줍음이 많고 남들 앞에서 말할 용기가 없는 소년이었다. 나중에 그는 노력을 통해 스스로를 바꿀 수 있다는 사실을 스스로 깨쳤다. 그래서 학교의 웅변 동아리와 토론 동아리에 가입했다. 다양한 노력과, 심지어 아주 기분 나쁜 훈련을 통해 그는 결국 자신의 표현력을 극적으로 끌어올릴 수 있었다. 가령 5분 내에 자기가 전혀 모르는 분야를 설명하는 훈련 등을 소화했다고 한다. 잭 도시는 배우자와 친구, 회사를 위해 스스로 끊임없이 발전해야 할 책임이 있다고 생각한다. 만약 내가 더 나아진다면 나를 지켜보는 사람들도 이로 인해 더 나아질 것이기 때문이다.

성장 마인드셋 대열에 합류한 또 다른 유명인사로는 마이크로소프트의 CEO 사티아 나델라^{Satya Nadella}가 있다. 그가 CEO 자리에 오른 2014년, 회사는 수많은 난관에 직면해 있었다. 비록 마이크로소프트는 PC 업계 1등이었지만, 그 당시 검색, SNS, 모바일 IT기업들에 완전히 포위되어 있었다. 언론조차 마이크로소프트는 '혁신가의 딜레마'에 빠졌다며 부정적인 보도를 쏟아내고 있었다.

IT기업들의 무차별 공격에서 회사를 구해내기 위해, 그는 CEO가 되자마자 기업문화의 혁신부터 단행했다. 그중 하나가 임직원들에게 성장 마인드셋을 심어주어 스스로 새로운 것을 능동적으로 배우도록 유도했다. 여기에는 당연히 실패를 받아들이는 긍정적 마인드도 포함되었다. 2018년 말 마이크로소프트의 시가총액은 애플을 추월하며 다시 1위 자리를 탈환했다. 이 성과는 임직원들의 마인드셋 전환 노력과 밀접한 관련이 있다. 언론에서는 '마인드셋의 전환이 마이크로소프트가 부활한 핵심 비결'이라고 평가했다.

사티아 나델라는 저서 《히트 리프레시 Hit Refresh》에서 '성장 마인드셋'을 거듭 강조했다. 또 성장 마인드셋을 키우는 핵심 요소 중 하나가 바로 호기심이라고 말했다. 호기심이 있어야 능동적으로 고객의 욕구를 탐구할 수 있으며 나아가 IT 수단을 이용해 이를 충족시켜줄 수 있기 때문이다. 팀 전체의 호기심을 자극하고 더 많은 호기심을 유지하게 만들려면 '다양성'이 무엇보다 중요하다. 다양한 문화적 배경에서 온 사람들이 팀 내에서 각자의 의견을 자유롭게 개진하고, 더 많은 소통과 교류를 촉진하며, 상대방의 의견을 경청하고 이해하도록 유도해야 한다. 이것이 바로 조직이 우수한 성과를 거둘 수 있게 만드는 원동력이다.

이처럼 오래된 기업도 성장을 통해 스스로 세대교체를 실현하면 지금과 같은 치열한 인터넷 전쟁에서도 살아남을 수 있다. 이것이 바로 성장 마인드셋의 힘이다.

마이클 조던은 평생 성장을 추구한 대표적인 사례다. 농구계의 황제 조던은 항상 성장 마인드셋을 실천했다. 그는 고등학생 시절 농구팀에 들어가려고 했지만 첫 번째 도전에서 실패했다. 집에 돌아와 풀이 죽어 있을 때 그의 어머니는 "그게 무슨 문제니? 다시 가서 열심히 연습해봐."라고 격려해주었다고 한다. 그 후 마이클 조던은 마음을 고쳐먹고 노력은 언젠가 보답이 찾아온다고 믿었다. 그 결과 마침내 NBA에 진출할 수 있었다. 그 후에도 이런 노력을 계속했다. 경기에 질 때마다 그는 경기 결과를 복기한 후 그 안에서 교훈을 찾았다. 경기에서 이겼을 때도 자신의 어느 부분이 부족했는지 찾았고 그것을 개선하려고 애썼다. 무엇보다 점점 나이가 들어감에도 불구하고 이런 성장의 노력을 포기하지 않았다는 점이 대단하다. 비록 신체적 능력이나 파워풀한 플레이는 예전만 못했지만 동료와의 팀워크와 리더십 등에서는 지속적으로 성장할 여지가 충분했다.

내 친구 R의 얘기도 빼놓을 수 없다.

얼마 전 R은 회사를 그만두고 어떤 스타트업으로 이직했다. 나는 그에게 물었다.

"급여도 줄어들고 불안정하잖아. 안 무서워?"

그러자 R은 이렇게 말했다.

"미래의 내 사업을 위해 미리 경험을 쌓는 거야. 게다가 그건 내 꿈이라고. 좋아하는 일을 목숨 걸고 하는데 안정 따위는 내게 중요하지 않아. 어차피 앞으로 모든 게 다 잘될 거라고 믿으니까."

실리콘밸리 사람들은 정말로 열심히 노력한다. 시간을 결코 헛되게 보내지 않으려고 노력하고, 지금보다 더 나아지기 위해 노력하며, 무엇보다 꿈을 이루기 위해 노력한다. 당신 또한 이렇게 열심히 노력했으면 좋겠다.

타인을 평가하지 않는 의사소통

○

키워드: 비폭력대화

나를 깨우친 동료들

어느 날 한 친구의 말이 나에게 큰 깨침을 주었다.

사정은 이랬다. 제임스는 나의 학교 선배다. 나중에 미국인과 결혼했다. 즉 우리 친구들 중에서 가장 먼저 '서구화'된 사람이었다. 언젠가 그 커플이 미국 동부에서 실리콘밸리로 나를 찾아왔다. 나는 그들에게 한 턱 냈고, '현지 가이드'를 자청하며 금문교, 피셔맨스 워프Fisherman's Wharf, 셀럽들이 자주 찾는 카페 등 주요 코스를 한 바퀴 돌았다.

저녁식사 자리에서 나는 직장 동료들에 관한 시시콜콜한 얘기와 그동안 주워들은 얘기를 늘어놓았다. 그리고 속으로는 제임스도 내 생각에 맞장구를 쳐주기를 바랐다. 그런데 그는 의미심장한 말투로 내게 이렇게 말했다.

"네 말이나 행동이 누군가에겐 그들을 평가하는 것처럼 비춰질 수 있어. 그럼 갈등이나 불편함이 많이 생길 것 같은데?"

그 말을 들은 나는 이해가 가지 않았다.

내가 무슨 평가를 했다고 그래? 나도 외국에서 오래 공부하고 일했다고 생각한다. 사고방식도 매우 포용적으로 변했다고 자평한다. 가령 비혼주의를 이해하고 피부색이 다른 사람을 차별하지 않는다. 그런데 이게 어떻게 남을 평가하는 거야? 나는 절대로 말을 함부로 하는 사람이 아니야!

"그래? 하지만 그 정도 가지고는 아직 부족해."

제임스는 이렇게 말했다. 그리고는 나를 상대로 일대일 맞춤형 코치를 시작했다. 그의 말을 듣고 나는 큰 충격을 받았다. 또 큰 깨달음을 얻은 기분이었다. 그리고 남을 평가하지 않는 것이 무엇인지 이해하는 일, 이것이 바로 소통에서 가장 중요한 테크닉 중 하나임을 깨달았다. 일상생활에서든, 그 어떤 업무를 하든 큰 도움을 줄 수 있는 말이다.

이제부터 '남을 평가하지 않는 법'에 대해 자세히 소개하겠다.

당신은 '정말로' 타인을 평가하지 않고 있는가?

여기에서 '평가하지 않기'라고 함은 구체적으로 말해서 '자신의 잣대로 남을 함부로 평가하지 마라'는 뜻이다. 그 대상에는 타인의 행위, 외모나 성격, 기호나 취향 등도 모두 포함된다. 그 목적은 모든 사람을 충분히 존중해주고 평등하게 대하는 데 있다. 일반적으로 사람들은 남에게 간섭하지 않으면 충분하지 않느냐고 생각하는 경향이 있다. 하지만 '평가하지 않기'는 '타인의 생활에 간섭하지 말라'처럼 단순하지 않다. 상대방에게 퇴근하고 뭐 하느냐고 묻지 않기, 뒤에서 흉보지 않기, 타인의 결정이 적절했는지 이러쿵저러쿵 따지지 않기 등만 실천해도 사실 대단하다. 하지만 이것만으로는 어림도 없다. 왜냐하면 우리 모두는 스스로 의식하지 못하는 가운데 남을 평가하고 있기 때문이다.

예를 들어보자. 당신은 최근 얼마 동안 날씨가 너무 추워 출근하기가 싫어졌다. 그 결과 일주일 새 사흘이나 지각해서 팀 내에 원성이 자자했다. 당신의 팀장은 선의로 이 점을 알려주고 싶어 했다. 앞으로 주의하고, 더 이상 늦지 말아야 하며, 그렇지 않으면 팀 전체에 악영향을 끼칠 수 있다고 말이다. 그러면서도 딱히 벌칙을 가할 생각은 없었다. 그래서 팀장은 당신에게 이렇게 얘기했다.

"자네는 어떻게 요즘 항상 늦지? 시간관념이 전혀 없잖아?"

여기에서 한번 물어보자. 이게 과연 평가일까? 정답은 'Yes'다. 심지어 이 발언에는 사실과 다른 내용도 섞여 있다.

가령 '항상'을 어떻게 정의해야 할까? 당신은 일주일에 사흘 지각했지만, 회사 전체의 평균 지각일수인 나흘과 비교하면 오히려 양호한 편이라고 하자. 그럼 이때 '항상'이란 말을 쓰는 게 적절한가? 또 '지각'을 어떻게 정의해야 할까? 회사에 도착했을 때 이미 11시가 되었을 때일까? 하지만 오전에 고객을 만나고 왔을 가능성도 있지 않을까? 고객 만나는 일도 업무의 일부다. 그렇지 않은가? 더 중요한 것은 무슨 근거로 내가 '시간관념'이 없다고 단정하는가? 나는 알람을 무려 여덟 개나 맞취놓았지만 듣지 못했을 뿐이다. 그 결과 지각을 했고 물론 나 스스로도 후회하고 있지만 '시간관념이 없다'는 말을 듣기엔 조금 억울하지 않을까?

따라서 팀장이 이렇게 당신을 평가하는 말을 듣는다면 당신은 그냥 넘어가기 어려워진다. 즉시 변명을 하고 구실을 찾으며 화를 내기도 할 것이다. 심한 경우 사직서를 던질 수도 있다. 그럼 회사 입장에서는 훌륭한 인재를 잃는 셈이 된다. 다시 새 직원을 뽑고 훈련을 시켜서 업무에 숙달되게 만들려면 오랜 시간과 비용이 든다. 당신은 물론 고용주 모두에게 손해다.

그럼 어떻게 해야 할까?

제임스는 이렇게 말했다. 평가하지 않는 법을 배우려면 가장 먼저 '사실'을 말하는 법부터 배우라고 말이다.

역시 앞에서와 같은 예를 가지고 설명해보겠다. 만약 팀장이 방식을 바꿔 당신에게 이렇게 얘기했다고 하자.

"내가 보니 자네는 지난 일주일 동안 3일 지각했군. 어떻게 된 거지?"

이는 사실을 있는 그대로 얘기했을 뿐 평가가 결코 아니다. 연구결과에 따르면 사람들은 사실을 들으면 대개의 경우 기꺼이 수용한다고 한다. 왜냐하면 반박하기 쉽지 않기 때문이다. 그 일은 이미 발생했고 명백한 사실이니까 말이다.

이 경우 당신은 즉시 이렇게 생각할 것이다.

'아, 팀장님이 내가 지각했다는 사실을 아시고 나에게 일깨워주려고 하시나 보다. 그럼 앞으로 조심해서 더 이상 늦지 말아야지.'

이렇게 해서 팀장은 한 차례의 위기를 무사히 넘어갔다. 당신 또한 기꺼이 이를 받아들였고 반항심을 일으키지도 않았다. 이제부터 실전 연습을 해보자.

다음에 열거한 문장 가운데 사실을 말한 것과 평가한 것을 각각 찾아보기 바란다.

Q1. A : "그의 여자친구는 정말 못생겼어."

  B : "그의 여자친구는 나에게 아무런 매력도 없어."

Q2. A : "저 팀 사람들이 일하는 걸 보면 전혀 신뢰가 안 가."

  B : "저 팀 사람들은 지난 분기 때 마감을 두 번이나 어겼어."

Q3. A : "네가 왜 이런 괴상한 물건을 사는지 이해할 수 없어."

  B : "네가 산 이 간이수영장은 나에게 그다지 실용적이지 않아."

Q4. A : "그는 성미가 아주 고약해."

  B : "그와 얘기할 때 그의 감정이 말과 표정에 묻어났어."

물론 여기에 정답은 없다. 나 또한 독자 여러분의 선택을 평가할 수 없기 때문이다. 다만 만약 여러분이 앞에서 A는 모두 평가, B는 모두 사실이라고 대답했다면 내 생각과 일치한다고는 말할 수 있다.

제임스는 어떤 형식의 말에서든 '평가하지 않기'를 배울 수 있다면 매우 유용하다고 말했다. 그리고 이는 '비폭력대화'에서 아주 중요한 테크닉이다.

평가하지 않기의 장점

오늘날 같은 평화 시대에 사람의 목숨을 가장 많이 빼앗는 것은 무엇일까? 핵폭탄이 아니라 사람과 사람 사이의 말 아닐까? 결코 악의는 없었지만 말하는 방식과 감정표현 등 여러 이유 때문에 자기도 모르는 사이에 둘 사이의 관계를 손상시키고 심지어 감정을 상하게 한다.

가령 하루 종일 힘들게 일하다 집에 돌아왔는데 배우자가 "집에 들어올 줄도 아네?"라고 불만을 터뜨리며 한 마디 했다면? 사실 배우자는 당신을 정말로 사랑하지만, 아마 당신은 집에 돌아오기 싫어질 수도 있다. 또 부모님은 다짜고짜 대도시에서 일하는 걸 때려치우고 고향에 돌아오라고 엄명을 내릴 수도 있다. 사실 부모님은 당신을 정말로 사랑하고 자식들이 타지에서 고생하는 모습을 원하지 않기 때문일 수 있다. 얼마나 많은 연인, 친구, 가족, 직장 동료들이 말 때문에 서로 상처를 주고받는가? 이렇게 상대방에게 상처를 주는 소통 방식을 통칭해서 '폭력대화Violent Communication'라고 부른다.

심리학자 마셜 로젠버그Marshall B. Rosenberg는 인간과 인간 사이의 소통 방식을 오랫동안 전문적으로 연구했다. 그리고 방대한 연구 끝에 '비폭력대화Nonviolent Communication, NVC'란 소통방식을 제안했다. 같은 제목의 저서 《비폭력대화》는 마음을 치유하고 소통의 기법을 전해주는 베스트셀러가 되었다.

더 많은 사람에게 도움을 주기 위해 로젠버그 교수는 전 세계 각지에 비폭력대화 센터를 세웠다. 이곳에서는 사람들이 비폭력대화를 배워 의견을 교환하고 갈등을 치유하고 평화로운 삶을 살 수 있도록 돕는 활동을 펼치고 있다. 앞에서 언급한 나의 선배 제임스는 학창시절에 미국 동부의 한 비폭력대화 센터에서 자원봉사 활동에 참여했다. 배우자는 그 활동 중에 만났다고 한다.

'평가하지 않기'를 배우는 것은 비폭력대화의 가장 중요한 전제조건이다.

제임스와 대화하면서 나는 정말 많은 것을 배웠다. 그리고 지난 직장생활과 일상생활을 곰곰이 돌이켜보며 '평가하지 않기'를 제대로 실천하지 못했음을 깨달았다. 아마도 그 점이 수많은 갈등과 문제의 원인이었을지 모른다는 생각도 들었다.

회사 동료가 어떤 코드를 만들어 나에게 전달했는데 효율성이 높지 않다면? 그때 나는 절대로 "너는 프로가 아니구나." 따위의 말을 해서는 안 되는 거였다.

또 주변의 친구가 회사를 그만두고 세계여행을 떠난다고 했을 때, 나는 정말이지 "참 돈도 많구나. 그 돈으로 주식이나 사두면 얼마나 좋겠니?"라는 식의 말은 하지 말았어야 했다.

옆집 아이가 성적이 낮아 대입시험을 포기했을 때 나는 "가방끈이 짧으면 평생 고생해." 같은 말은 입에 올리지 말았어야 했다.

인도의 철학자 지두 크리슈나무르티 Jiddu Krishnamurti 는 "평가하지 않는 관찰이야말로 가장 위대한 인간의 지혜다."라고 말했다. 그의 이 말은 사람들이 말을 하면서 무심코 타인에 대해 평가하고 있다는 깊은 통찰을 보여주고 있다.

제임스는 이런 노래도 불러주었다. 작곡가는 루스 베버마이어 Ruth

^{Bebermeyer}다. 그들은 과거 비폭력대화 센터에서 활동할 때 기타를 치면서 모든 사람과 함께 이 노래를 자주 합창했다고 한다. 가사의 일부를 공유하고 싶다. 아마 감동을 받을지도 모르겠다.

나는 게으른 사람을 본 적이 없어

내가 본 누군가는 말이지

때때로 낮잠을 자고

비가 내리면 밖에도 안 나가

하지만 그렇다고 게으름뱅이는 아니야

내가 헛소리를 한다고 말하기 전에

잘 생각해봐

그는 정말 게으른 걸까

우리가 게으름이라고 말하는 행동을 했을 뿐일까

나는 어리석은 아이를 본 적이 없어

내가 본 어떤 아이는

이해가 안 되는 행동을 할 때가 있어

내 충고를 무시할 때도 있지

하지만 그렇다고 어리석은 아이는 아니야

그 아이가 어리석다고 말하기 전에

잘 생각해봐

그 아이는 정말 바보인 걸까

아니면 그 아이가 이해하는 것이

너와는 많이 다를 뿐일까?

그를 두고 누군가는 게으르다고 말하지만

또 누군가는 그가 지쳤다고 말하고

누군가는 태평하다고 생각해

그를 두고 누군가는 어리석다고 말하지만

또 누군가는 그가 다른 것을 알고 있다고 생각해

그래서 나는 이런 결론을 내렸어

만약 사실과 의견을 뒤섞지 않는다면

우리는 더 이상 혼란을 겪지 않을 거라고

그러면 너도 아무렇지 않을 테니까 말이야

나도 당당히 말하고 싶어

이건 단지 내 의견일 뿐이라고

처음 이 노래를 들었을 때 손이 부르르 떨렸던 기억이 떠오른다. 정말로 마음속 깊은 곳에 엄청난 충격을 받았으니까. 지금 이 노래는 전 세계 수많은 네티즌들이 영상으로 찍어서 유튜브 등에 올리고 있다.

이제 평가하지 않기를 배웠으니 비폭력대화의 이면에 숨은 소통의 요소를 공부할 차례다.

소통의 네 가지 요소

비폭력대화는 어떤 형태의 교류에서도 사용이 가능하며, 크게 네 가지 요소로 구성된다. '사실과 평가 구분하는 법 배우기', '느낌을 깨닫고 표현하기', '욕구를 표현하고 이해하기', '명확하게 요청하기'이다.

첫 번째 요소는 '사실과 평가 구분하는 법 배우기'로, 비폭력대화의 시작이자 가장 중요한 요소다. 앞에서 이미 언급했듯이 이 단계에서는 타인을 평가하지 않는 것을 이해하는 일이 가장 중요하다. 앞에서 다뤘던 예, 즉 힘든 하루를 마치고 집에 돌아온 당신에게 배우자가 "집에 들어올 줄도 아네?"라고 불만을 터뜨렸던 예를 다시 생각해보자. 이때 배우자는 사실만 얘기했어야 한다. 가령 "당신은 요즘 며칠 동안 계속 야근해서 10시 넘어서야 집에 돌아와. 그리고 집에 오면 거의 게임만 하고 말이야."라는 식이다.

두 번째 요소는 '느낌을 깨닫고 표현하기'인데 여기에서 방점은 '느낌'에 찍혀 있다. 만약 기분이 나빴다면 그 점만 분명하게 얘기해야 한다. 상대방을 비웃거나 헐뜯는 등의 다른 얘기는 꺼내지 말아야 한다. 만약 남편이 늦게 귀가했는데 당신이 아내라면 남편이 방문을 열자마자 "집에 들어올 줄도 아네?" 식으로 말하지 말고 "당신 귀가가 늦어져서 기분이 좋지 않아."라고 말해야 한다. 그래야만 현재 자신의 감정을 정확하고 효과적으로 전달할 수 있다. 그렇지 않을 경우 두 사람은 겉으로 드러난 정보만을 얻게 되고 분노가 폭발할 가능성이 높아진다. 그리고 이 분노는 결국 지난날의 모든 즐거웠던 순간을 덮어버린다. 남편도 곧 당신과 말다툼을 시작할 것이고 당신이 자기 마음을 알아주지 않는다고 여길 것이다.

또 듣는 사람도 가급적 말하는 사람의 말을 주의 깊게 경청하고 그의 실제 감정을 포착하려고 노력해야 한다. 만약 당신이 남편이라면 아내가 "집에 들어올 줄도 아네?"라고 하는 말을 듣자마자 말싸움을 할 게 아니라 아내가 왜 이렇게 말하는지 이해하려고 시도해야 한다. 혹시 내가 걱정이 되어서 그런지, 내가 보고 싶어서 그랬는지 말이다. 이때 아내에게 다가가 꼭 안아주면서 "걱정 끼쳐서 미안해."라고 말해보기 바란다. 그럼 효과는 금방 나타날 것이다. 마찬가지로 동료가 당신에게 "미안해, 이 일은 제대로 못한 것 같아."라고 말했다면 당신은 그의 말속에 담긴 실망과 고민의 감정을 알아차려야 한다. 그리고 그를 격려하고 용기를 불어넣을 수 있을 것이다.

'느낌'을 정확하게 표현하는 몇 가지 흔한 말을 정리해보자. 긍정적 감정을 표현하는 말로는 '흥분', '기쁨', '자유로움', '감동', '행복', '평정' 등이 있고 부정적인 감정을 표현하는 말로는 '무서움', '걱정', '초조함', '집착', '긴장', '불편함', '부끄러움', '난처함', '안타까움', '양심의 가책', '질투' 등이 있다.

세 번째 요소는 '욕구를 표현하고 이해하기'인데 여기에서 방점은 '욕구'에 찍혀 있다. 겉으로는 부정적으로 보이는 모든 감정은, 그 심층적 원인을 살펴보면 사실 어떤 욕구가 충족되지 않았기 때문에 발생하는 경우가 많다. 예를 들어 직장 동료가 나쁜 태도로 당신을 대한다면 사실은 승진 또는 급여 인상 요구가 받아들여지지 않은 그가 분노를 사방에 마구 퍼뜨리는 중일 수 있다. 또 제품 매니저인 당신이 윗선에 아무리 요소 투입을 늘려야 한다고 주장해도 그들을 설득하지 못한다면, 이는 아마도 당신 팀의 실적이 엉망이어서 윗선의 '욕구'를 충족시키지 못했고 그 결과 그들의 불만이 누적되었기 때문일 수 있다. 경청을 잘하는 사람은 상대방의 욕구를 재빠르고도 정확하게 알아채는 능력을 가진 사람이다. 그 욕구를 파악했다면 이제 대화에서 상대방의 욕구를 콕 집어 언급할 수 있을 것이다. 그러면 큰 효과를 볼 수 있다.

앞의 세 가지 요소를 실천했다면 이제 마지막 단계인 '명확하게 요청하기'로 가보자. 이제 모든 문제는 깔끔하게 해결된 듯 보인다. 하지만 요구사항을 반드시 '표현'해야 한다는 사실을 꼭 기억하자. 직장 내 구체적인 업무 처리 과정에서 요구사항이 있으면 이를 반드시 표현해야 한다. 제품 매니저는 기술팀에게 다양한 요구사항을 구체적으로 제시한다. 그럼 기술 책임자는 이 요구에 근거하여 기술평가를 실시한 후 피드백을 준다. 반면 일상생활에서 우리는 '명확하게 요청하는 절차'를 생략하곤 한다. 그 결과 상대방을 당황하게 만들거나, 당신의 생각에 올바르게 반응하지 못하게 만든다.

앞에서 들었던 말다툼하는 커플의 얘기를 다시 들어보자. "이렇게 늦게 돌아오니까 나는 기분이 안 좋아."라고 말한 뒤 배우자에게 바라는 점을 명확하게 얘기해야 한다. 그렇지 않으면 배우자 스스로는 이를 깨닫지 못한다. 혼자서 속앓이를 하느니 상대방에게 명확하게 요청하는 편이 백 배 낫다. 가령 "다음부터는 일찍 들어와.", "게임은 덜 했으면 좋겠어.", "나랑 더 오래 함께 있어줘." 등으로 말이다. 이렇게 말하면 상대방은 분명이 당신의 욕구를 정확히 이해할 것이다. 이처럼 자신의 요구사항을 명확히 말하기만 해도 상황은 훨씬 더 나아진다는 것을 알 수 있다.

앞에서 말한 여러 사항을 종합하면 다음과 같은 '비폭력대화 공식'을 만들 수 있다. 이 공식을 꼭 외워서 활용하길 바란다.

- 나는 ~라는 것을 발견했다. (사실을 말하되 평가는 하지 말자)
- 나는 ~라고 느낀다. (감정을 말하되 조롱하거나 빈정거리지 말자)
- 왜냐하면 ~이기 때문이다. (자신의 욕구가 충족되지 않았다고 말하자)
- 나에게 ~해 주었으면 좋겠다. (자신의 요구사항을 명확하게 표현하자)

이제부터 몇 가지 실제 사례를 통해 비폭력대화가 실생활에서 어떻게 적용되는지 알아보자.

비폭력대화 적용하기

누구나 학창 시절 방학 때마다 엄마에게 시달렸던 기억이 있을 것이다. 아마 세상의 모든 엄마들이 다 그렇지 않을까 싶다. 고향집에 돌아오기 며칠 전만 해도 세상 따뜻했던 엄마가 며칠만 지나도 잔소리를 하며 들볶기 시작한다. 아침에 이불 속에서 게임을 하면서 일어나지 않을 때, 비폭력대화를 배운 적이 없는 엄마는 이렇게 말한다.

"너는 눈을 왜 달고 다니니? 지금이 몇 시야? 다 큰 어른이 돼서 허구한 날 방구석에 처박혀서. 쯧쯧, 저걸 뭐에다 써? 게을러 터져가지고."

자, 이제부터 다 같이 비폭력대화 공식을 대입해보자. 엄마는 사실 이렇게 말했어야 했다.

"내가 보니 너는 요 며칠 동안 아침에 눈을 떠도 일어나지 않더구나. 침대에 누워 게임을 하면서 나하고는 얘기도 안 하던데? 나는 기분이 별로 안 좋아. 왜냐하면 나는 너를 좀 더 이해하고 좀 더 가까워지고 싶어. 하지만 너는 계속해서 핸드폰만 하면서 웃곤 했어. 나는 네가 집에 있을 때는 엄마와 대화를 더 많이 했으면 좋겠어. 그리고 밖에서 어떤 일이 있었는지 나에게 얘기해줬으면 좋겠어."

어떤가? 세상의 모든 엄마들이 이렇게만 얘기해준다면 자녀들은 엄마를 좀 더 잘 이해할 수 있지 않을까?

만약 앞으로 당신이 IT기업에서 일하게 된다면 이 테크닉을 어떻게 사용해야 하는지 반드시 알아두어야 한다. 만약 당신이 디자이너인데 프로그래머인 내가 당신의 디자인 원안을 무시하고 마음대로 프로그램을 짰다면? 그럼 당신은 곧장 나에게 다가와 온갖 비난과 욕설을 퍼부을 게 아니라, 다음과 같이 얘기하는 편이 좋다.

"내가 보니 네가 어제 짠 베타버전 앱은 폰트의 장평과 색깔에 모두 문제가 있었어. 내 디자인 원안에 따라 프로그램을 짜지 않았다는 말이지. 나는 조금 실망했어. 왜냐하면 내가 고생하며 만든 디자인이 구현되지 않았으니까. 그래서 네가 이걸 고쳐주었으면 좋겠어."

부정적 감정을 표현할 때도 비폭력대화를 사용할 수 있지만, 칭찬이나 감사와 같은 긍정적 감정을 표현할 때도 물론 사용할 수 있다. 왜냐하면 긍정적 감정을 표현할 때조차 자칫 잘못하면 문제가 생길 수도 있기 때문이다.

아주 재미있는 이런 우스갯소리가 있다. 어떤 아메리칸 인디언이 자기의 말이 뛰어나다고 허풍을 떨었다.

"내 말은 서부지역 전체에서 가장 빠르고 가장 훌륭한 녀석이라고!"

이 얘기를 들은 그 말은 속으로 중얼거렸다.

"큰일 났다. 어떡하지? 우리 주인이 날 버리려나 봐. 우리 주인이 얼마 전에 서부 전체에서 제일 좋은 말을 새로 샀거든. 그럼 뭐야, 난 이제 실업자가 된 거잖아?"

그러니 앞에서 말한 '공식'을 칭찬에도 적용해보자. 물론 때때로 상대방에게 무언가를 해달라고 요구할 필요가 없을 때도 있다. 그럼 마지막에 "내게 ~해주었으면 좋겠어."라는 말은 생략해도 된다. 예를 들어 당신도 내 책을 읽고 난 후 칭찬을 할 수 있다. 이때 "책이 정말 좋아요."라는 말 이외에, 비폭력대화를 이용해 이렇게 말할 수 있다.

"책 잘 읽었어요. 특히 다섯 번째 수업 '타인을 평가하지 않는 의사소통' 부분이 좋았어요. 정말 행복했고 내면이 더 충실해진 것 같아요. 왜냐하면 저는 요즘 비슷한 고민이 있었거든요. 당신이 제 고민을 해결해줬어요. 앞으로도 더 좋은 작품을 많이 써주셨으면 해요."

언어는 벽이 아니라 창문이다

보통 대다수 사람은 '감정의 노예' 단계, '얼굴도 보기 싫어지는' 단계, '삶의 주인공'이 되는 단계를 차례로 밟으며 성장해간다.

자신의 욕구를 정확히 표현할 줄 모를 때, 자기도 모르게 남을 평가하고 있을 때, 남들도 똑같이 나에게 말하는 것을 들을 때, 우리는 쉽게 흥분하고 화를 낸다. 또 논쟁을 벌이거나 말다툼을 벌이기도 한다. 상대방을 조롱하거나 헐뜯기도 한다. 이것이 바로 '감정의 노예' 단계다. 이어서 우리 스스로를 '얼굴도 보기 싫은' 상태로 내몬다. 그러면서 일과 삶은 모두 위협을 받는다.

하지만 점차 타인을 의식적으로 이해하기 시작하면, 또 타인의 말 속에 숨은 감정이나 욕구를 발견하면, 당신은 본인의 인생을 스스로 조절할 수 있음을 깨닫게 된다. 진심으로 자신과 화해하고 세상의 아름다움에 새롭게 눈뜨게 된다.

우리가 아직 말을 하지 못하는 갓난아기였을 때는 울음소리로 나의 감정과 욕구를 표현할 수밖에 없었다. 배고픔, 목마름, 불편함, 추위, 더위 등 모든 감정과 욕구를 말이다. 나중에 말을 배우고 나면, 말이 우리의 마음을 대변하는 창문이 된다. 비폭력대화에 능숙한 사람은 이 창문을 더욱 깨끗하게 닦고, 어떤 생각이든 남에게 명료하게 전달할 줄 안다. 반면 비폭력대화에 서툰 사람은 이 창문을 걸어 잠근 채 벽으로 바꿔버린다. 이 벽은 사람과 사람 사이를 갈라놓는다.

나는 당신이 자신의 창문을 깨끗하게 유지하기를 바란다. 그리고 찬란하고 따뜻한 사랑을 이 세상 곳곳에 비출 수 있기를 바란다.

999개의 버그를 수정한 후에야
효율이 무엇인지 깨닫다

○

키워드: 스크럼, 단샤리

프로그램 개발자들이 고민하는 순간

나는 프로그래밍을 정말 좋아한다. 특히 대규모의 방대한 프로그램을 짜야 할 때나 각종 기술이 동원된 대규모 프로젝트와 관련된 경우에는 매우 흥분된다. 머신러닝 모듈 만들기, 데이터 인프라 구축하기, 웹 프론트-엔드, iOS와 안드로이드 모바일 개발하기, 그리고 마지막의 데이터 수집 및 분석 등 다양한 모듈을 개발할 때 특히 그렇다.

반대로 업무 중에 가장 짜증나는 순간은 바로 버그를 수정할 때다. 사람들은 누구나 다 그렇지 않을까? 뭐든지 처음 새로 할 때는 즐겁지만 남이 해놓은 일을 수정하거나 심지어 자기가 한 일을 수정해야 한다면 결코 달가울 리가 없다. 버그 수정, 디자인 원고 수정, 다른 사람이 만든 동영상 재편집 등이 이 경우에 해당한다. 그 이유가 뭘까? 하나는 스스로 재미없다고 생각하거나 성취감을 느끼지 못해서이고, 또 하나는 효율성도 떨어지고 스트레스도 커서 그냥 짜증나기 때문이다.

그러고 보면 품질보증^{Quality Assurance, QA}팀은 정말로 대단하다. 구석구석의 잡다한 문제를 다 잡아낸다. 그래서 그들에게는 '보물창고팀'이라는 별명이 붙었다. 그들은 매일 우리가 짜는 코딩에서 '보물찾기'를 한다. 그들은 보물을 찾고 나면 이를 미션으로 만들어 불쌍한 프로그래머들에게 뿌린다.

"자, 이건 자네 버그야."

인정사정 따위는 없다. 버그의 시급성에 따라 수정 기한이 달라질 수는 있지만 어쨌든 기한 내에 반드시 완수해야 한다.

대규모 프로젝트를 수행할 때 QA 측은 매일 오류를 잡아낸다. 그래서 아침에 출근하여 이메일을 켤 때마다 엄청나게 많은 버그 리포트^{Bug Report}가 쌓여 있다. 예전에는 이게 너무 짜증났었다. 일이 산더미처럼 쌓여 있는 판에 한가하게 버그 수정할 시간이 어디 있어? 그래서 이 리포트를 무시하고 기한이 거의 다 될 때까지 미뤄두기 일쑤였다. 또는 일단 모든 프로젝트를 다 끝내고 난 후, 다시 앞으로 돌아와 아예 날을 잡아서 그동안 못한 모든 잡다한 문제를 한꺼번에 해치우기도 했다.

'어때, 완벽하게 해냈지?' 나는 속으로 이렇게 생각하곤 했다.

나는 입사 후 처음 반년 정도를 늘 이런 식으로 버텼고 특별한 문제는 없었다. 그런데 회사 내에 나보다 경력이 많은 동료가 내게 이렇게 충고했다.

"너 그렇게 일하면 효율이 많이 떨어져. 방식을 조금만 바꾼다면 훨씬 더 나아질 거야."

응? 무슨 소리지? 내가 뭐 잘못이라도 저질렀나?

그는 제프 서덜랜드 Jeff Sutherland가 쓴 베스트셀러《스타트업처럼 생각하라Scrum》를 나에게 건네주며 한번 읽어보라고 했다. 책을 읽고 나서 나는 그가 그렇게 말한 이유를 깨달았다.

도요타, 효율과 하자 두 마리 토끼를 잡다

제프 서덜랜드 박사는 '스크럼 Scrum'이라는 개념을 제안했다. 스크럼은 일종의 업무 방식인데, 그 유래는 서덜랜드 박사의 독특한 이력에서 비롯한다. 그는 웨스트포인트(미 육군사관학교. - 옮긴이)를 졸업했다. 그래서 군대에서 팀워크 및 전투력 향상을 위해 사용하는 각종 노하우를 소프트웨어 개발에 접목시킬 수 있었엇다. 그는 총 11개 소프트웨어 기업에서 기술부총재 및 CTO(Chief Technology Officer, 최고기술책임자)를 역임한 바 있다.

스크럼을 자세히 소개하기 전에 먼저 자동차 제작 과정을 잠깐 얘기해보겠다. 동일 기종의 승용차를 생산하는 경우라고 해도 공장마다 제작 소요 시간이 다 다르다. 영국 케임브리지대학교의 마티아스 홀웨그 Mattias Holweg 교수가 2008년에 발표한 논문 〈대규모 생산 및 린 생산을 넘어서 Beyond Mass and Lean Production〉의 통계에 따르면, 사양이 비슷한 승용차 한 대를 생산하는 데 소요되는 시간을 각 나라별 자동차 제조사끼리 비교한 결과가 다음과 같았다고 한다.

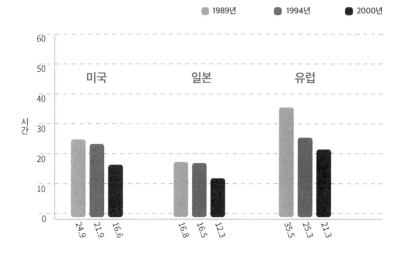

대당 소요시간

● 1989년　　● 1994년　　● 2000년

그래프에서 알 수 있듯이 일본 제조사의 소요 시간이 가장 짧았다. 반대로 유럽 제조사는 비교적 속도가 느린 편이었다. 특히 1989년 일본 제조사는 평균 16.8시간 만에 1대를 제작했지만 유럽의 경우 35.5시간이나 걸렸다. 그 후 2000년에는 격차가 조금 줄어들었지만 격차는 여전히 존재했다.

'천천히 일할수록 일처리도 꼼꼼하다'라고 생각할지도 모른다. 그래서 단순하게 추리하자면 일본이 만든 자동차의 품질이 독일보다 못하다고 여길 수도 있다. 하지만 다른 통계도 있다. 공장에서 갓 출시된 신차 100대를 검사한 결과 하자가 어느 정도였는지 조사한 통계다. 가령 제대로 용접이 안 되었다든지, 접합부위가 제대로 꼭 맞물리지 않았다든지 등을 조사한 결과였다.

그 결과 일본이 만든 승용차는 대당 평균 34개의 하자가 발견되었다. 그런데 유럽의 경우 무려 78.7개나 발견되었다. 여기에서 비교 대상은 사양이 거의 비슷한 차량이다. 그 말은 각 차량의 제조 기준이 거의 같다는 뜻이다. 그럼 도대체 왜 이런 차이를 보이는 걸까?

그 후 자세한 관찰과 연구분석 결과, 이 두 지역 공장의 일처리 방식 및 스타일과 깊은 연관이 있다는 사실이 드러났다.

1980년대 일본 자동차 제조사의 대표주자인 도요타의 경우, 생산 라인의 모든 노동자 곁에는 '긴급정지' 버튼이 있었다고 한다. 이 버튼을 누르면 생산라인 전체가 즉각 올스톱된다. 노동자들은 작업 중 하자를 발견하면 언제든지 긴급정지 버튼을 누를 수 있다. 비록 생산라인이 전면 중단되더라도, 모두들 함께 모여 머리를 맞대고 문제점을 조사하고 이를 해결한다. 그 작은 오류를 현장에서 제거하면 다시 동력을 공급하고 생산을 재개하는 것이다.

그럼 그 당시 유럽에서 가장 잘 나갔던 독일 자동차 회사의 모습은 어땠을까? 역시 이곳도 생산라인에 긴급정지 버튼을 설치했다. 하지만 그렇다고 아무 때나 누를 수는 없었다. 왜냐하면 이 버튼은 대형사고 등이 발생했을 때만 예외적으로 누를 수 있었기 때문이다. 평상시에 큰 문제가 없다면 노동자들은 이 버튼을 누르지 않았다. 그 결과 자동차가 완성될 때까지 생산 라인에서는 동력이 중단되는 일 없이 모든 세부공정이 쉼 없이 돌아간다. 자동차가 완성되면 '품질검사' 부서로 이송한다. 이곳에서 노동자인 전문기술자가 표준에 따라 일일이 검수한다. 그리고 하자를 발견하면 이 차량을 작업장으로 돌려보내 수리한다.

이 책을 읽고 나서야 이해가 되었다. 내 작업 방식은 유럽의 자동차 생산 방식의 복사판이었던 것이다. 내가 코딩을 해서 프로젝트를 수행하는 방식과 완전히 똑같았다. QA가 나 대신 매일 잡아내는 버그를 나는 제때 수정하지 않았고, 결국 마지막까지 기다렸다가 일괄 수정했다. 그 결과 내가 버그를 고치는 데 들이는 시간은 마치 유럽의 자동차 회사처럼 지나치게 길었고, 핵심이라고 할 수 있는 품질도 마찬가지로 많이 떨어졌다.

결국 현장에서 즉시 문제를 발견하고 즉시 문제를 해결하는 방식이 전체적으로 볼 때 효율성이 더 높다고 할 수 있다. 이런 일처리 방식이 앞에서도 언급한 '스크럼'이다.

스크럼, 즉각적인 피드백

스크럼 방식의 핵심은 '즉각적인 피드백'이다. 이 점에 관해서는 우주선의 예를 들어보도록 하겠다.

우주선은 기존에 설정된 궤도를 따라 비행하도록 설계돼야 한다. 이 궤도는 과학자들이 각종 물리학 법칙에 따라 계산한 매끄러운 곡선이다. 그런데 실제로 우주선을 발사하면, 그 우주선이 그리는 궤적은 사전에 설정된 궤도와 일치할까? 그렇지 않다. 실제로는 일치율이 매우 낮다. 매우 성공적인 발사라 해도 이 우주선이 정해진 궤도를 비행하는 시간은 대략 3% 정도에 불과하다고 한다.

다음 그래프를 보자.

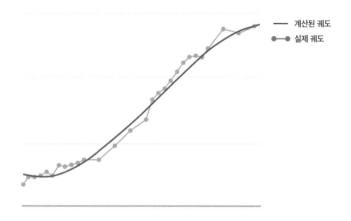

계산된 궤도

실제 궤도

그래프에서 매끄러운 검정색 곡선은 과학자들이 계산을 통해 도출한 예정 궤도다. 다시 말해 우주선은 이 궤도를 따라 비행해야 한다. 그리고 그래프의 다른 곡선은 우주선이 실제로 비행한 궤적을 나타낸다.

그래프에서 알 수 있듯이, 우주선은 발사 직후부터 끊임없이 지정된 궤도를 이탈한다. 하지만 우주선의 자동제어 시스템이 실시간 정보를 수집하고 그 즉시 피드백 신호를 전송한다. 제어 시스템은 이 신호를 받은 후 신속하게 계산한 후, 우주선의 방향을 조정하고 이탈을 방지한다. 그렇게 하지 않으면 우주선은 궤도에서 너무 많이 이탈하게 되고 결국 다양한 이유로 인해 지상에 떨어지고 만다. 거대한 '우주 불꽃놀이 쇼'를 연출하면서 말이다.

이처럼 즉각적인 피드백은 문제해결 속도를 더 높여줄 뿐 아니라 더 큰 손실을 사전에 방지해 프로젝트가 파국으로 치닫는 것을 막아준다.

혹시 지금 언급한 두 사례가 모두 제조업으로 하드웨어 분야에 속하기 때문에, 소프트웨어 개발의 경우는 이와 사정이 다르며, 하드웨어 분야의 결론을 소프트웨어 시스템에 직접 적용하는 것은 비과학적이라는 생각이 드는가? 그럼 이번에는 IT산업의 사례를 들어보도록 하자.

과거 실리콘밸리에 위치했던 팜Palm은 주로 PDA, 하드웨어, 소프트웨어를 연구개발하는 회사로 애플과는 경쟁관계였다. 팜은 자체적으로 버그를 기록하고 통계를 내는 시스템을 갖추고 있었다. 이 시스템은 기업 전체의 개발상황을 컨트롤하는 데 활용되었다. 기록 내용은 버그 관련 3대 핵심요소인 버그가 발견된 시간, 버그가 수정된 시간, 이 버그와 관련된 코드가 언제 코드 라이브러리에 입력되었는가였다.

회사 전체의 상황을 정확히 파악하기 위해, 팜은 소프트웨어 프로그래머 수백 명이 지금까지 생성한 버그를 대상으로 통계를 냈고, 이를 통해 버그가 얼마 만에 수정되는지 조사했다. 그러자 상당히 흥미로운 결론이 나왔다. 만약 버그가 한 개인데 프로그래밍을 하는 당일에 발견되었다면 그 버그는 단 한 시간 만에 실제로 수정되었다. 하지만 일정 시간이 흐른 뒤, 가령 사흘이 지난 후에 버그가 발견되었다면, 소프트웨어 프로그래머는 몇 주가 흐른 후에야 비로소 그 버그를 수정했다.

그리고 3주 후에 버그를 수정하는 데 소요되는 시간은 당일 수정하는 데 드는 시간의 24배에 달했다.

와, 그러고 보니 나는 예전에 이렇게 많은 시간을 낭비하고 있었던 것이다!

이런 결과가 나온 데는 다 이유가 있었다. 코딩을 한 당일에는 머리도 맑고 어떤 생각을 하고 있었는지 금방 기억이 난다. 하지만 시간이 흐를수록 그 당시에 어떤 생각을 했는지 잊어버리게 된다. 더구나 게으름과 습관적 미루기가 겹치고, 수정해야 할 버그 숫자도 늘어난다면? 작은 버그는 수정하기도 싫어지고, 큰 버그는 수정하다가 '심리적 불안과 초조'까지 겪을 수 있다. 스스로 만든 '함정'에 빠질 수 있는 것이다. 당연히 수정에 걸리는 시간은 더욱 더 길어진다.

스크럼은 즉각적인 피드백이 매우 중요하다고 강조한다. 문제를 발견하면 즉시 이를 담당자에게 알리고 즉시 수정해야 한다. 그래야만 최고의 효율을 달성할 수 있다.

나중에 제프 서덜랜드 박사는 이를 종합하여 '24시간 법칙'을 제시했다. 무슨 일을 하든 즉각적인 피드백을 통해 24시간 내에 수정·보완을 마쳐야 한다는 주장이다. 만약 제때 수정·보완하지 않고 나중에 다시 수정한다면 이는 시간 낭비이자 효율성의 저하다.

이는 공부에도 그대로 적용된다. 예를 들어 학교가 끝나고 집에 돌아와 그날 배운 내용을 복습할 때는 최대한 빨리 내용 파악을 끝내야 한다. 그렇지 않으면 나중에 똑같은 문제를 풀 때 자기가 어느 부분에서 막혔는지조차 잊어버리고 만다. 그래서 처음부터 다시 공부하다 보면 아까운 시간만 낭비하게 된다.

만약 제때에 즉시 피드백을 하지 않는다면, 우리는 공부나 업무의 어느 부분에서 가장 시간을 많이 낭비하게 될까? 바로 '콘텍스트 스위치 Context Switch'다.

뇌과학 및 심리학 연구에 따르면, 인간은 무슨 일을 하든 뇌에서 어떤 '환경'이 만들어진다고 한다. 이 환경은 사고에 필요한 뉴런과 기억 다발을 연결한 다음, 우리에게 미션을 완수하는 데 필요한 지식을 공급한다. 이때 일의 전후사정을 우리는 콘텍스트, 즉 맥락이라고 부른다. 또 대뇌는 현재의 미션과 무관한 일을 자연스럽게 차단한다. 예를 들어 농구를 할 때 우리의 뇌는 인터셉트, 슈팅, 동작의 정확성 등에 집중한다. 그리고 내가 맡은 업무에서 어떤 알고리즘이 맞게 작동하고 있는지 등 농구와 무관한 생각은 차단한다.

업무의 내용이 바뀔 때마다 우리 뇌의 콘텍스트 역시 그에 따라 바뀐다. 콘텍스트를 전환하려면 시간이라는 비용을 투입해야 하는 것이다. 관련된 '자원'을 재배치하려면 대뇌에게도 그만큼의 시간이 필요하기 때문이다. 이것이 바로 업무 효율 저하라는 형태로 나타나는 것이다.

이를 종합하면 우리는 다음과 같이 결론 내릴 수 있다. 언제 업무 효율이 가장 높을까? 바로 한 가지 일만 할 때다. 그래야만 주어진 일을 제대로 해내고 하자를 줄일 수 있다. 실제로도 그렇다. 여러 가지 미션을 동시에 처리하려고 애쓰지 마라. 한 번에 한 가지 일만 하는 것이 동시에 여러 가지를 수행하는 멀티태스킹보다 훨씬 더 효율이 높고 기분도 더 가뿐해진다.

건망증이 심한 프로그래머

소프트웨어 프로그래머인 나는 버그 수정 말고도 싫어하는 일이 한 가지 더 있다.

우리 회사의 코드 라이브러리는 오랜 기간 코드를 계속 입력해왔기 때문에 매우 방대하다. 복잡한 로직이 너무 많아서 감히 쉽게 건드릴 수가 없다. 혹시라도 잘못되면 QA에서 나를 들볶을 게 뻔하다. 이런 상황이 오래 지속되다 보니 프로그래머들은 모두 세대교체 작업을 수행할 수 없었다. 앞에서 말한 '스크럼' 방식을 적용하기 어려웠다. 그 결과 코드 짜는 일도 힘에 부쳤고, 무엇보다 심적 스트레스가 너무 컸다. 사람들은 너나 할 것 없이 나한테 일을 떠넘기기 일쑤였다.

"이건 네가 작성해봐. 트레이닝이라고 생각하고 말야."

"역시 네가 하는 게 좋겠어. 네가 이건 전문이잖아."

이런 상황은 점점 더 계속되었고 시간이 지나자 결국 올 것이 오고 말았다. 바로 소프트웨어 재구조화software restructuring였다. 기존의 코드를 새로 다시 작성하는 작업이었다. 정말로 하기 싫었다. 특히 오랫동안 아무도 건드리지 않은 코드를 다시 쓰는 작업은 엄두가 나지 않았다. 하지만 피할 수는 없었다.

예를 들어 어떤 프로그램의 일부 코드에는 '코끼리를 냉장고 안에 넣는' 미션도 있었다. 옛날 코드에는 이렇게 적혀 있었다.

3시간 동안 코끼리를 재운다 → 냉장고 문을 연다 → 코끼리를 집어넣는다 → 냉장고 문을 닫는다.

그런데 이해가 안 되는 부분이 있었다. 왜 먼저 잠을 재워야 하지?

나중에 조사를 통해서 비로소 원인을 밝혀낼 수 있었다. 아주 오래 전에는 시스템 용량이 작았기 때문에 강제로 시간을 지체시키는 과정이 반드시 선행되어야 했다. 프로그램을 강제로 '잠을 재우는' 절차는 서버에 과부하가 걸리는 사태를 방지하기 위한 임시 조치였던 것이다.

하지만 기술과 하드웨어가 발전한 오늘날에는, 전체 시스템이 사실 이 정도의 부하는 충분히 수용할 수 있다. 따라서 '잠을 재우는' 이 별도의 임시 조치는 불필요하므로 삭제하는 것이 타당하다. 하지만 그 당시이 프로그램을 짰던 사람들은 이 사실을 벌써 까맣게 잊고 있었을 것이다. 심지어 이미 이 회사를 떠났을 수도 있다.

오늘날에는 시스템 과부하를 걱정할 필요가 없다. 따라서 그런 불필요한 코드는 삭제하고 시스템의 자원을 회수해야 한다. 하지만 프로그래머들은 기억력이 나쁜 게 틀림없다. 그런 불필요한 코드를 그렇게 오랫동안 방치하다니 말이다. 시스템 전체가 그런 불필요한 코드를 돌리느라 시간, CPU, 메모리, 대역폭, 전기 등 각종 자원을 낭비하고 있었던 것이다.

이게 바로 우리가 소프트웨어 재구조화를 실시하는 이유다. 이렇게 불필요한 코드를 청소하고 나면 프로그램이 전보다 더 원활하고 빠르게 돌아간다. 게다가 향후 제품 세대교체나 신규 기능 추가도 훨씬 더 수월해진다. 좋은 프로그래머는 자원을 사용하고 기능을 구현하는 법도 알아야 하지만, 무엇보다 이미 사용한 자원을 제때 회수하는 법도 잘 알고 있어야 한다. 그러면 프로그램의 효율성도 높일 수 있고 향후 필요한 기능도 더 빠르게 지원할 수 있다.

그렇다면 어떻게 해야 잊지 않고 청소할 수 있을까? 아마도 우리 일상생활의 지혜에서 그 답을 찾을 수 있을 듯하다.

'단샤리'란 말을 들어본 적이 있는가? 불필요한 것을 끊고(斷), 버리고(捨), 집착에서 벗어나는(離) 것을 지향한다는 뜻이다. 원래 이 말은 일본의 정리와 수납에 관한 철학에서 비롯되었다. 단샤리의 핵심은 한마디로 말해서 삶의 질을 높이기 위해 '정기적으로 물건을 버리는' 것이다. 여기에서 핵심은 '정기적으로'와 '버리기' 이 두 가지다. 코딩이든 집 청소든, 시간을 정해둬야 한다. 일정한 시간 간격을 두고 불필요한 물건을 버린다. 시간 간격을 너무 길게 잡아도 안 된다. 그러면 한번 정리하는 데 너무 많은 에너지를 쏟아부어야 한다.

예를 들어 3개월에 한 번씩 집안 세간살이를 총 점검하는 식이다. 지금껏 한 번도 쓰지 않은 물건은 뭔지 파악하고 버려야 할 건 버림으로써 불필요하게 공간을 잡아먹지 않게 만든다. 마찬가지로 3개월 동안 코드를 작성한 뒤 하루 정도 시간을 내서 자신이 쓴 코드를 총 점검해본다. 어느 부분이 이제 쓸모가 없어졌는지 조사한 뒤 삭제하면 된다.

이런 '정기적으로 버리기'를 통해 삶의 질도 향상시킬 수 있고 '코딩의 질'도 빠르게 끌어올릴 수 있다.

사실 '제때 청소하기'는 많은 프로그래밍 언어에서 가장 기본적인 알고리즘이다. 여기에는 '가비지 컬렉터 Garbage Collector, GC' 알고리즘이라는 전문용어가 붙어 있다. 직역하면 '쓰레기 수집기'쯤 되는데 다들 실제로 이렇게 부른다.

지금 당장 가라

이번 장에서는 업무 효율을 높이는 실용적인 방법을 소개했다. 한 마디로 말해서 '즉각적인 피드백'과 '정기적인 점검 및 청소'다. 이렇게 하면 적게 일하고 스트레스도 적게 받으면서 일은 오히려 쉽게 제대로 해낼 수 있다. 비용도 최소화할 수 있다. 이는 앞의 네 번째 수업에서 말한 '그로스 해킹' 방식과 정확히 일치한다.

우리는 평소에 너무 빨리 달린다. 그래서 잠시 멈춰 서서 내가 올바른 길로 가고 있는지, 불필요한 길을 가고 있지는 않은지 돌아볼 시간적 여유조차 없다. 조금 천천히 걸어도, 많이 못 갔다고 해도 결코 걱정하지 말자. 오히려 잘못된 길에 들어서 빨리 달리는 것을 걱정하고 경계해야 한다. 당신이 우수하지 않을까 걱정할 필요 없다. 정말로 걱정해야 할 일은 우수한 당신이 불필요한 일을 하느라 괜히 고생했다는 사실을 나중에야 비로소 깨닫는 것이다.

조금만 천천히 걷고 정기적으로 멈춰 서서 자신을 돌아보자. 잘못이 있다면 즉시 수정하자. 한 걸음 한 걸음의 목적이 무엇인지, 어떤 일은 생략해도 되지 않을까를 살펴보자. 나중에 돌이켜보면 그것이 훨씬 더 중요했다고 깨달을 것이다.

실리콘밸리는
명상을 사랑한다

○

키워드: 명상, 디폴트 모드 네트워크

실리콘밸리의 인기를 독차지한 명상

어느 날 오후, 나는 회사 피트니스클럽에 들렀다. 각종 클래스를 들을 수 있는 대형 홀을 지나다가 그 안에 펼쳐진 광경을 보고 깜짝 놀랐다. 무슨 펄쩍펄쩍 뛰는 체조 클래스가 아니었다. 하나같이 방석 위에 앉아 책상다리를 하고 있었다. 문가에 가서 가만히 엿들어보니 낯설고 신비로운 음악이 흘러나오고 있었는데 도무지 알아들을 수 없었다. 혹시 좌선하는 법을 배우고 있나? 클래스 시간표를 자세히 보니 명상 수업이었다.

지금 실리콘밸리에는 명상 붐이 일고 있다. 많은 사람이 여기에 매료되었고 언론에서는 명상수련을 전문적으로 다룬 영상을 앞다퉈 방영했다. 우리 회사에만 단체 명상 클래스가 있는 게 아니다. 옆에 위치한 구글 업무단지에도 직원들을 위해 설립한 명상 전용실이 있다. 또 명상에 심취한 많은 실리콘밸리의 거물급 인사들이 방송에 출연하거나 전문 칼럼을 기고하면서 명상의 장점을 예찬하기에 바쁘다.

가장 유명한 사례는 애플의 창업자 스티브 잡스였다. 그는 대학생 시절에 이미 명상을 접했다. 심지어 인도로 날아가 구루에게 직접 배우기도 했다. 그는 생전에 이런 말을 한 적이 있다.

"그건 아주 경이로운 순간이었다. 나는 지금 온전한 혼자다. 차 한 잔과, 등잔불 하나와, 음향기 한 대만 있으면 충분하다. 그대는 아는가. 이게 나의 전부란 것을."

실리콘밸리의 명상 붐은 대학가까지 강타했다. 스탠퍼드대학교에서는 학교 중심부의 경치가 수려한 곳에 명상수련센터를 세웠다. 바깥에는 빽빽한 참나무 숲이 둘러싸고 있고 안에는 작은 연못도 있어서 자연 친화적인 느낌을 주고 있다.

도대체 명상의 매력은 무엇일까? 명상수련의 좋은 점은 뭘까? 한 마디로 말해서 '집중력 향상'이다. 자세한 설명에 앞서서 대뇌의 작동 방식에 관해 간단한 이해가 필요하다.

집중 모드와 디폴트 모드

당신은 인간 대뇌의 작동 방식이 크게 '집중 모드'와 '디폴트 모드' 두 종류가 있다는 사실을 알고 있는가?

'집중 모드'는 금방 이해할 수 있다. 주의력을 집중시켜 어떤 일을 할 때 우리의 뇌는 집중 모드에 놓인다. 이때 대뇌는 해당 업무와 연관된 대뇌의 회로와 뉴런을 조절하여 그 일을 완성할 수 있도록 돕는다. 어렸을 때부터 우리는 선생님으로부터 수업시간에 집중하라는 말을 귀에 못이 박히도록 들었다. 바로 이 집중해서 수업을 듣는 방식이 바로 이른바 '집중 모드'다. 즉 우리가 대뇌를 집중적으로 사용해서 어떤 일을 완수하는 능력을 말한다.

또 다른 방식이 바로 주의력을 집중하지 않는 '디폴트 모드'다. 여기서 '디폴트(초기 설정)'라 함은 뇌를 사용하지 않아 마치 초기 상태로 돌아간 것과 비슷한 상황을 가리킨다. 우리가 흔히 쓰는 말로 '멍 때리기'다.

우리는 '제대로 된' 일을 열심히 할 때만 뇌가 집중 모드가 된다고 생각하기 쉽지만 사실은 결코 그렇지 않다. 우리가 게임을 하거나 예능 또는 영화를 볼 때도 뇌는 집중 모드가 된다. 즉 우리의 뇌는 게임, 예능, 영화에 몰입하여 등장인물의 대화나 스토리를 이해한다. 그렇기 때문에 복잡한 추리물을 볼 때 머릿속이 오히려 '깨끗해지는' 것이다. 똑같은 논리로 노래를 듣거나 클럽에서 춤을 출 때도 집중 모드가 된다. 왜냐하면 우리의 몸은 노래를 듣거나 음악을 따라 몸을 흔드는 데 몰입하기 때문이다.

반대로 뇌가 전형적인 '디폴트 모드'가 되었을 때 뇌는 도대체 어떤 일을 할까? 느긋하게 쉬면서 아무 일도 안 할까? 그렇지 않다! 뇌는 디폴트 모드가 되어도 신체의 20% 가까운 에너지를 소모한다. 따라서 뇌는 반드시 무엇인가를 하고 있다.

디폴트 모드에서는 내측전전두엽피질, 후대상피질, 두정엽피질에 퍼져 있는 신경세포망이 활발해진다. 이렇게 활성화되고 연합하는 부분을 디폴트 모드 네트워크^{Default Mode Network}라고 하는데, 집중 모드에서 서로 연결되지 못했던 뇌의 각 부위가 디폴트 모드에서는 연결이 되는 것이다. 결론적으로 말해 우리가 아무 일에도 집중하지 않으면 우리의 뇌는 아무거나 자유롭게 막 생각하는 모드가 되어 창의성과 통찰력이 높아진다. 곰곰이 생각해보면 누구나 이런 순간이 있을 것이다. 대표적인 예가 지하철을 타고 갈 때, 비행기가 활주로를 천천히 달릴 때, 집안일을 할 때, 개를 데리고 산책할 때 등이다. 물론 손에 스마트폰이 없고, 노래를 듣거나 동영상을 보지 않는 경우에 한한다.

집중력의 장점

여기에서 한 가지 희소식을 알려주고 싶다. 집중력은 후천적인 훈련을 통해 키울 수 있다는 사실이다. 그리고 명상은 이런 집중력을 키우는 데 매우 효과적이다. 그에 앞서 명상이 무엇인지 정확히 알아야 한다. 여기에서는 명상수련 방법을 간단히 소개하겠다.

첫째, 조용한 장소를 찾는다. 시끄러울수록 수련을 방해하기 때문이다. 둘째, 잠을 자면 안 된다. 그건 취침이지 명상이 아니다. 셋째, 편안한 자세를 찾는다. 벽에 기대어 앉아도 되고 책상다리를 하고 앉아도 된다. 넷째, 눈을 감은 채 아무것도 생각하지 않는다. 그리고 자신의 호흡에 집중하는 것 한 가지만 기억해야 한다.

이제 수련 준비를 끝냈다. 만약 여러분이 처음으로 명상수련을 한다면 생각보다 꽤 어려울 것이다. 처음 10초 정도는 호흡에 집중할 수 있다. 하지만 금세 생각이 딴 데로 가버린다. 가령 집에 있는데 바깥에서 누가 걸어가는 소리가 들리면? 금방 밖에 누가 있는지, 지금 뭐 하고 있는지 확인하고 싶어진다. 진정한 명상이란 자신의 호흡에만 집중하는 것이다. 즉 오직 한 가지만을 생각하는 집중력을 강제로 훈련시키는 수련이다. 이런 식으로 계속 하다 보면 어느새 집중력이 눈에 띄게 향상되었음을 느끼게 된다.

집중력이 높아지면 장시간 어떤 일엔가 몰입할 수 있다. 업무 시간에 집중해서 제대로 된 보고서를 써야 하는데 10분만 지나도 위챗에서 누군가 나를 찾는 메시지가 오지 않았을까 생각한다. 20분이 더 지나면 저녁 때 뭘 먹을까 고민한다. 그러다 보면 업무효율은 뚝뚝 떨어진다.

하지만 집중력이 향상되면 집중력을 유지한 채 일에 몰두할 수 있다. 예를 들어 2시간 동안 집중해서 어떤 일을 끝내버릴 수도 있다. 이때 여러분은 업무효율이 훨씬 더 높아졌고 실적도 좋아졌다고 느끼며, 심지어 하루의 길이가 늘어났다는 착각마저 든다.

명상이 아주 익숙해지면 이제는 어떤 일을 몇 시간씩 집중해서 아주 수월하게 할 수 있다. 심지어 일하는 동안 시간이 흘러가는 것조차 느끼지 못한다. 일을 끝마치고 나면 작은 감격과 뿌듯함이 밀려오고 힘들다는 생각은 전혀 들지 않는다. 희열과 성취감이 가슴을 휘감는다.

집중력을 키웠을 때 얻을 수 있는 또 다른 장점은 바로 '정서의 호전'이다.

알기 쉬운 방식으로 설명해보자. 지금 집중해서 끝내야 할 아주 중요한 과제가 있다. 다른 중요하지 않은 일 때문에 화를 낼 틈이 없다. 과학적으로 말해서 여러분은 이미 자발적으로 뇌의 사고를 통제하는 기능을 갖게 된 것이고, 자발적으로 자기가 주목해야 할 점을 바꿀 수 있게 된 것이다. 인간의 뇌에는 전두전엽prefrontal lobe이란 곳이 있다. 이곳은 이성적 사고와 자발적 선택을 통제하는 핵심 구역이다. 연구에 따르면 장기간 명상을 하면 전두전엽이 발달한다고 한다. 즉 스스로를 더 잘 콘트롤할 수 있게 된다. 아마도 출가자들이 평정심을 유지하고 온갖 궂은일에도 심적 동요를 일으키지 않는 과학적 이유일 듯하다.

비폭력대화를 설명할 때 언급했듯이 감정이 요동치는 상황에서도 상대방의 내적 욕구를 이해하려고 노력해야 한다. 하지만 강인한 전두전엽이 없다면 그런 감정에 금방 휩쓸려 평정심을 잃고 만다. 지금까지 배운 내용은 많지만 제대로 실천한 것은 없는 그런 딱한 상황이 되는 것이다.

따라서 이런 테크닉을 제대로 잘 사용하고 싶다면 끊임없는 수련을 통해 스스로를 숙달시켜야 한다. 이 책을 한 번 읽었다고 저절로 숙달되는 일은 결코 없다. 그 중요한 수단이 바로 명상인 것이다. 많은 실리콘밸리 사람들이 명상을 자신만의 휴식법으로 삼고 있는 이유다.

실리콘밸리에서 유행하는 휴식법

명상뿐만이 아니다. 지금부터 실리콘밸리에 유행하고 있는 다른 휴식법도 소개하겠다.

먼저 한 가지 분명히 해둬야 할 점이 있다. 게임하기, 드라마나 예능 시청 등 레저 프로그램은 결코 휴식이 아니다. 오히려 뇌를 더 피곤하게 만들 뿐이다. 앞서 설명했듯이, 이런 프로그램을 즐기려면 집중력이 필요하기 때문이다. 따라서 우리의 뇌는 여전히 집중 모드에 놓인다. 효과적인 휴식법이란 반드시 뇌를 '디폴트 모드'로 전환할 수 있는 것이어야 한다.

최근의 여러 연구에 따르면 뇌를 디폴트 모드에 놓이게 하면 창의력을 효과적으로 키울 수 있다고 한다. 앞서 설명했듯이, 이 상태가 되면 뇌는 아무런 구속도 받지 않고 자유롭게 움직이며 기억의 조각들을 마음대로 연결시킬 수 있기 때문이다. 예를 들어 전에 본 책에서 어떤 이론을 소개하는 생각도 할 수 있고, 갑자기 또 오늘 일어난 어떤 핵심사건을 떠올릴 수도 있다. 이어서 이 이론이 그 사건의 이면에 있는 심층적 원인을 설명할 수 있음을 깨달을 수도 있다. 그 순간 갑자기 글쓰기의 영감이 떠오를 수도 있다. 뇌를 디폴트 모드에 놓이게 하는 것, 이는 우리의 생각을 무엇에도 구애받지 않고 자유롭게 춤추게 할 수 있고, 나아가 자신감과 자아정체성을 얻게 해주며, 타인과 더 잘 협력할 수 있도록 해준다.

따라서 잘 쉬는 것의 첫 번째 단계는 휴대전화, 컴퓨터 등 모든 전자기기를 손에서 내려놓는 일이다. 이제부터 실리콘밸리에서 가장 유행하는 두 가지 휴식법을 집중 소개하겠다.

첫 번째 방법은 '긍정적이고 건설적인 공상Positive Constructive Daydreaming, PCD'이다. PCD는 매우 간단하다. 이름에서 알 수 있듯이 두 가지 요건을 갖추면 된다. '긍정적일 것' + '공상'이다. 공상은 사실 디폴트 모드 네트워크 활성화를 가리킨다. 다시 말해 '멍 때리기 모드'에 들어가 뇌가 아무 생각이나 마음대로 할 수 있게 만드는 것을 뜻한다. 지금 당장 실천해보라고 권한다. 이 책을 덮고 아무것도 하지 마라. 뇌가 곧장 디폴트 모드에 들어가 온갖 생각이 자유롭게 춤추도록 내버려두라.

어떤가? 무엇인가 떠올랐는가? 아마도 많은 짜증나는 일이 떠올랐을지 모른다. 가령 파트너 측에서 어려운 문제를 들이밀었을 수도 있고, 동료가 나를 괴롭히고 있을 수도 있으며, 수업 시간에 배운 내용이 도저히 이해가 안 될 수도 있다. 하지만 이 모두는 PCD의 요건에 전혀 맞지 않는다. PCD는 우리에게 긍정적인 생각을 하라고 말한다. 예를 들어 설날에 고향에 가서 가족 친지와 행복한 시간을 보냈던 기억을 떠올릴 수 있다. 물론 "결혼은 할 거니?", "아이는 언제 낳을 건데?"처럼 잔소리하는 친척 생각은 제외하자. 연인과 함께 유럽 여행을 갔던 행복한 순간을 떠올려도 좋다. 마찬가지로 기차를 놓쳤던 짜증났던 기억은 제외하자. 심지어 다이어트에 성공해 우아한 동영상을 찍는 모습을 상상해도 좋다. 또 직장에서 승진하고 회사는 주식시장에 상장되는 모습을 상상해도 좋다.

이런 식으로 내가 잘되는 생각, 긍정적인 공상을 하는 것이다.

이런 방식은 정말로 효과 만점이다. 디폴트 모드는 창의성을 키워주는 장점뿐 아니라 스스로를 더 낙관적으로 바꾸기도 한다. 어차피 그게 다 아름다운 꿈이란 건 안다. 다만 상상하는 것만으로도 즐겁고 행복하다. 낙관적인 사람이 자기에게도 후한 점수를 준다는 사실을 알고 있는가? 사실 그들은 낙관적이기 때문에 그런 방향으로 발전하려고 노력할 수 있고, 결국 정말로 성공할 수 있는 것이다.

PCD는 아주 다양한 방식으로 실천할 수 있다. 예를 들어 사무실에서 한참을 바쁘게 일한 후 잠시 짬을 낸다. 이때 자리에서 일어나 휴게실로 간다. 동료들과 이러쿵저러쿵 남 뒷얘기를 하지 말고, 창문가에 서서 이 도시의 중심업무지구를 내려다본다. 이어서 공상을 하기 시작한다. 그리고 밖으로 나와 거리를 걷는다. 그렇다고 옷을 고르거나 가격을 묻거나 쇼핑을 하지는 말자. 온전히 자신을 비우고, 자신을 멍 때리기 모드에 들어가도록 만든다. 고급 명품 매장에 들러 내가 이걸 가졌을 때의 모습을 상상하기도 한다. 가장 좋은 방법은 야외에서, 대자연에서 산책을 하거나 하이킹을 즐기는 것이다. 걸을 때 무슨 오디오북 따위는 듣지 않는다. 그 대신 뇌가 디폴트 모드에 들어가도록 놔두어야 한다.

과학적인 수면법

PCD 이외에 또 다른 휴식법으로는 수면이 있다. 그럼 어떻게 자는 게 질 좋은 수면일까?

수면은 수많은 사람의 고민거리다. 밤에 잠이 안 오거나, 잠을 푹 잔 것 같은데 다음날 일어나면 여전히 찌뿌듯하고 멍할 때가 많다. 이는 수면시간이 부적절하기 때문일 수 있다. 하루에 몇 시간을 자야 가장 좋을까? 8시간? 사실 최신 연구에 따르면 8시간 자는 건 비과학적이라고 한다.

인간의 수면은 주기적으로 반복된다. 90분이 한 주기인데, 뇌는 한 번의 주기 내에 '반수면 반각성 상태 → 얕은 수면 → 깊은 수면 → 빠르게 눈을 움직이는 수면'을 순서대로 진행한다. 한 번의 주기가 끝나면 곧장 두 번째 주기를 시작한다.

한 주기 내의 각 단계에서 뇌가 하는 일은 다 다르다. 첫 단계는 아직 본격적인 잠에 들기 전인데, 가끔씩 높은 곳에서 추락하는 느낌이 들 때가 바로 이 단계다. 이 단계에서 뇌는 수면 상태에 들어갈 사전준비를 한다. 두 번째 단계는 얕은 수면 단계로 전체 주기에서 가장 긴 시간을 차지한다. 이때 누군가가 우리를 깨우면 쉽게 잠에서 깨게 된다. 세 번째 단계인 깊은 수면 단계에서는 누가 옆에서 깨워도 쉽게 잠에서 깨지 않는다. 이때 성장호르몬이 많이 분비된다. 마지막 단계에 이르면 몸은 움직일 수 없으며 뇌는 창의성을 키우기 시작한다.

만약 수면 주기의 중간에 잠을 깬다면 피로하고 나른함을 느낀다. 따라서 가장 좋은 수면 시간은 수면 주기의 정수배여야 한다. 예를 들어 5번의 주기를 반복했다면 총 수면 시간은 7시간 반이다. 또 4번의 주기를 반복했다면 6시간이다. 만약 오늘 밤을 새워 야근을 했다면 설령 3번의 주기, 즉 4시간 반만 취침을 했다고 해도 5시간을 잔 것보다 더 낫다. 일주일의 경우 총 35번의 주기가 가장 바람직하다. 물론 원래부터 잠이 적은 사람도 있을 것이다. 그런 사람은 일주일에 28~30번의 주기도 무방하다.

또 침실의 환경 역시 무척 중요하다. 잠자기 전에 컴퓨터 모니터는 반드시 꺼야 한다. 아주 작은 청색광이라 하더라도 수면의 질을 떨어뜨리기 때문이다. 온도 역시 중요하다. 침실의 온도는 상대적으로 낮아야 한다. 조금 춥다 싶을 정도의 온도가 오히려 수면의 질을 높인다. 가급적 16℃~18℃를 유지할 것을 권한다.

출근 후 회사에서는 낮잠을 자도 좋다. 실리콘밸리의 많은 대기업은 대부분 직원들의 낮잠 전용 사무실을 따로 마련해두고 있다. 낮잠에서는 주의사항이 있다. 너무 오래 자는 건 절대 금물이다. 30분을 넘기면 잠에서 깬 후에 오히려 몸이 불편해진다. 여기에서 내게 가장 효과적인 '커피 낮잠법'을 소개한다.

낮잠을 자기 전에 먼저 커피를 한 잔 마신다. 그리고 즉시 25분간 낮잠을 잔다. 그러면 이어지는 오후에는 다시 원기 충만한 상태가 될 것이다. 물론 어떻게 잠자기 전에 커피를 마시느냐고 물을 것이다. 하지만 카페인의 효과는 커피를 마시자마자 즉시 나타나는 것이 아니다. 보통 20분이 지나야 몸에서 흡수하기 시작한다. 이는 마침 우리가 낮잠을 자고 일어난 다음이다. 깨고 나면 카페인이 작용을 시작하기 때문에 정신은 더 또렷해진다.

실리콘밸리는 전 세계 하이테크와 혁신의 요람으로서 경쟁이 정말 치열하다. 이곳 사람들은 대부분 일에 치여 산다. 그래서 어떻게든 '번아웃' 상태에서 벗어나려고 애를 쓴다. 할 일 없이 시간을 죽이려는 것이 결코 아니다. 우리는 스탠퍼드 대학생들이 밤을 새워 논문을 쓰는 모습을 자주 목격한다. 스타트업들이 밤을 새워가면서 일에 매진하는 모습도 자주 본다. 따라서 최상의 상태를 유지하기 위해, 실리콘밸리 사람들은 가장 효과적으로 뇌를 단련시키고 휴식을 취하는 방법을 오랫동안 연구해왔다.

여기에서 소개한 방법은 모두 실용적이고 선진화된 뇌과학 연구 결과를 발전시키고 응용한 결과물이다. 당신도 이 방법을 터득하여 도움을 얻기를 희망한다.

실리콘밸리 사람들은 태어날 때부터 열심히 노력하는 엘리트였을까? 그렇지 않다. 오히려 스스로를 끊임없이 몰아세워서 그런 유형의 엘리트로 만들어간 것이다.

강자들이 우글거리는 환경 속에서 추월당하지 않으려면 노력만이 살 길이다. 노력은 나를 발전시키고, 목표를 향해 노력하며, 우수한 라이벌과 끊임없이 경쟁하게 만든다. 그 결과 마침내 자기 자신을 뛰어넘을 수 있었던 것이다. 이런 성장 마인드셋은 실리콘밸리가 활력을 유지할 수 있었던 비결이자, 한 세대 또 한 세대 끊임없이 최고를 추구하는 인물을 배출할 수 있었던 원동력이다.

실리콘밸리에서 아무리 천부적인 능력의 소유자라 해도 한 자리에 머물러 있는 사람은 생존할 수 없다. 왜냐하면 성장 마인드셋 유형의 인재들이 조만간 그들을 추월할 것이기 때문이다. 언제든지 변화할 줄 알기에 끊임없이 변화하는 환경의 요구에 발 빠르게 적응하고, 동시에 스스로 더 나아지고 싶은 욕구를 충족하려 노력하는 사람들과 상대가 되지 않는다.

남들에게 추월당하고 싶지 않다면, 그리고 남들을 추월하고 싶다면, 이번 수업에서 다룬 다양한 제안이 여러분에게 유용할 것이다.

첫째, 스크럼을 통해 업무의 효율성을 높여라.

둘째, 정기적으로 정리하고 불필요한 것을 버리는 습관을 길러라.

셋째, 빠르고 효율적이며 스마트한 소통능력을 겸비하라.

넷째, 일과 휴식을 결합해서 업무능력과 집중력을 내 것으로 만들어라.

실리콘밸리 기업의
면접시험 대공개

실리콘밸리의 면접은 사실 세 가지만을 테스트한다

오늘날 실리콘밸리 기업들 사이의 경쟁은 제품과 기술은 물론 인재 영입에서도 거의 전쟁을 방불케 할 정도로 치열하다. 사실 실리콘밸리 탄생 초기부터 인재 확보의 중요성은 모든 실리콘밸리 사람들의 초미의 관심사였다.

실리콘밸리에서 '실리콘'이란 말은 왜 들어갔을까? 역사적으로 이곳은 중요한 칩 생산 지역이었다. 페어차일드 반도체Fairchild Semiconductor는 칩 생산업체의 대표자로 한때 세계 최대의 반도체 회사였지만 지금은 역사의 뒤안길로 사라졌다. 그럼 이 회사는 왜 그 지위를 점차 상실했을까? 실리콘밸리 사람들은 모두 다 알고 있다. 바로 인재가 모두 떠났기 때문이다. 페어차일드 반도체는 수익을 낸 후 주주배당 등 여러 갈등이 빚어지자 공동 창업자 중 8명이 더 큰 발전을 도모하기 위해 회사를 떠났다. 1968년이 되자 마지막 남은 공동 창업자인 로버트 노이스 Robert Norton Noyce와 고든 무어 Gordon E. Moore마저 떠났다. 그들이 세운 회사가 지금 전 세계 IT업계를 주름잡고 있는 인텔이다.

인재의 빈번한 이동은 오늘날 실리콘밸리에서 아주 흔하다. 예를 들어 페이스북이 고속성장의 길을 달리고 있을 무렵, 수많은 인재가 구글에서 야후로 이직했다. 나중에 공유경제가 뜨자 이번에는 에어비앤비와 우버로 사람들이 몰려들었다. 최근에 AI가 주목받자 이번에도 인재들의 대거 이동은 어김없이 재연되었다.

왜 이런 현상이 발생할까? 정보화시대에 중요한 것은 하드웨어가 아니라 지적재산권이기 때문이다. 하드웨어나 공장 등 생산요소에 강점이 있는 회사는 이제 더 이상 경쟁력을 가질 수 없다. 이는 인재가 빠져나가는 순간 이런 회사들은 재기할 자산이 별로 남아 있지 않다는 뜻이다. 또 실리콘밸리는 자유를 중요시하는 문화를 갖고 있다. 이런 문화는 각자 자신의 이익을 극대화하고 상황에 따라 언제든지 변화를 추구할 수 있는 분위기를 조성했다.

따라서 실리콘밸리 기업들이 면접에서 중요시하는 요소 가운데 하나가 바로 인재의 자질이다. 오늘날 실리콘밸리의 면접 절차는 매우 체계화되어 있는데, 이는 각 회사가 오랜 기간의 세대교체를 통해 최적의 인재선발 방식을 만들어낸 결과다. 비단 실리콘밸리만의 특수한 상황은 아니다. 미국 대다수 거대기업의 면접 방식은 실리콘밸리를 닮아가는 경향을 보인다.

종합하면 미국 거대기업의 면접은 주로 다음 세 가지 요소에 초점을 맞추고 평가가 진행된다. 전문기능, 공통기능, 문화융합이다. 이는 소프트웨어 프로그래머, 제품 매니저, 디자이너, 데이터 과학자 등 거의 모든 직무에 적용된다.

첫 번째 요소이자 가장 중요한 '전문기능'에 관해 알아보자. 이 항목에 대한 평가는 전체 면접시간의 70% 이상을 차지한다. 소프트웨어 프로그래머의 경우, 면접 방식은 이미 체계화된 지 오래다. 주로 알고리즘과 시스템 디자인 두 가지 유형을 테스트한다. 알고리즘은 주로 기초 알고리즘과 데이터구조에 대한 평가다. 가령 이진 트리binary tree, 검색 알고리즘search algorithm, 재귀적 알고리즘recursive algorithm 등이다. 시스템 디자인은 응시자의 종합능력을 평가하는 단계로, 예를 들어 특정 앱의 전체 기능은 어떤 방식으로 구현되는지 등을 묻는다.

데이터 과학자의 경우 데이터 분석 능력을 집중적으로 평가한다. 예를 들어 어떤 문제를 제시한 뒤, 복잡한 SQL 검색 또는 테스트 결과를 어떻게 분석하는지 평가한다. 통계 및 확률 관련 지식이나 머신러닝 관련 지식을 묻기도 한다. 비슷한 방식으로, 디자이너의 전문 기능을 평가하는 경우, 당연히 제품 디자인 능력, 매핑 능력, 심미관 등을 집중 평가한다. 일반적으로 응시자는 수 명에서 심지어 십여 명의 면접관 앞에서 프레젠테이션을 진행해야 하는데, 이때 자신이 과거에 만든 작품집을 소개하면서 면접관의 질문에 답해야 한다.

이처럼 직무에 따라 전문기능의 평가 방식도 달라진다. 이 책이 추구하는 방향과 지면의 제약 등으로 인해 구체적인 설명은 하지 않겠다. 한 가지만은 분명히 알아둬야 한다. 단순히 전문기능만 뛰어나다고 면접에서 무사통과할 수는 없다는 점 말이다. 왜냐하면 그 뒤에 공통기능과 문화융합 평가가 기다리고 있기 때문이다. 사실 이 책의 초반부에 다뤘던 내용은 독자들이 이 두 항목에서 높은 점수를 받을 수 있도록 도울 목적으로 배치했다. 실리콘밸리의 면접에서는 이 항목들만 따로 떼어 독립적으로 평가할 수도 있고, 전문기능 평가 과정에 포함시켜 동시에 평가할 수도 있다. 그럼 이제부터 공통기능과 문화융합 이 두 항목을 구체적으로 살펴보도록 하자.

공통 기능 평가 방법: 제품 디자인

실리콘밸리 면접에서는 프로그래머, 제품 매니저, 디자이너 등 지원한 분야에 관계 없이 보통 다음과 유사한 문제를 물어보곤 한다.

- 택시 이용 소프트웨어를 디자인하시오.
- 경보기를 디자인하시오.
- 서식(form) 소프트웨어를 디자인하시오.
- 일지기록 시스템을 디자인하시오.
- 채팅 소프트웨어를 디자인하시오.
- 오프너(병따개)를 디자인하시오.

이런 유형의 문제를 보통 '제품 디자인' 또는 '시스템 디자인' 문제라고 부른다. 이런 문제의 출제 의도는 디자인 매핑 및 시스템 구축과 같은 응시자의 전문기능은 물론, 응시자의 종합사고력을 동시에 평가하기 위해서다. 특히 이 책의 첫 번째 수업과 두 번째 수업에서 소개한 내용들을 잘 알고 내면화하고 있는지 집중적으로 평가한다.

　물론 직무에 따라서 중점을 두는 평가내용도 다 다르다. 하지만 자세히 살펴보면 주어진 문제를 파악하고 분해하는 방식 및 추리해나가는 과정은 거의 다 똑같다. 사실 응시자가 면접에서 해야 할 문제 분석은 나중에 입사해 실제 업무에서 매일 하는 일이다. 따라서 이 항목의 면접 준비 요령을 익히고 기업이 이 항목을 어떻게 평가하는지 파악해두면, 실리콘밸리 기업들이 표준화된 문제를 어떻게 사고하고 해결하는지도 배울 수 있다.

　이런 디자인 유형의 면접문제가 출제된다면 어떻게 답변해야 할까? 이제부터 실리콘밸리에서 크게 유행하는 'CIRCLES' 기법을 상세히 설명하겠다. 이 방법은 마이크로소프트의 전 제품 총괄매니저이자 구글의 제품 매니저인 루이스 린^{Lewis C. Lin}이 최초로 제안했고 그의 저서《디코드해서 정복하라^{Decode and Conquer}》에 소개한 것이다. 나중에 이 방식은 구글 등 기업에서 정식 채택했다. CIRCLES는 디자인 유형의 문제에 최적화된 답변 기법이다. 이를 활용하면 좀 더 명확하고 매우 상세하게 답변할 수 있고, 실리콘밸리 기업들이 평가하고자 하는 응시자의 능력을 완벽하게 보여줄 수 있다.

　CIRCLES는 7개 단어의 알파벳 첫 글자를 따서 만든 말로 구체적인 내용은 다음과 같다. 총 7단계의 세부 절차로 구성되며, 이를 다시 문제의 이해, 분석, 해결 등 세 개 카테고리로 묶을 수 있다.

Comprehend the situation	상황 이해하기	문제 이해
Identify customers	고객 명확히 파악하기	문제 분석
Report customer needs	고객의 욕구 보고하기	
Cut, through prioritization	우선순위 결정하기	
List solutions	솔루션 나열하기	문제 해결
Evaluate tradeoffs	우열 평가하기	
Summarize recommendations	종합 제안하기	

문제 이해

학창시절의 기억을 떠올려보자. 많은 학생이 문제를 틀려서 좋은 점수를 얻지 못하는데, 그 원인은 문제를 잘 못 풀어서가 아니라 문제를 제대로 파악하지 못해서인 경우가 많다. 따라서 어떤 문제가 주어졌을 때는 여러분이 생각한 어떤 솔루션을 즉시 대답해서는 안 된다. 이건 면접에서든 실제 업무에서든 마찬가지로 중요하다. 왜냐하면 여러분은 아직 문제에 관한 상세정보를 파악하기 전이기 때문이다. 이런 상황에서 서둘러 제시한 솔루션은 매우 불완전하다. 현 상황이나 부대조건 등이 달라지면 그에 따른 전체 솔루션의 정확도 역시 영향을 받을 수밖에 없다. 따라서 여러분이 가장 먼저 해야 할 일은 문제 자체를 상세하게 이해하고, 이어서 면접관에게 문제 관련 모든 세부사항을 꼼꼼히 질문하는 일이다. 이것이 바로 CIRCLES의 첫 번째 단계인 '상황 이해하기'다.

여기에서 이미 문제를 다 이해했다고 단정하지 말아야 한다. 예를 들어 '택시 이용 소프트웨어를 디자인하시오'라는 문제가 출제되었을 때,

매일 이용하는 우버 등을 떠올리며 사고의 프레임을 핸드폰 앱 디자인에 국한시켜서는 안 된다는 뜻이다. 완벽한 택시 이용 소프트웨어라면 승객, 기사, 플랫폼 등 세 가지 옵션을 모두 포함해야 한다. 아울러 관련된 플랫폼 역시 모바일 앱에 국한해서는 안 된다. 웹페이지 플랫폼도 고려할 수 있어야 한다. 무엇보다 주어진 시간이 얼마인지, 요구되는 실적은 어느 정도인지, 잠재적인 고객 수는 몇 명인지 등을 아직 모른다. 이 점이 가장 중요하다. 이것들을 모두 파악한 후에야 후속 작업을 진행시킬 수 있다.

여기에서 나는 우선 '육하원칙'을 이용해 문제의 배경과 현 상황을 파악하라고 조언하고 싶다.

무엇 (What)	이것은 어떤 제품 또는 시스템인가?
누구 (Who)	이것은 누구를 위해 디자인하는 것인가?
왜 (Why)	이것이 왜 필요하지?
언제 (When)	이것을 언제 시장에 출시하지?
어디에서 (Where)	이것을 어디에서 운용하지?
어떻게 (How)	이것을 어떻게 운용하지?

시간을 들여 문제 자체를 확인하는 것은 매우 중요하다. 왜냐하면 문제를 보고 자신이 생각한 아이디어와 면접관이 예상한 아이디어가 서로 어긋날 수 있기 때문이다. 하지만 문제 자체와 그에 관한 배경 및 상황을 완전히 파악한 다음에도 즉시 솔루션을 제시해선 안 된다. 그 뒤에 문제를 상세하게 분석하는 과정이 이어져야 한다.

문제 분석

문제의 배경을 상세히 이해했다면 이제부터 문제를 분석해야 한다. 다음 3단계 절차에 따라 문제를 분석하고 분해해보자. 바로 '고객 명확히 파악하기', '고객의 욕구 보고하기', '우선순위 결정하기'다.

일반적으로 어떤 제품이나 솔루션이 모든 고객을 만족시키는 것은 거의 불가능에 가깝다. 사용습관과 욕구는 고객에 따라 천차만별이기 때문이다. 따라서 문제 분석의 첫 번째 세부절차는 바로 '고객 명확히 파악하기', 즉 이 제품이나 솔루션이 구체적으로 누구를 대상으로 한 것인지 분석하는 작업이다. 그리고 다시 각각의 고객을 자세히 분석하고, 각 고객들의 욕구를 파악하고 이를 보고한다.

앞에서 말한 택시 이용 소프트웨어를 예로 들어보자. 이 경우 고객은 노인, 어린이, 젊은 여성 등으로 구분할 수 있을 것이다. 그들의 욕구는 완전히 다르다. 노인이라면 아마도 기능이 단순한 앱과 큰 글씨를, 어린이라면 부모님 은행계좌와의 연동 및 미아방지 기능을 원할 것이다. 또 여성이라면 신변의 안전이 최우선 욕구일 것이므로 경찰에 신고하는 기능을 반드시 디자인해야 한다.

물론 실제 업무라면 예상 고객 분석은 훨씬 더 복잡하고 상세하게 진행되어야 한다. 일반적으로 고객에 대한 매우 세밀한 고객 유형 매핑을 실시한다. 가령 성별, 기호, 사용 상황 등을 모두 종합적으로 고려해야 한다. 이에 관해서는 첫 번째 수업에서 이미 자세히 소개한 바 있다.

이런 방식은 디자이너 응시자에게 시스템 디자인 문제가 주어졌을 때도 똑같이 적용될 수 있다. 예를 들어 디자이너 응시자에게 '일지기록 시스템을 디자인하시오'라는 문제가 출제되었다고 하자. 이때 디자이너가 만들어야 할 시스템은 API를 이용해 고객정보를 수집하고 관련 데이터를 기록 및 취합할 수 있어야 한다. 이 경우에 예상되는 잠재 고객은 회사의 내부 고객, 협력파트너의 제3자 앱Third-party Application, 모든 일반 고객, 이렇게 세 부류일 것이다. 예상 고객이 달라지면 그에 따른 솔루션도 완전히 달라진다. 만약 회사 직원, 즉 내부 고객에게만 제공하는 API라면 많은 시간을 들여 외부의 권한문제나 안보 등 문제를 고려할 필요가 없다. 하지만 협력파트너가 사용하는 경우라면, 데이터 보호나 보안 등의 문제를 고려해야 하다. 이때 마케팅 담당자가 사용하는 경우도 고려에 포함시켜야 하는데 가령 고객에게 문제가 발생한 경우 적극 개입하여 해당 문제를 해결할 수 있어야 한다. 만약 플랫폼의 모든 일반 고객에게 개방하는 경우라면, 데이터 전송속도 등 '스케일러블 분산 컴퓨팅Scalable Distributed Computing' 문제를 반드시 고려해야 하므로 문제해결이 훨씬 더 어렵고 복잡해진다.

고객과 그들의 욕구를 분석했다면, 다음 절차는 주어진 문제에서 우선순위를 결정하는 일이다. 실제 문제를 풀 경우, 고려해야 할 요소는 이미 주어진 요소인 시간, 인력, 자금 등보다 더 많다. 따라서 이 점을 중요시할 줄 아는 사람은 업무능력의 전문성이 그만큼 높음을 의미한다. 이를 통해 면접관은 응시자의 종합 사고력과 기획 능력, 나아가 성실성 여부도 평가할 수 있다.

우선순위를 결정하는 방법은 아주 다양하다. 예를 들어 중요도와 시급성에 따라 순서를 배열했다면, 중요하고 긴급한 미션을 먼저 수행해야 한다. 이때 '예상실적', '소요시간', '성공확률' 등 세 가지 측면을 고려해 우선순위를 정하라고 추천하고 싶다.

첫 번째 측면인 '예상실적'은 프로젝트의 효과를 미리 예측하는 작업이다. 충족시켜야 할 고객의 욕구는 수백 가지에 달한다. 그럼 가장 중요한 것은 당연히 가장 기본적인 욕구와 고객수가 가장 많은 그룹의 사용 욕구를 충족시키는 일이다. 또 다른 예를 들면, 프로그래머는 앱의 다운로드 패키지 사이즈를 줄여야 한다. 그럼 점유공간이 가장 큰 그 시스템 또는 기능은 당연히 예상실적이 가장 큰 곳이 된다.

두 번째 측면인 '소요시간'은 금방 이해할 수 있다. 어떤 욕구를 충족시키는 데 필요한 시간이다. 예상 소요시간을 정밀하게 예측하는 능력을 평가함으로써 응시자가 전문성과 경험을 갖췄는지 검증할 수 있다.

세 번째 측면인 '성공확률'은 난이도와 잠재적 리스크를 따져보는 것이다. 예를 들어 어떤 예상실적이 큰 미션인 경우, 혹시 법적 분쟁 가능성이나 홍보상의 문제점이 도사리고 있지 않은지를 따져봐야 한다. 이 모두는 이 단계에서 반드시 고려해야 한다.

이 세 가지 측면을 고려하면서 분석을 실시한다면 우선순위 결정 작업은 순조롭게 마무리될 것이다. 그 다음에는 확정된 우선순위에 근거하여 차례대로 구체적인 솔루션을 제시하면 된다.

문제 해결

이제 솔루션을 제출하는 마지막 단계가 되었다. 만약 당신이 자신만만

하게 이게 답이라고 면접관에게 제출한다면? 아마 당신은 면접에서 탈락할 확률이 매우 높을 것이다. 왜냐하면 실제 업무에서 솔루션이 단 하나인 경우는 극히 드물기 때문이다. 일반적으로 솔루션은 여러 가지가 있을 수 있는데 다만 각각 장단점이 존재할 수 있다. 따라서 이때 바람직한 답변 방식은 다양한 솔루션을 제시하고, 상호간 장단점을 비교하여, 최종적으로 자신의 견해를 제시해야 한다. 마지막으로 그렇게 생각하는 이유를 덧붙인다.

가령 택시 이용 앱에 색깔을 결정하는 문제를 예로 들어보자. 색깔 정보는 서버팀에서 결정할 수도 있고 제품팀에서 결정할 수도 있다. 전자의 장점은 나중에 색깔을 조정하기가 수월하다는 점이다. 기념일이나 명절 등 특수한 시간에 전체 앱의 색깔을 수정하는 기능을 제공할 수 있다. 단점은 서버팀과 제품팀이 공동 개발해야 하기 때문에 시간이 많이 소요될 수 있다는 것. 한편 제품팀에서 색깔을 결정할 경우 개발 속도가 빨라 제품의 빠른 세대교체에 적합하다는 장점이 있지만, 유연성이 결여될 수 있다는 단점이 있다. 비슷한 사례로는 프로그래머가 시스템을 디자인할 때 캐시cache를 고려해야 하는지, 만약 고려한다면 어디에 배치해야 하는지 등이 이에 해당한다.

또 다른 예로 새로운 쇼트 비디오 플랫폼을 제작할 때 고객 수를 증가시키는 문제다. 앱에서 신규고객에게 사이버 머니를 주는 방식으로 고객을 끌어들일지, 아니면 초기 가입자를 신규 플랫폼에 초청하여 홍보를 통해 신규고객을 유치할지, 아니면 직접 자금을 투입해 우수한 신규고객을 새로 유치할지 등이다. 각각의 장단점이 존재한다.

마지막 절차는 자신이 선택한 솔루션을 제시하는 일이다. 사실 앞에서 얘기한 이 모든 절차와 방법을 능숙하게 구사할 수 있다면, 나중에 실제 업무에서 상부에 보고하거나 동료들과 교류할 때 불필요한 소통 비용을 크게 줄일 수 있을 것이다.

문화융합 면접 준비 노하우

이 책의 초반 몇 개의 장에서 기존의 전통 기업과 구분되는 실리콘밸리만의 독특한 문화를 자세하게 설명했다. 따라서 면접관은 응시자가 이 기업의 문화에 융합될 수 있는지 여부를 굉장히 중요하게 평가한다. 만약 응시자가 회사의 문화에 어울리지 않는다면 당연히 탈락 확률이 높아진다. 보통 '행위 문제Behaviour Questions'를 출제하는 방식으로 진행한다. 면접관은 응시자의 대답을 듣고 그 안에서 이 응시자가 기업의 문화에 녹아들 수 있는 사람인지 여부를 판단한다.

일반적으로 문화융합 면접 문제는 크게 두 유형으로 구분할 수 있다. 한 유형은 'Why us', 또 한 유형은 'Your past'이다.

첫 번째 유형인 'Why us'는 '당신은 왜 우리 회사에 지원했나?', '왜 우리 팀에 오고 싶어 하는가?', '우리 제품 가운데 어떤 것이 당신의 마음을 끌었나?' 유형의 질문이다. 이 문제에서는 응시자가 이 기업과 제품에 관해 얼마만큼 잘 알고 있는지 테스트하고, 이를 바탕으로 기업문화를 어느 정도 이해하고 있는지, 우리 회사에 들어오고 싶은 열정이 어느 정도인지 판단한다.

두 번째 유형인 'Your past'는 응시자의 경력을 묻는 유형의 질문이다. 대표적인 질문이 '지금까지 가장 성공적이었던 실적은 무엇인가?', '과거에 가장 크게 실패했던 순간은 무엇인가?' 등이다. 또 소통능력 및 팀워크 관련 문제도 자주 출제된다. 예를 들어 '만약 동료가 다른 의견을 제시한다면 어떻게 하겠는가?', '당신은 과거에 어떻게 동료를 설득했나?' 등이다. 이런 질문을 던지는 목적은 응시자의 과거 경험을 통해 그의 업무 스타일이 기업문화에 녹아들 수 있는지 여부를 판단하기 위해서다.

그럼 이런 문제에는 어떻게 답해야 효과적일까? 당연히 지금 면접을 보고 있는 이 기업문화의 특징을 잘 설명할 수 있어야 한다. 고득점을 얻고 싶다면 사전에 해당 기업의 기업문화를 이해해야 하고, 면접장에서는 임기응변도 잘 해야 한다. 이제부터 미국의 가장 대표적인 4개 IT 대기업과 그들의 기업문화를 소개하도록 하겠다. 각각 실리콘밸리의 인터넷 거대기업인 구글, 실리콘밸리의 신흥 거대기업인 우버, 시애틀의 거대기업인 마이크로소프트, 역시 시애틀의 유명한 인터넷 전자상거래 기업인 아마존이다.

본격적인 소개에 앞서, 기업문화는 수시로 변경될 수 있다는 점을 꼭 밝혀두고 싶다. 지금 여기에서 언급하는 내용은 내가 이 책을 쓰는 지금 각 기업이 공개한 공식 기업문화 최신 버전이다. 따라서 추가로 변경된 사항이 있다면 반드시 최신 버전을 기준으로 삼기 바란다.

구글의 기업문화

구글의 기업문화는 이른바 '구글이 발견한 열 가지 진실'로 요약할 수 있으며, 영어로는 'Ten things we know to be true'라고 한다. 그들은 실제업무 과정에서 자기가 이 약속들을 철저히 지키고 있는지 실시간 감독, 검증한다. 내용은 다음과 같다.

1. 사용자에게 초점을 맞추면 나머지는 자연스럽게 따라온다.
2. 한 가지 일에 몰입하여 극한까지 추구하라.
3. 빠를수록 좋다.
4. 네트워크에서도 민주주의를 추구하라.
5. 정보에 대한 수요는 어느 곳에나 존재한다.
6. 돈을 벌 때 정도(正道)를 지켜라.
7. 정보는 무한하다.
8. 정보에 대한 수요는 국경이 없다.
9. 진지함은 드레스 코드에 있지 않다.
10. 끊임없이 추구하라.

이 가운데 일부는 기업 이미지 그 자체에 관한 것이어서 개인의 면접 과는 큰 관련이 없다. 하지만 일부는 직원들 각 개인의 행동방식 및 업무 스타일과 관련이 있다. 따라서 면접에서는 이에 관한 문제가 출제될 수 있다. 이제부터 간단히 설명해보겠다.

예를 들어 '극한까지 추구하라'란 무슨 뜻일까? 구글은 원래 검색 업무로 기업을 시작했고 나아가 이 검색 업무를 극한까지 추구했다. 그리고 이를 통해 기술을 축적했고, 나중에 이 기술을 지메일, 구글맵 등 업무로 확장함으로써 전체 기업을 일궈냈다. 이는 자연스럽게 구글 기업 문화의 중요한 일부분이 되었다. 구글 역시 구성원들이 업무에 있어서 자신의 한계를 뛰어넘을 것을 요구한다. 대충대충 일을 처리하거나, 주어진 미션을 중요하게 여기지 않거나, 심지어 무시하기를 바라지 않는다. 구글은 모든 구성원이 문제를 스스로 발견하고, 해결 방안을 스스로 찾아내어 문제를 스스로 해결하기를 기대한다.

예를 들어 구글의 한 프로그래머는 고객이 검색을 할 때 키워드를 잘못 입력하는 실수를 저지르고, 그래서 엉뚱한 검색 결과가 나오는 사례가 많다는 점을 발견했다. 만약 오류를 자동 수정하는 기능이 있다면 고객은 더 정확하고 우수한 검색 결과를 얻을 수 있을 텐데 말이다. 그래서 그는 오탈자를 처리하는 방법을 모색했고, 결국 직관적이고 실용적인 오탈자 검사 툴을 개발했다. 이 툴은 기업 차원에서 정식 채택되었고 시장에도 출시되었다. 이와 관련한 조항으로 '정보는 무한하다'가 있는데 이건 무슨 뜻일까? 구글은 세계 최대의 웹페이지 색인을 완성한 후, 이어서 더 복잡한 다른 정보, 즉 지형, 지도, 상품정보 등을 처리하기 시작했다. 이는 모두 구글의 구성원들이 업무를 극한까지 추구한 사례다.

면접관들은 면접 중에 응시자의 관련 정보를 수집하기 위해, 응시자에게 과거에 가장 자랑스러운 경험이 무엇인지 질문하는 경우가 많다. 이는 그가 과거 가장 만족스러웠던 일을 수행하면서 극한까지 추구했었는지를 평가하기 위해서다.

우버의 기업문화

2017년 11월, 우버 CEO 다라 코스로샤히 ^{Dara Khosrowshahi}는 취임 두 달 만에 완전히 새로워진 '문화준칙 ^{Uber's Cultural Norms}'을 발표했다. 그 내용은 다음과 같다.

1. 우리는 전 세계에 건설하고 현지에서 서비스한다.
2. 우리는 고객의 체험에 사로잡혀 있다.
3. 우리는 서로 다름을 축복한다.
4. 우리는 올바른 일을 한다.
5. 우리는 주인처럼 행동한다.
6. 우리는 굴하지 않는다.
7. 우리는 계급보다 아이디어를 더 중요시한다.
8. 우리는 대담하게 시도한다.

이중에서 몇 가지는 기업 이미지와 연관되어 있다. 가령 '우리는 서로 다름을 축복한다'가 여기에 속한다. 이는 피부색이나 문화적 배경이 다른 사람과 함께 일하는 것을 적극 수용한다는 뜻이며, 업무 중에 다양한 의견 개진이나 다양한 작업 스타일을 환영한다는 뜻이다.

또 일부 조항은 기업 구성원의 구체적인 업무 스타일에 관한 것이다. '우리는 주인처럼 행동한다'란 조항은 매우 중요하다. 여기에서 강조하는 점은 각자가 스스로 회사의 주인처럼 일하라는 뜻이며, 모든 미션은 '윗분'들이 던져주는 것이라고 생각하지 말라는 의미다. 이는 모든 구성원에게 추진력을 갖추고, 능동적으로 기회와 미션을 찾을 것을 요구한다. 또 이 조항은 미션을 받은 후 일처리에 있어서 맺고 끊음을 분명히 하고, 정해진 시간에 피드백을 하며, 각자가 능동적으로 미션을 진행시킬 수 있어야 한다고 요구하고 있다. 실제 면접의 경우 면접관은 응시자에게 과거에 구체적으로 어떤 미션을 수행했는지 설명을 요구하고, 그 과정에서 주인의식을 충분히 발휘했는지를 평가한다. 예를 들어 어느 누구도 해당 미션을 추진하지 않을 때, 이 응시자가 자발적으로 나서서 그 미션을 맡아서 처리한 적이 있는지 체크하는 식이다. 이와 관련해 세 번째 수업에서 자세히 소개한 바 있으니 다시 읽어보면 좋겠다.

'우리는 대담하게 시도한다.'라는 조항은 먼저 회사의 경우, 대담하게 시도하고 실패를 두려워하지 않아야 하며, 구성원의 경우 '실패는 성공의 어머니'라는 마인드를 가질 것을 요구한다. 이 조항은 앞의 제5장에서 언급한 '성장 마인드셋'과 매우 유사하다. 실제 면접에서 면접관은 "당신에게 가장 참담한 실패는 무엇이었습니까?"라는 식으로 질문한다. 이 질문은 이 응시자가 기업문화에 공감하고 이에 녹아들 수 있는지 파악하기 위해서다. 만약 응시자가 단 한 번의 실패도 없었다고 답변한다면? 이는 응시자가 아직 경험이 부족하거나 실패를 두려워하지 않는 정신이 결여되어 있다고 받아들여질 수 있다.

마이크로소프트의 기업문화

앞에서 사티아 나델라가 마이크로소프트 CEO가 되고 나서 했던 한 가지 중요한 일이 기업문화를 바꾸고, 성장 마인드셋을 회사 내에 확산시키는 일이었다고 말한 바 있다.

실제 면접에서는 "과거 업무에서 실패했던 경험을 얘기해보십시오."라는 식의 질문이 주어진다. 이 질문의 목적은 응시자가 실패를 대하는 자세를 평가하기 위함이다. 만약 응시자가 성장 마인드셋 유형에 부합한다면 실패를 기꺼이 받아들이고, 거기에서 교훈을 얻으며, 삶을 긍정적으로 바라보고, 나중에 비슷한 문제가 생겼을 때 해결할 수 있을 것이다. 따라서 실패를 경험하고 나서 얼마나 후회스럽고 부끄러웠는지 부정적 감정을 늘어놓아서는 안 된다. 왜냐하면 이런 대답은 당신이 고정 마인드셋 유형이란 점을 은연중에 노출시킬 수 있기 때문이다.

또 마이크로소프트의 또 다른 기업문화로는 '기부'가 있다. '주는 것은 우리 삶의 일부분이다Giving is part of who we are'라는 슬로건이다. 이 조항은 우리가 얻은 것을 사회에 되돌려주는 것을 강조한다. 2018년 현재, 마이크로소프트의 미국 내 기부 총액은 1억 4,200만 달러였고, 1만 9,000개의 자선단체를 지원하고 있다. 특히 70% 이상의 임직원들이 공익 활동에 참여했다. 이는 창업자인 빌 게이츠가 아주 일찍부터 자선 사업을 중요하게 여긴 것과 밀접한 관련이 있다.

면접에서 마이크로소프트는 "당신이 가장 자랑스럽게 생각하고 있는 점을 얘기해보십시오."라는 방식으로 질문한다. 만약 당신이 프로젝트를 수행하면서 사회의 소외계층을 고려했다고 대답한다면 아마도 점수를 많이 얻을 것이다. 예를 들어 어떤 모바일 앱을 개발하는데, 일반인의 일상생활의 욕구뿐 아니라 시각장애인을 위한 음성지원 서비스도 만들었다고 대답한다면 면접에서 크게 돋보일 것이다. 또 다른 사례로는 AI 그림 콘텐츠 식별 기능을 이용해 시각장애인에게 음성으로 읽어주는 앱을 만들었거나, 대형 재난이 발생했을 때 네트워크 복구 활동에 참여했던 경험이 있다면 이 또한 충분히 가산점을 받을 수 있는 요인이다.

아마존의 기업문화

아마존에는 유명한 '리더십 원칙 14'가 있다. 아마존은 매년 이 원칙을 이용해 새로운 아이디어를 토론하고 신규 프로젝트와 새로운 문제 해결법을 연구한다. 이는 아마존의 독특한 기업문화다. 14개 조항의 구체적인 내용은 다음과 같다.

1. 고객에게 집착한다.
2. 주인 정신을 갖춘다.
3. 발명하고 간략하게 한다.
4. 리더는 올바르게 결정한다.
5. 계속 배우고 호기심을 가진다.
6. 최고 인재를 영입하고 육성한다.
7. 최고 기준을 고집한다.
8. 크게 생각한다.
9. 과감하게 행동한다.
10. 근검절약한다.

11. 신뢰를 얻는다.

12. 깊이 관여한다.

13. 소신 있게 반대하되 받아들인다.

14. 성과를 낸다.

여기에서 아마존의 특색을 가장 잘 살렸다고 개인적으로 생각하는 조항은 '고객에게 집착한다'와 '근검절약'이다.

아마존은 전자상거래에서 출발한 기업으로 실물제품을 고객의 손까지 배송해야 한다. 따라서 그들은 창업 초기부터 고객의 만족도를 매우 중요시했다. 고객을 붙잡아두고 재구매하도록 유도하는 일이 아마존의 비즈니스 모델에는 매우 중요했다. 따라서 아마존의 제품에는 고객 중심의 경영철학을 찾아볼 수 있는 사례가 많다. 예를 들어 우수 회원에게는 무료배송, 무료 온라인 영화 등의 서비스를 제공하는데 이때 들어가는 비용은 그들이 내는 연회비보다 훨씬 많다. 우수 회원들은 질 높은 서비스를 받아서 좋고, 아마존 측은 우수 회원을 붙잡아두고 그들의 재구매를 유도할 수 있어서 좋다. 즉 일종의 '윈윈' 전략인 셈이다.

면접 과정에서 응시자는 고객에게 좀 더 우수한 서비스를 제공하기 위해 노력한 경험을 가급적 상세하게 어필해야 한다. 가령 프로그래머의 경우 휴대전화의 동영상 화면 전환을 더욱 원활히 하기 위해 코딩을 100번이나 고쳤던 경험을 얘기하는 것도 좋은 전략이다. 다른 사례로는 앱의 구동속도를 30% 빠르게 만들기 위해 방대한 최적화 작업을 수행했던 경험을 얘기한다면 아주 효과 만점이다.

'근검절약'이란 조항도 아마존에서는 매우 유명하다. 예를 들어 아마존은 다른 실리콘밸리 기업들처럼 무료 구내식당을 운영하지 않는다. 회사에서는 소모품 등 다양한 품목의 지출을 줄이고 있다. 왜냐하면 아마존은 모든 구성원에게 '적은 투입으로 더 많은 성과 거두기Accomplish more with less'를 강조하기 때문이다. 따라서 응시자는 적은 비용으로 큰일을 성공시킨 경험이 있다면 이를 적극 어필할 필요가 있다. 예를 들어 앞에서 소개한 '그로스 해킹' 방식이 사실은 바로 여기에 적용될 수 있다.

마지막으로 혹시 면접관에게 질문할 것 있습니까?

거의 모든 실리콘밸리 IT기업 면접에서는 마지막에 반드시 "마지막으로 혹시 면접관에게 질문할 것 있습니까?"라고 묻는다. 면접관들은 이 질문에 대한 답변을 듣기 위해 일부러 5분 정도 시간을 비워둔다. 그들은 왜 이런 질문을 던질까? 여기에는 두 가지 이유가 있다.

첫째, 면접은 원래 쌍방향 선택 과정이다. 기업은 응시자를 존중해야 하고 응시자에게 질문할 기회를 주어야 한다. 둘째, 이 또한 기업이 응시자를 테스트하는 과정이다. 다시 말해 면접의 일부분이다. 이 질문을 통해 응시자가 이 회사와 업무에 얼마만큼의 열정이 있는지 검증한다.

그럼 이 순간 면접관에게 무엇을 질문해야 할까?

첫 번째, 이 소중한 질문 기회를 헛되게 날려버리면 절대 안 된다. 만약 어떤 자리가 정말로 마음에 든다면 반드시 질문해야 한다. 예를 들어 소개팅에 나갔는데 마음에 드는 상대를 만났다고 해보자. 그럼 상대방에 대한 각종 호기심이 들지 않을까? 주어진 시간이 5분이라면 그 시간 동안 가능한 모든 정보를 얻고 싶지 않을까? 면접에서도 마찬가지다.

두 번째, 개인의 프라이버시를 물어보는 등의 케케묵은 질문은 피해야 한다. 만약 이 질문을 하는 순간, 앞부분에서 아무리 면접을 잘 봤다 해도 무조건 탈락할 것이다. 개인의 수입, 결혼 여부, 집 주소, 정치성향, 종교, 성적 취향 등 프라이버시는 무조건 금물이다. 면접에서는 물론 실제 업무 과정에서도 물어봐선 안 된다. 심지어 이런 질문을 하면 법적 처벌을 받을 수도 있다.

그럼 어떤 질문이 바람직할까? 유용하게 써먹을 수 있는 세 가지 유형을 참고로 제시해보겠다.

"면접관님은 이 직장에서 어떤 부분이 마음에 드십니까?"

소위 '직업적인 아부' 유형이다. 당신이 면접관에게 이 질문을 던졌다면 사실 면접관에게 자기 자랑할 기회를 주는 것과 같다. 일반적으로 면접관은 대개 이 질문에 대한 답변을 준비해온다. 노련한 면접관은 이 질문을 당신을 이 회사로 끌어들이는 '설득'의 기회로 이용한다. 만약 면접관의 답변이 끝난 후, "오, 제가 정말로 원하는 근무환경이군요!"라고 맞장구를 친다면 효과는 더욱 좋아질 것이다.

"회사가 이 직위와 부서에 대해 갖고 있는 단기적 기대와 장기적 기대는 무엇입니까?"

'미래지향적 탐색' 유형이다. 만약 이 질문을 던졌다면 이미 회사의 일원이 되겠다고 결심하고 회사 CEO와 미래를 논하는 시점일 것이다. 면접관은 당신이 이 직장을 매우 중요시하고 또한 미래에 대한 계획이 확실한 사람이라고 평가할 것이다. 만약 당신이 이제 막 출범한 신생팀에 지원했다면 더 높은 점수를 받을 수 있으며, 거꾸로 당신도 이 기회를 이용해 이 직위가 정말로 실속과 비전이 있는지 검증할 수 있다. 만약 실제 이 자리에서 일하는 직원이 향후 3년, 1년, 심지어 2주 뒤의 계획도 제대로 얘기하지 못한다면? 오히려 응시자인 당신이 이 선택에 신중을 기하는 편이 현명하다. 비슷한 질문으로는 "신입직원이 각 단계에서 어떤 모습을 보여주기를 기대하고 있습니까?", "이 자리에서 승진할 기회는 어느 정도이고, 승진하는 방식에는 어떤 것이 있습니까?" 등이 있다.

"저는 언제 입사할 수 있습니까?"

만약 면접시간이 이제 얼마 남지 않았다면, 또는 앞에서 충분히 질문했다고 판단한다면, 현실적인 질문으로 돌아오는 것도 나쁘지 않다. 이때에는 몇 가지 구체적인 질문을 통해, 정말로 이 자리가 응시자 본인에게 적합한지 확인할 수 있고, 회사 측에서도 응시자가 회사를 신중히 판단해 선택했는지 확인할 수 있다. 비슷한 질문으로는 "연차휴가는 총 며칠입니까?", "휴가나 명절에 관한 회사규정을 알려주십시오.", "출산휴가나 보험 등 복지 수준에 관해 얘기해주십시오." 등이 있다.

마음을 열고 새로움을 맞이하라

실리콘밸리의 위대함은 전 세계에 이름을 드날리고 있는 수많은 IT기업뿐만 아니라 그들이 갖고 있는 정신적·문화적 역량에서도 확인할 수 있다.

실리콘밸리는 맞수와 경쟁에서 끊임없이 승리를 추구하고 또 자신의 한계를 뛰어넘을 수 있도록 유도하는 일종의 '문화 코드'다.

이 문화 코드를 여러분 각자의 마음속에 깊이 이식하고 싶다면 끊임없이 배워야 한다. 그들의 앞선 사고방식을 내 것으로 만들기 위해 끊임없이 노력하고, 그들의 실제 사례를 통해 풍부한 자양분을 끊임없이 얻어야 한다.

이 책은 당신에게 하나의 작은 창문을 열어준 것에 불과하다. 제품, 데이터, 창업, 확장, 성장에 관한 아이디어들은 내가 실리콘밸리에 들어와 일했던 지난날의 경험의 산물이다. 또 업무 중에 겪은 깨달음이나 아이디어이고, 또 나 자신의 한계를 뛰어넘기 위해 끊임없이 노력한 결과물이다.

나는 앞으로도 영원히 새내기로 남고 싶다. 그리고 개방적인 자세로 급변하는 세상을 맞이하고 싶다. 또한 더 많은 새로운 목소리에 귀를 기울이고 싶다. 왜냐하면 그렇게 해야만 미래를 나의 앞에 불러올 수 있기 때문이다. 더 새로운 미래를 위해 우리 모두 함께 노력할 수 있기를 바란다!

실리콘밸리는
무엇을 기획하고
어떻게 개발하는가

초판 1쇄 인쇄 2020년 7월 14일
초판 1쇄 발행 2020년 7월 20일

지은이 | 첸한
옮긴이 | 권용중
펴낸이 | 金滇珉
펴낸곳 | 북로그컴퍼니
주소 | 서울시 마포구 월드컵북로1길 60(서교동), 5층
전화 | 02-738-0214
팩스 | 02-738-1030
등록 | 제2010-000174호

ISBN 979-11-90224-50-5 03320

· 잘못된 책은 구입하신 서점에서 바꿔드립니다.
· 이 도서의 국립중앙도서관 출판예정도서목록(CIP)은 서지정보유통지원시스템 홈페이지
 (http://seoji.nl.go.kr)와 국가자료공동목록시스템(http://www.nl.go.kr/kolisnet)에서
 이용하실 수 있습니다.(CIP제어번호 : CIP2020028618)

· 시목給木은 북로그컴퍼니의 인문·경제경영 브랜드입니다.
지혜의 숲을 가꾸기 위한 첫 나무가 되도록 한 권 한 권 정성껏 만들겠습니다.